Collection Commentaires Bibliques Contemporains

Sous la direction de

Ancien Testament

Nupanga Weanzana

Nouveau Testament

Samuel Ngewa

Conseil théologique

Tokunboh Adeyemo, Solomon Andria, Issiaka Coulibaly, Tewoldemedhin Habtu, Samuel Ngewa, Yusufu Turaki

Collection Commentaires Bibliques Contemporains

Galates

Samuel Ngewa

Traduit de l'anglais par Joëlle Giappesi

© Samuel Ngewa, 2024

Publié en 2024 par LivresHippo.
• Centre de Publications Évangéliques, 08 B. P. 900 Abidjan 08, Côte d'Ivoire
• Presses Bibliques Africaines, 03 B. P. 345 Cotonou, Bénin
• Éditions CLÉ, B.P. 1501 Yaoundé, Cameroun
• Excelsis Diffusions, 385 chemin du Clos 26450 Charols, France
• Langham Partnership PO Box 296, Carlisle, Cumbria, CA3 9WZ, Royaume-Uni www.langhampublishing.org
• Conseil des institutions théologiques d'Afrique francophone (CITAF), B.P. : 684 Abidjan, Côte d'Ivoire, www.citaf.org

Numéros ISBN :
978-1-78368-762-6 Format papier
978-1-78641-092-4 Format ePub
978-1-78641-093-1 Format PDF

Conformément au « Copyright, Designs and Patents Act, 1988 », Samuel Ngewa déclare qu'il est en droit d'être reconnu comme étant l' auteur de cet ouvrage.

Tous droits réservés. La reproduction, la transmission ou la saisie informatique du présent ouvrage, en totalité ou en partie, sous quelque forme ou par quelque procédé que ce soit, électronique, mécanique, photographique, est interdite sans l'autorisation préalable de l'éditeur ou de l'auteur. Pour toute demande d'autorisation de réutilisation du contenu publié par LivresHippo, veuillez écrire à publishing@langham.org.

Les citations bibliques avec la mention « Colombe » sont tirées de la nouvelle version de la Bible Segond révisée dite « La Colombe ». ©Société Biblique Française – Bibli'O, 1978. Avec autorisation.

Les citations bibliques avec la mention « BFC » sont tirées de la Bible en français courant ©Société biblique française – Bibli'O, 1997. Avec autorisation.

Les citations bibliques avec la mention « BS » sont tirées de La Bible du Semeur® Texte copyright ©1992, 1999, 2015 Biblica, Inc.® Utilisé avec la permission de Biblica, Inc.®. Tous droits réservés.

Les citations bibliques avec la mention « NBS » sont tirées de la Nouvelle Bible Segond ©Société biblique française – Bibli'O, 2002. Avec autorisation.

Les citations bibliques avec la mention « PDV » sont tirées de la Bible Parole de Vie ©Société biblique française – Bibli'O, 2000. Avec autorisation. Tous droits réservés.

Les citations bibliques avec la mention « S21 » sont tirées de la Bible version Segond 21 Copyright ©2007 Société Biblique de Genève. Reproduit avec aimable autorisation. Tous droits réservés.

Les citations bibliques avec la mention « TOB » sont tirées de la Traduction œcuménique de la Bible ©Société biblique française Bibli'O et Éditions du Cerf, 2010. Avec autorisation.

British Library Cataloguing in Publication Data
A catalogue record for this book is available from the British Library

ISBN : 978-1-78368-762-6

Mise en page et couverture : projectluz.com
Image de couverture : Visages, 90 cm x 190 cm (taille) ; Afara noir (nom standard du bois) ou Ofram (nom commercial local du bois) ; 2006 par Elias Nanor de Ronan Collections, AB 425, Akosombo, Ghana. Tous droits réservés. Reproduit avec l'autorisation de l'artiste.

Les éditeurs de cet ouvrage soutiennent activement le dialogue théologique et le droit pour un auteur de publier. Toutefois, ils ne partagent pas nécessairement les opinions et avis avancés ni les travaux référencés dans cette publication et ne garantissent pas son exactitude grammaticale et technique. Les éditeurs se dégagent de toute responsabilité envers les personnes ou biens en ce qui concerne la lecture, l'utilisation ou l'interprétation du contenu publié.

À l'Africa Inland Mission et à l'Africa Inland Church, ainsi qu'à leurs missions et organisations ecclésiales partenaires.

Leur protection de la vérité de l'Évangile a amené bien des personnes africaines à la foi, des personnes qui croient aux vérités apportées par l'épître aux Galates et les enseignent – la justification par la seule foi, la sanctification par le fruit de l'Esprit, et la lutte pour la sainteté sans prétendre à la perfection.

TABLE DES MATIÈRES

Introduction à la collection Commentaires Bibliques Contemporains... ix
Remerciements xi
Abréviations xiii
Introduction à l'épître aux Galates 1
   - Unité 1 : Galates 1.1-5 5
   - Unité 2 : Galates 1.6-10 13
   - Unité 3 : Galates 1.11-24.. 25
   - Unité 4 : Galates 2.1-5 43
   - Unité 5 : Galates 2.2, 6-10 53
   - Unité 6 : Galates 2.11-14.. 67
   - Unité 7 : Galates 2.15-21.. 75
Introduction à Galates 3 et 4.. 89
   - Unité 8 : Galates 3.1-5 93
   - Unité 9 : Galates 3.6-14 99
   - Unité 10 : Galates 3.15-4.11 109
   - Unité 11 : Galates 4.12-31... 123
   - Unité 12 : Galates 5.1-15 131
   - Unité 13 : Galates 5.16-26... 141
   - Unité 14 : Galates 6.1-10 157
   - Unité 15 : Galates 6.11-18... 167
Notes 175
Bibliographie 197

INTRODUCTION À LA COLLECTION COMMENTAIRES BIBLIQUES CONTEMPORAINS

L'Église du Christ en Afrique s'est réjouie du lancement en 2006 de la collection Commentaires bibliques contemporains. Le premier commentaire en un volume, le *Commentaire biblique contemporain*, était unique, étant un produit de pure souche africaine. Soixante-dix érudits africains représentant nombre de pays et de confessions ont écrit des commentaires sur chacun des soixante-six livres de la Bible et de nombreux articles sur divers thèmes pertinents pour le contexte africain.

Mais alors même que l'*Africa Bible Commentary* était sur le point de paraître, le conseil d'administration d'aBC envisageait déjà l'avenir. Un commentaire en un seul volume ne fournit pas assez d'espace pour traiter de nombreuses questions importantes. Ainsi est née la collection Commentaires bibliques contemporains.

Cette collection fournit plus de profondeur d'étude, une plus grande ampleur d'explication ainsi qu'une plus grande variété de mise en pratique que cela n'était possible dans le *Commentaire biblique contemporain*. Les auteurs sont des chercheurs africains anglophones ou francophones, qui adhèrent tous à la déclaration de foi de l'association des Évangéliques d'Afrique.

Outre la paternité africaine de l'ouvrage, il existe un certain nombre d'autres caractéristiques qui donnent à cette série de commentaires son caractère original. En premier lieu, chaque commentaire est divisé en unités de prédication pour aider les pasteurs à développer une série de prédications sur un livre particulier de la Bible. De plus, le texte principal traite des sujets qui pourraient émerger dans une telle série, tandis que des questions d'érudition plus complexes relatives aux langues d'origine et aux controverses d'interprétation sont abordées dans les notes de fin. Chaque unité se termine par des questions qui peuvent être utilisées pour stimuler la discussion autour des thèmes contenus dans l'unité. Chaque ouvrage de la série contient également un certain nombre d'études de cas et de brefs articles sur l'application pratique des points mentionnés dans le texte. Nous espérons que cette combinaison de caractéristiques fera de ces ouvrages de précieux outils pour les pasteurs, les étudiants en théologie et les responsables de petits groupes d'études bibliques, ainsi que pour tout chrétien désireux d'approfondir sa compréhension de la Parole de Dieu.

La collection Commentaires bibliques contemporains est publiée par la marque éditoriale francophone LivresHippo, ainsi nommée en l'honneur du grand théologien africain Augustin d'Hippone. Cette marque éditoriale appartient à un consortium d'éditeurs africains originaires de différents pays, couvrant tout le continent (actuellement les PBA au Bénin, CLÉ au Cameroun, CPE et le réseau CITAF en Côte d'Ivoire). L'objectif est de s'assurer que la collection sera largement disponible en Afrique. En Occident, les livres seront distribués par Langham et les éditions Excelsis. Le directeur de collection pour le Nouveau Testament est le professeur Samuel Ngewa de la Nairobi Evangelical Graduate School of Theology (NEGST), au Kenya, tandis que le directeur de collection pour l'Ancien Testament est le professeur Nupanga Weanzana de la Faculté de Théologie Évangélique de Bangui (FATEB) en République centrafricaine.

La traduction en français de ce commentaire sur Galates a fait appel aux versions de la Bible à la Colombe, la Nouvelle Bible Segond et la Segond 21, tout en introduisant parfois la Bible du Semeur, la Traduction Œcuménique de la Bible, la Bible en français courant, la Bible Parole de Vie et la version française John Nelson Darby, pour le rapprochement au texte d'origine en anglais qui suivait la TNIV (Today's New English Version).

L'objectif principal de cette collection est de relier les meilleures études bibliques au contexte africain. Ce n'est pas une tâche facile. Que le Seigneur bénisse notre travail et l'utilise pour renforcer son Église en Afrique. Que nos paroles apportent clarté et exhortation aux croyants du monde entier.

Samuel Ngewa

REMERCIEMENTS

Lors de mon précédent commentaire sur Timothée et Tite, tout comme pour le présent commentaire sur Galates, les encouragements de Pieter Kwant et la révision minutieuse d'Isobel Stevenson et de Debbie Head ont été infiniment précieux tout au long du processus d'écriture de l'ouvrage.

Le soutien de ma femme Elizabeth et de nos filles et notre fils bien-aimés m'a également permis de persévérer jusqu'à la fin du travail. Elizabeth m'a autorisé à passer de longues soirées au bureau et mes enfants m'ont constamment demandé comment l'écriture avançait. Leur soutien a beaucoup facilité mon travail.

Mes parents, James et Tabitha Mutyandia, et mes professeurs de l'école du dimanche m'ont appris la voie du salut dès l'enfance. Leur enseignement et leur soutien ont rendu mon acceptation des vérités exprimées dans la lettre aux Galates facile et joyeuse. Ces vérités m'ont souvent amené à exulter en louange, même seul dans l'intimité de mon étude.

Mes étudiants, collègues et professeurs au séminaire m'ont aidé à réfléchir sur les Écritures et à faire de ce commentaire bien plus qu'une simple paraphrase. J'ai été constamment mis au défi de me demander comment cela me touchait. Comment cela se rapporte-t-il à l'Église ? Comment cela touche-t-il les nations ?

Le Dieu de grâce et de justification que Paul a présenté dans sa lettre aux Galates est le même Dieu qui a planifié ma vie – me donnant mes parents, mes professeurs, ma femme et mes enfants, ainsi que les collègues qui m'ont accompagné pour m'aider à écrire ce livre. À Lui vont la louange, la gloire et l'honneur.

ABRÉVIATIONS

Les livres de l'Ancien Testament (AT) :

Gn, Ex, Lv, Nb, Dt, Jos, Jg, Rt, 1-2 S, 1-2 R, 1-2 Ch, Esd, Né, Es, Jb, Ps, Pr, Ec, Ct, Es, Jr, Lm, Ez, Dn, Os, Jl, Am, Ab, Jon, Mi, Na, Ha, So, Ag, Za, Ml

Les livres du Nouveau Testament (NT) :

Mt, Mc, Lc, Jn, Ac, Rm, 1-2 Co, Ga, Ep, Ph, Col, 1-2 Th, 1-2 Tm, Tt, Phm, Hé, Jc, 1-2 P, 1 Jn, 2 Jn, 3 Jn, Jd, Ap

Version de la Septante :

LXX

Traductions de la Bible :

Colombe	La Bible à la Colombe (Segond 1978)
BS	La Bible du Semeur
DBY	La Bible John Nelson Darby
BFC	La Bible en français courant
NBS	La Nouvelle Bible Segond
PDV	La Bible Parole de Vie
S21	La Bible Segond 21
TOB	La Traduction Œcuménique de la Bible

INTRODUCTION À L'ÉPÎTRE AUX GALATES

Au plus profond de nous, nous avons tous à cœur de recevoir la bénédiction de nos parents et nous faisons tout notre possible pour la mériter. Si tel est le cas avec nos parents humains, combien plus cela est-il vrai dans notre relation avec Dieu, qui nous donne la vie ! Mais que devons-nous faire pour obtenir son approbation ? C'est la grande question que Paul aborde dans son épître aux chrétiens de Galatie.

Il semblerait que certains croyants juifs de Galatie avaient enseigné que les chrétiens pouvaient obtenir l'approbation de Dieu en obéissant à la loi que Dieu avait donnée à son peuple choisi, les Juifs. Ils insistaient notamment pour que tous les hommes croyants soient circoncis. Paul a compris que ce type d'enseignement avait des implications très graves. Il a donc écrit pour rappeler aux croyants les grandes vérités de la justification par la foi et la liberté en Christ.

Aujourd'hui, nul ne nous dit que nous devons obéir à la loi de l'Ancien Testament pour obtenir l'approbation de Dieu, mais « la loi » a été remplacée par d'autres actions que nous devons entreprendre pour être sauvés. De nombreux Africains sont convaincus qu'en se faisant baptiser et en recevant un nom chrétien occidental, ils gagnent le salut. Certains prédicateurs suggèrent que nous pouvons mériter l'amour et la bénédiction de Dieu en donnant de l'argent à leur église. D'autres exigent que nous suivions les règles prescrites par le chef ou le fondateur d'un groupe particulier.

Ces actions nous valent-elles vraiment l'approbation de Dieu ? Paul rappelle aux Galates, ainsi qu'à nous que c'est la foi qui nous rend acceptables pour Dieu, et non la foi assortie des œuvres. La justification par la foi apporte la liberté, et non la servitude, et il n'y a donc pas de règle selon laquelle nous devons faire certaines choses pour être sauvés. Cependant, il est également vrai que même si nous n'avons plus besoin de la loi pour nous astreindre à faire ce que Dieu veut, ceux qui aiment Dieu voudront faire ce qu'il souhaite.

Paul avait enseigné ces vérités aux Galates, mais, comme cela se produit souvent, même aujourd'hui, certains croyants avaient oublié ce qui leur avait été enseigné et étaient induits en erreur par un enseignement erroné. Paul leur envoie donc cette épître courte mais puissante, les exhortant à rester fidèles à l'Évangile.

Par sa préoccupation pour la doctrine et la vie des croyants, cette lettre est un modèle de pratique pastorale. Paul présente son enseignement avec une résolution qui n'a d'égale que celle de son épître aux Romains, mais aussi avec un profond amour et une grande préoccupation pour les croyants de Galatie. Presque tous ceux qui lisent attentivement cette lettre en sont bénis[1]. Elle nous rappelle que toute tentative de mériter l'amour de Dieu sape la vérité de l'amour inconditionnel de Dieu. Lorsque nous réfléchissons à ce dont Dieu a besoin pour nous ouvrir les bras et nous accueillir chaleureusement, nous nous retrouvons revigorés et encouragés, plutôt qu'accablés par des obligations pesantes.

Les destinataires

L'épître s'adresse « aux Églises de Galatie » (1.2). La Galatie était à l'origine le nom d'un district du centre-nord de l'Asie Mineure, dans lequel les Romains recrutaient de nombreux mercenaires. Lorsque les Romains ont établi une province en Asie Mineure, ils ont appliqué le nom de Galatie à toute la zone bordée par la mer Noire et la mer Méditerranée (une région qui fait maintenant partie de la Turquie). Du temps de Paul, la « Galatie » pouvait donc être soit la région spécifique de l'Asie Mineure appelée initialement Galatie, soit la plus grande province romaine. Cela crée matière à débat lorsque nous essayons de décider à qui exactement Paul écrivait. Cette épître s'adressait-elle aux Églises de la région du Nord qui s'appelait à l'origine Galatie ou écrivait-il plutôt aux Églises de toute la province de Galatie ?

Certains commentateurs pensent que la lettre s'adressait aux Galates du Nord, parce que les gens de cette région avaient la réputation d'être inconstants (probablement parce qu'ils étaient prêts à servir de mercenaires à quiconque les payait, plutôt qu'être fidèles à une cause ou à des principes particuliers[2]). Cela correspondrait à l'accusation de Paul selon laquelle les croyants seraient prêts à abandonner l'Évangile qu'il prêchait au profit d'un évangile alternatif. Ceux qui soutiennent cette position argumentent également que dans Actes 16.6 et 18.23, la Phrygie et la Galatie sont citées en tant que régions différentes, bien que toutes deux fassent partie de la plus grande province connue sous le nom de Galatie. Cependant, nous n'avons aucune trace de Paul exerçant son ministère dans le district du nord connu sous le nom de Galatie, et les termes dans le livre des Actes peuvent également être traduits par « la Phrygie en Galatie », ce qui signifie qu'il est difficile de fonder une argumentation sur ce verset.

En revanche, Actes 13 et 14 mentionnent que Paul a largement servi dans la région méridionale de la province connue sous le nom de Galatie. Je dirais donc que Paul adresse cette lettre aux Églises du Sud[3]. Il considérait les croyants comme ses enfants spirituels parce qu'il avait personnellement fondé les Églises d'antioche, d'Iconium, de Lystres et de Derbé, comme il en avait fondé sans doute ailleurs. Quand ils ont abandonné son enseignement, il a ressenti ce qu'un père éprouve quand ses enfants ne l'écoutent plus. Avec la certitude que ce qu'il leur avait enseigné était la vérité, Paul écrit pour les réprimander avec amour.

L'auteur et la date

Les spécialistes du Nouveau Testament sont quasi unanimes pour dire que cette lettre a été écrite par Paul, comme cela est dit en 1.1[4]. La question de la date à laquelle il l'a écrite est directement liée à la question de savoir à qui elle s'adressait. Si elle s'adressait aux Églises du Sud de la province de Galatie, elle aurait pu être écrite dès 49 apr. J.-C., à la suite des visites de Paul à Antioche, Iconium, Lystres et Derbé en 46-47 apr. J.-C., durant son premier voyage missionnaire (Ac 13-14). Cependant, si elle était adressée aux Églises de la région du Nord, connue à l'origine sous le nom de Galatie, elle n'aurait probablement été écrite qu'après son deuxième voyage missionnaire autour de 51-52 apr. J.-C.

Personnellement, je soutiens la date antérieure, en partie parce que cela facilite l'explication de l'activité des faux enseignants en Galatie. Le type d'enseignement qu'ils semblent avoir propagé a été abordé par le concile de Jérusalem en 50 apr. J.-C. Paul aurait pu faire référence à la décision du concile si son épître avait été écrite après cette date.

La structure

Cette lettre se compose de trois sections de deux chapitres chacune. Dans les chapitres 1 et 2, Paul défend son droit de prêcher l'Évangile – un droit qui existe indépendamment des apôtres avec lesquels Jésus a marché dans les rues de Palestine et de leur reconnaissance de son droit de prêcher. Paul se doit d'écrire ici de manière très personnelle et autobiographique, car son autorité est mise en cause.

Dans les chapitres 3 et 4, Paul défend son enseignement, selon lequel nous sommes justifiés par la seule foi en Christ, sans avoir besoin de faire quoi que ce soit d'autre pour mériter le salut. Il démontre que son enseignement est ancré aussi bien dans l'Ancien Testament que dans la propre expérience des Galates quand ils ont cru en Christ, et qu'il s'agit du seul moyen réaliste d'être acceptable pour Dieu.

Dans les chapitres 5 et 6, Paul exhorte les Galates à ne pas se défaire de la liberté qui est la leur en Christ pour s'asservir à un ensemble de lois qu'ils ne peuvent pas respecter. Il leur rappelle que leur liberté n'est pas une licence pour pécher. Ils doivent vivre une vie en tous points digne de ceux qui sont appelés à être disciples du Christ.

UNITÉ 1
Galates 1.1-5

LE MESSAGE D'UN LEADER

Dans chaque culture ou contexte, il y a quelqu'un que l'on considère comme la personne qui tient les rênes. Dans la plupart des sociétés africaines, un père est responsable d'une famille et un ancien est responsable d'une communauté. Les anciens ont des chefs au-dessus d'eux et les chefs, à leur tour, rendent compte à un préfet de district, qui rend compte à un commissaire provincial, et ainsi de suite jusqu'au président ou Premier ministre. Les responsables peuvent prendre les commandes à tour de rôle, mais jamais deux personnes ne partageront à égalité une même position d'autorité. (Certes, dans certaines familles, l'autorité est partagée entre le père et la mère, mais les problèmes surviennent, à moins que tous deux ne se mettent d'accord sur une manière de répartir l'autorité.)

La personne en charge peut être désignée par Dieu (comme lorsqu'il désigne le mari pour diriger la famille), par une autorité humaine (comme lorsque les commissaires provinciaux nomment les chefs), par les électeurs (lorsqu'ils élisent un président) ou par les circonstances (quand le fondateur d'une organisation continue à la gérer). Une fois que quelqu'un a reçu l'autorité, toute autre personne qui essaie d'agir au même niveau d'autorité dans la même organisation cause de la confusion. Lorsque cela se produit, le dirigeant d'origine doit décider de céder et démissionner, ou de faire valoir son autorité. Le choix peut être déterminé par l'importance des enjeux. Certaines choses peuvent être trop importantes pour faire l'objet d'un compromis.

Paul considère son autorité par rapport aux Églises de Galatie comme quelque chose qui ne peut être sujet à compromission. Non parce qu'il recherche un gain personnel, mais parce qu'il se soucie du bien-être des Galates. Avec l'aide du Seigneur, il a conduit les Galates en lieu sûr. Ceux qui s'agitent pour le remplacer incitent les Galates à sauter dans le vide ! Ainsi, Paul traite le problème avec tout le sérieux qu'il mérite et affirme son autorité.

Paul, apôtre

La première étape pour affirmer son autorité consiste à rappeler aux lecteurs de l'épître qui il est et à quel titre il leur écrit. Lorsque nous écrivons des lettres aujourd'hui, nous le faisons en utilisant nos noms et titres complets (par exemple, je signerais « Sam » pour une lettre amicale et « Professeur Samuel M. Ngewa » pour une lettre formelle. Paul signale ici qu'il s'agit d'une lettre importante en la signant de son nom et de son titre. Il est « Paul, apôtre » (1.1).

Il ne commence pas toutes ses lettres de cette manière. Dans 1 Corinthiens et ses épîtres aux Thessaloniciens, il commence avec juste « Paul » et dans ses lettres aux Romains, aux Philippiens et à Tite, il est « Paul, serviteur ». Ainsi, sa décision d'utiliser son titre officiel ici suggère que les choses ne vont pas si bien en Galatie[5].

À mesure que la lettre se déroule, il devient clair que certains Galates remettent en question à la fois l'autorité de Paul et l'exactitude de son message (voir, par exemple, 1.7 ; 3.1-5 ; 4.12-20). Ainsi, Paul juge nécessaire de leur rappeler qu'il est « apôtre », un titre qui signifie en grec « celui qui est envoyé[6] ». Il est tel le *shaliach* hébreu, un messager qui parle et agit avec l'autorité de celui qui l'a envoyé[7].

Nous retrouvons cette même situation encore aujourd'hui. Nous savons que quelqu'un envoyé par un directeur d'école pour nous parler n'a pas le même pouvoir que quelqu'un qui nous est envoyé par le président de notre pays. Alors, qui a envoyé Paul ? De quelle autorité parle-t-il ?

Paul n'est pas mandaté par d'autres personnes

Les adversaires de Paul semblaient dire qu'il avait reçu son message de sources humaines – soit des apôtres qui étaient avec Jésus quand il marchait dans les rues de Palestine pendant trois ans, soit de l'Église d'antioche, qui l'aurait mandaté (Ac 13.1-3). Ils disaient qu'il représentait un groupe humain.

Paul soutenait le contraire. Il ne venait pas d'une initiative humaine ou, plus littéralement, son autorité ne venait « pas des hommes[8] » (1.1a). Les opposants de Paul ont peut-être répondu que même s'il n'avait pas été mandaté par un groupe de personnes, il avait quand même reçu son autorité d'un être humain. C'est pourquoi Paul rejette également explicitement cette possibilité, en disant qu'il ne l'a pas reçue d'« un homme[9] ». Il est possible que la personne soupçonnée de l'avoir mandaté fût quelqu'un comme Ananias (Ac 9.15-18) ou Barnabé (Ac 9.27 ; 12.25), car ils avaient encouragé Paul au début de son ministère. Ses adversaires ont peut-être aussi pensé qu'il parlait au nom d'un groupe tel que les apôtres d'origine ou l'Église d'antioche. Paul est catégorique sur le fait qu'aucune personne de ces groupes n'était impliquée dans son appel à être apôtre.

Pour comprendre pourquoi Paul insiste sur ce point, pensez à un moment où vous êtes allé entendre un orateur de premier plan. C'était peut-être un évêque, un président ou un prédicateur célèbre. Vous avez longuement attendu que le conférencier arrive, puis quelqu'un d'autre est monté sur la scène et a annoncé que l'orateur attendu ne pouvait pas venir et que lui-même le remplacerait. Qu'avez-vous ressenti ? Étiez-vous déçu ? Et ce qui a été dit était-il moins important, du fait que la personne importante n'était pas là ? Certaines personnes sont-elles parties sans faire l'effort d'entendre ce que le remplaçant avait à dire ? Même si la réunion s'est poursuivie et a atteint son objectif général, votre niveau de satisfaction était probablement bien inférieur à ce qu'il aurait été si la personnalité que vous vouliez entendre avait été présente. Paul est conscient de cette réaction psychologique, et c'est l'une des raisons pour lesquelles il souligne que personne n'a envoyé de représentant pour lui conférer l'autorité qu'il exerce.

Après avoir écarté les possibilités humaines, Paul utilise un fort « mais » pour introduire le contraste[10] : son autorité lui a été donnée par Jésus-Christ lui-même.

Paul est mandaté par Dieu

Ce n'est pas seulement Jésus qui a mandaté Paul. En réalité, son apostolat vient de « Jésus-Christ et [...] Dieu le Père qui l'a ressuscité d'entre les morts » (1.1b, Colombe). Jésus-Christ a rencontré Saul (également connu sous le nom de Paul[11]) sur le chemin de Damas et l'a ensuite chargé de prêcher aux non-Juifs, comme Paul le raconte lorsqu'il se tient devant le roi Agrippa[12] (Ac 15.9-17). Dieu le Père a envoyé Jésus dans le monde (Jn 3.16 ; 17.3 ; Ac 3.20 ; Rm 8.3) et « l'a ressuscité d'entre les morts ». Si Dieu n'avait pas accompli ce miracle, Paul n'aurait pas eu un évangile à prêcher ni la moindre autorité apostolique à exercer (1 Co 15.17).

Bien que Paul puisse parler de Jésus-Christ et de Dieu le Père en tant qu'entités différentes, il ne les considère pas comme des individualités séparées[13]. Dans le mystère de la Trinité, ils partagent une même volonté et un même but (Jn 6.44 ; 17.4 ; cf. aussi Mt 28.19 ; 2 Co 13.14). Ils diffèrent seulement en termes de fonction. Le Fils se soumet volontairement au Père (Jn 17.2) et exécute le plan de rédemption du Père. Ainsi, Jésus-Christ et Dieu le Père sont à la fois la source et les initiateurs de l'apostolat de Paul. Ils travaillent ensemble en parfaite harmonie.

L'équipe de Paul

Jésus et Dieu le Père sont la source commune de l'autorité apostolique de Paul (1.1) et des bénédictions pour les croyants (1.3), et ils sont les agents conjoints de notre rédemption (1.4). Ils travaillent ensemble, pas isolément. De la même manière, Paul ne se considère pas comme agissant seul, mais comme faisant partie d'une équipe, et il envoie donc cette lettre aux Galates de sa part à lui et « de tous les frères et sœurs » (1.2, BS). Ceux-ci étaient peut-être des membres de l'Église à laquelle il rendait visite au moment de la rédaction de l'épître ou des compagnons de mission qui voyageaient avec lui[14].

Un leader qui n'a pas de partisans n'en est pas vraiment un, tout comme il n'en est pas vraiment un s'il n'a pas de partenaires. Le travail d'équipe est nécessaire pour que chacun d'entre nous atteigne ses objectifs. Les pasteurs principaux ne devraient pas être si concentrés sur leur ancienneté qu'ils ne reconnaissent pas la contribution de ceux qui travaillent avec eux. S'ils ne la reconnaissent pas, ils peuvent briller pour quelque temps, mais finiront par échouer. Le même principe s'applique dans d'autres situations, y compris nos foyers. Un mari qui interprète mal la déclaration de Paul selon laquelle le mari est le chef de la famille (Ep 5.23 ; 1 Co 11.3), et de ce fait ignore les idées de sa femme et son implication dans les affaires de la famille, s'engage dans une impasse.

Lorsque nous dirigeons une équipe, nous devons encourager chaque membre de notre groupe à partager la même motivation et à travailler dur pour atteindre notre objectif commun. Chaque participant doit considérer la victoire comme la sienne. Nous observons cela chaque fois que nous regardons un match de football, mais nous oublions souvent de l'appliquer dans nos propres vies. Rappelez-vous, un joueur qui joue seul peut faire le show pour un court instant, mais ne marquera que rarement ! L'équipe qui réussit est celle qui coordonne ses efforts et accorde à chaque joueur une importance égale.

La prière de Paul

À l'époque de Paul, les Juifs se saluaient généralement par le terme *shalom*, ce qui signifie « paix » (Esd 4.17 ; 5.7), tandis que les Grecs utilisaient *charein*, qui signifie « salutations » (Ac 15.23 ; 23.26 ; Jc 1.1). Mais Paul modifie cette salutation, changeant *charein* en *charis*, pour imprégner d'une signification théologique ce qui serait normalement un simple salut. Il prie pour que les Galates reçoivent « la grâce et la paix[15] » (1.3a, Colombe).

Nous avons tous besoin de grâce. Nous avons besoin de dire les mots qui édifient les autres. J'ai entendu des personnes dire : « Dans ma culture, nous disons la vérité », puis je les ai entendues exprimer la vérité avec des mots qui ont totalement aliéné leurs auditeurs parce qu'elles se sont exprimées sans la grâce.

Nous avons aussi besoin de la grâce pour écouter des paroles qui sont dites pour notre bien. Les Galates auront besoin de la grâce de Dieu pour ne pas réagir de manière défensive quand Paul les traite de « stupides » (3.1, NBS). Il est très facile de prendre les critiques personnellement. L'esprit de grâce nous permettra d'écouter, d'évaluer soigneusement ce qui est dit et d'agir selon l'incitation du Saint-Esprit.

La grâce empêchera les critiques de perturber notre paix et de nous conduire à l'hostilité. C'est aussi pourquoi Paul prie pour la paix, pour les Galates. Il ne veut pas que ses paroles détruisent leur paix intérieure ou l'harmonie entre lui et eux.

Compte tenu de notre nature imparfaite, il nous est difficile d'accepter et d'offrir systématiquement des critiques constructives. Y réussir requiert la grâce et la paix qui viennent « de Dieu, notre Père, et du Seigneur Jésus-Christ » (1.3b, Colombe). Dieu est celui qui donne la grâce de recevoir n'importe quelle critique et de communiquer toute vérité d'une manière qui permet à l'auditeur de mûrir. Il procure une paix qui peut surmonter n'importe quel mot, acte ou circonstance.

L'Afrique a connu beaucoup de mauvais dirigeants. Et nous les avons souvent critiqués, depuis la chaire, dans les journaux, dans les bus et les taxis, etc. Mais avons-nous donné cette critique avec grâce, pour corriger et façonner ces personnes ? C'est très bien de dire que les mauvais dirigeants n'accepteront pas les critiques de bonne grâce, mais cela ne nous dispense pas de notre responsabilité de les offrir avec grâce. C'est vrai aussi dans l'Église. Je connais un pasteur qui dit avoir été congédié parce qu'il a « critiqué l'immoralité », mais tout indique clairement qu'il ne l'a pas fait en utilisant des mots de grâce et d'honnêteté.

Que le Seigneur nous aide à atteindre le stade où nous pouvons parler avec grâce, même à ceux qui nous haïssent le plus. Puisse-t-il également nous aider, en tant qu'auditeurs, à atteindre ce point où même les paroles les plus fortes à notre encontre ne nous privent pas de la paix – la paix en nous et la paix envers ceux qui nous critiquent.

L'Évangile de Paul

Paul ne peut pas terminer sa salutation sans résumer l'essence de son message, à savoir ce que Christ a fait quand il « s'est donné » (1.4, Colombe). Ce don était coûteux, car il devait quitter le ciel, souffrir les difficultés de la vie sur terre et endurer la croix[16]. Paul explique brièvement pourquoi ce don était nécessaire, le but de Christ en l'offrant et les raisons de celui qui donne.

Le besoin

Le besoin qui a conduit Christ à se donner était : « pour nos péchés[17] » (1.4a, Colombe). Il est venu en réponse à nos péchés et est mort en tant que notre représentant, se substituant à nous, pour nous[18] (cf. 3.13).

Le péché était aussi la raison pour laquelle Paul se devait de prêcher l'Évangile et la raison pour laquelle nous devons encore le prêcher. Comme lui, nous devons commencer par reconnaître que le péché existe et qu'il faut y remédier. Il couve en nous, car nous n'aimons pas toujours les autres comme nous le devrions. Et il est présent tout autour de nous. Parfois, il se manifeste de façon terrible, en agressant la personnalité de quelqu'un ou en provoquant des meurtres et des viols. Christ est mort pour faire face à tous les péchés, fournissant tout ce qui est nécessaire pour transformer la pire des personnes en la meilleure des personnes.

Le but

Le but de la venue de Christ était de « nous sauver » (1.4b, PDV). Nous méritions le jugement de Dieu à cause de nos péchés, mais par sa mort, Jésus nous a sauvés du jugement et nous a rendus justes devant le Dieu saint[19].

Paul décrit ce dont nous sommes sauvés comme étant « ce monde mauvais » (1.4b, PDV). Les enseignants juifs de l'époque parlaient de deux âges : l'âge actuel (dans lequel nous attendons le Messie) et l'âge à venir (après le Messie)[20]. Les enseignants chrétiens comme Paul annoncent que le Messie, le Christ Jésus, est déjà venu, mais que nous vivons encore dans une ère du mal où le Diable nous empêche de vivre comme nous le devrions. Pourtant, le Christ est déjà à l'œuvre dans nos vies, nous sauvant de cette ère du mal et nous préparant à l'ère nouvelle où il gouvernera dans la pureté et le bonheur parfaits (cf. Mc 10.30 ; Lc 18.30).

Dans les croyances traditionnelles africaines, toute calamité signalait qu'un péché avait été commis ou un tabou violé. La réponse était de rechercher d'urgence un recours pour sauver les gens des conséquences de leurs actes. Ne devrions-nous pas être tout aussi pressés de chercher à sauver des hommes et des femmes du péché, qui tue[21] ? Si les croyants voyaient la vie sous cet angle, nous verrions plus d'urgence et d'implication à proclamer la bonne nouvelle du salut en Christ.

Les motifs

Christ s'est donné « selon la volonté de notre Dieu et Père » (1.4c, Colombe). Il n'a pas recherché le mérite pour lui-même, mais s'est conformé de plein gré à la volonté de celui qui est à la fois le Dieu de grandeur et de majesté et le Père bienveillant et aimant[22]. C'est à ce Dieu grand et aimant que Paul attribue la gloire en 1.5.

En tant que leaders humains, nous devrions nous façonner à l'image de ces leaders divins. Le Christ n'a pas cherché à s'enrichir ou à s'accrocher au pouvoir, il a juste cherché à faire ce que son père désirait. De même, le Père n'est pas si pris dans son grand pouvoir qu'il en ignore ceux qui le servent. Lorsque les dirigeants humains se concentrent sur le pouvoir et ignorent les besoins de ceux qu'ils dirigent, ils sont bien en-deçà de l'exemple que Dieu a établi. Bien des dirigeants politiques africains ont échoué en cela et sont devenus des dictateurs, tellement déterminés à maintenir leur pouvoir qu'ils éliminent tout ce qui peut le menacer, même s'ils doivent pour cela commettre un meurtre. Le danger de s'accrocher au pouvoir est également présent dans l'Église, où les luttes d'influence ne sont malheureusement pas inconnues.

Le type de leader que Dieu approuve est celui qui suit ses traces et accompagne son peuple. Dans l'Ancien Testament, Dieu est appelé à la fois *Elohim* (le Tout-Puissant) et *Yahweh* (le Dieu d'alliance). Il est à la fois transcendant et immanent ; aux commandes et marchant dans les rues avec son peuple. Cela est devenu littéralement vrai avec la venue de Jésus, qui est « Emmanuel, ce qui se traduit : "Dieu avec nous" » (Mt 1.23, Colombe). Le vrai leader, le vrai pasteur, le véritable évêque doit être à la fois « là-haut » et « ici-bas », simultanément, une personne d'influence et aussi une personne du peuple. C'est une exigence indispensable pour réussir le test du leadership aux yeux de Dieu.

Dieu exerce son pouvoir en tant que père aimant qui cherche à sauver ses enfants du danger dans lequel ils sont tombés. C'est là que se trouve le cœur de Dieu et c'est aussi là que résidait le cœur de Paul. La mission de Paul devrait maintenant être la nôtre. Travailler dans cette perspective nous épargnera d'être facilement découragés par nos circonstances. Lorsque nous œuvrons à accomplir la mission de Dieu, nous pouvons être assurés de la présence du Seigneur.

Nous remercions Dieu pour ces Églises en Afrique qui ont des comités de direction orientés vers la mission et qui envoient des missionnaires dans les zones non évangélisées. Elles effectuent la même mission de salut qui a amené Christ du ciel sur la terre. Parfois, la tâche peut exiger que nous quittions un endroit confortable pour travailler dans une situation difficile, mais tout sauvetage implique des risques – nombre d'hommes et de femmes ont perdu la vie en sauvant ceux qu'ils aiment.

Que ce soit en contexte étranger ou familier, sauver des vies est ce que nous faisons en tant que croyants sur cette terre. Beaucoup sont encore perdus dans le péché et se dirigent vers la mort éternelle. Nous ne devons ménager aucun effort pour les sauver.

Questions pour la discussion

1. En tant que chefs d'équipe ou membres d'une équipe, nous pourrions être tentés d'essayer de surpasser les autres ou d'obtenir une reconnaissance personnelle. Comment le fait d'être un joueur d'équipe soumis à l'autorité de Dieu changerait-il notre attitude ? Quel impact cela aurait-il sur le personnel de notre Église, sur nos familles ou nos collègues ?

2. Réfléchissez à la manière dont vous recevez ou émettez une critique. Partagez un exemple de votre vécu dans lequel les personnes impliquées ont, ou n'ont pas, utilisé la grâce. Comment l'aménité, ou son absence, a-t-elle affecté les résultats ?

3. Comment entreprendriez-vous une mission de secours urgente ? Comment cela se compare-t-il à la façon dont vous avez participé à la mission de sauvetage commandée par l'Évangile ? Avez-vous fait de votre mieux pour soutenir le travail ? Comment pourriez-vous améliorer votre participation ?

UNITÉ 2
Galates 1.6-10

LES GALATES ET LEURS ENSEIGNANTS

Le 10 mai 2004, l'une des manchettes de l'*East African Standard* titrait : « Les faux médicaments illégalement importés inondent le Kenya. » Les commerçants faisaient de la contrebande, à coup de valises remplies de contrefaçons qu'ils vendaient à un prix beaucoup moins élevé que les médicaments légaux. Ceux qui vendaient les médicaments légaux ont beaucoup perdu et ceux qui achetaient des pilules ne contenant que de la poussière de craie n'ont pas vu leur santé s'améliorer. Il était urgent de prévenir le public de se méfier des pilules bon marché.

Cette partie de l'épître aux Galates pourrait aussi bien s'intituler « Un faux évangile illégalement importé inonde la Galatie ». Paul écrit pour avertir les Galates qu'un faux évangile ne les sauvera pas. Seul le vrai le fera. Il ne défend plus son apostolat comme en 1.1-5, mais défend l'Évangile qu'il a prêché. Cet Évangile est attaqué et certains des Galates commencent à accepter ce que les assaillants disent de l'Évangile et de Paul.

Paul répond en montrant aux Galates ce qu'ils font, en décrivant les activités et les motivations des faux enseignants et en exposant la véritable nature de l'Évangile.

Les Galates

Paul dresse un tableau clair de l'état spirituel des membres de l'Église de Galatie.

Bénéficiaires de l'Évangile vrai

Les Galates ont entendu le bon évangile. Paul et ses associés le leur ont prêché lors de son premier voyage missionnaire[23] (Ac 13.13-14.20). Ainsi, le « nous » dans « nous vous avons annoncé » (1.8, Colombe) inclut probablement Barnabé, qui était avec Paul à l'époque. Le temps du verbe suggère que ce message a été présenté non en un seul sermon, mais tout au long du ministère de Paul et de son équipe[24].

Non seulement les Galates avaient entendu l'Évangile, mais ils l'avaient aussi « reçu » (1.9) et l'avaient fait leur[25]. Mais voilà qu'à présent la situation changeait.

Facilement influençables par un autre évangile

Les Galates se comportent comme des enfants qui ont hérité d'un trésor familial et prêtent à présent l'oreille à quelqu'un qui les encourage à l'échanger contre quelque chose qui ressemble à l'original, mais qui est en fait un faux. Paul n'en revient pas qu'ils puissent tomber dans le piège[26]. Pourquoi voudraient-ils échanger un vrai trésor pour de la contrefaçon ? Est-ce que quelqu'un qui a des dollars, des shillings, des livres ou des nairas serait disposé à échanger cet argent contre des billets flambant neuf sans demander pourquoi la personne qui offre les nouveaux billets veut faire l'échange et sans examiner soigneusement les nouveaux billets ? C'est pourtant bien ce que les Galates font, en échangeant le vrai Évangile pour un faux.

Paul s'étonne aussi que les Galates aient fait cet échange « si vite » (1.6a). En combien de temps ? Il est probable que cela soit arrivé en moins de deux ans[27] ! C'est là tout le temps écoulé entre le premier voyage missionnaire de Paul et la date de cette lettre. Et si Paul se réfère au temps écoulé depuis que le faux enseignement a commencé en Galatie, cela fait même moins de deux ans. Les faux enseignants opéraient rapidement. Paul devait réagir de toute urgence, et c'est pourquoi il parle si franchement. Les croyants ayant seulement deux ans dans la foi ont des racines très superficielles et leur croissance peut facilement être entravée par l'erreur.

Ce n'est pas que les gens ne devraient jamais changer leur façon de penser après être venus à la foi, mais plutôt qu'il est important d'examiner très attentivement toutes les nouvelles idées avant de changer d'avis. Nous devrions tenir compte des paroles de l'apôtre Jean : « Ne vous fiez pas à tout esprit, mais éprouvez les esprits, pour savoir s'ils sont de Dieu » (1 Jn 4.1, Colombe). Nous devons être ouverts pour ce qui est d'apprendre, mais nous devons examiner et tester ce qui est enseigné.

Les étudiants qui fréquentent une école biblique ou une institution théologique seront inévitablement confrontés à de nouvelles idées et devront peut-être modifier une partie de leurs croyances. Mais les étudiants doivent toujours être comme les Béréens, qui « reçurent la parole avec beaucoup d'empressement, et [...] examinaient chaque jour les Écritures, pour voir si ce qu'on leur disait était exact » (Ac 17.11, Colombe). Les Galates auraient dû tester ce que les nouveaux enseignants leur disaient en le comparant à l'Évangile que Paul avait prêché. Nous aussi devons examiner très attentivement ce que nous entendons, en le comparant aux Écritures. Certains principes fondamentaux de la foi doivent rester constants, à mesure que nous découvrons de nouvelles idées. Ces principes fondamentaux comprennent qui est Jésus (Dieu incarné), comment il sauve (par la foi) et sa promesse de revenir (physiquement).

Inconstants

Le comportement des Galates équivaut à « vous détourn[ez] [...] de celui qui vous a appelés par la grâce de Christ[28] » (1.6b, Colombe). Se détourner comporte l'idée de déserter, ou de changer d'allégeance. Dieu avait gracieusement étendu le salut aux Galates, mais ils l'abandonnent maintenant et accordent de plus en plus leur allégeance aux faux enseignants[29]. Sur le plan humain, les Galates agissent comme des personnes heureuses de recevoir de la bienveillance et de l'aide au moment où elles en avaient besoin, mais tournant ensuite le dos à celui qui les a aidés. Ceux qui sont témoins d'un tel comportement auront raison de le condamner. Les Galates ont commencé à se détourner d'un Dieu gracieux et Paul écrit pour arrêter ce mouvement.

Les faux enseignants

Après avoir confronté les Galates à ce qu'ils font, Paul poursuit en décrivant le type de comportement auquel se livrent les faux enseignants qui corrompent l'Église.

Leur activité

Les faux enseignants annoncent un autre évangile. Paul utilise le mot « annoncer », pour prêcher, trois fois en 1.8-9 : « Mais si quelqu'un, même nous ou un ange du ciel, vous annonçait un Évangile contraire à celui que nous vous avons annoncé, qu'il soit anathème ! Nous l'avons déjà dit, et je le redis maintenant : si quelqu'un vous annonce un évangile différent de celui que vous avez reçu, qu'il soit anathème ! » (TOB.) Il était clair que quelqu'un en Galatie prêchait un message contraire à ce que Paul avait prêché. Le conditionnel « si » au début de 1.8 ne le dément pas : c'est le type d'énoncé conditionnel qui suppose que ce dont on parle est un fait[30]. Quelqu'un prêche un autre évangile.

Pensez à un moment où vous avez souffert d'un mal de tête. Les commerciaux essaieront de vous vendre des dizaines de comprimés différents pour les maux de tête, tous meilleurs les uns que les autres. Vous serez encouragés à ignorer le médicament que votre médecin vous a prescrit et à prendre la marque que le vendeur peut vous vendre. Les faux enseignants de Galatie agissaient comme ces vendeurs. Ils disaient aux Galates que Paul avait présenté un évangile, mais pas le meilleur évangile. Le leur était bien meilleur que celui que Paul avait prêché et offrirait un remède plus rapide à leurs problèmes spirituels.

De nos jours aussi, les faux enseignants nous poussent à essayer un évangile, n'importe lequel. Ils disent que quel que soit l'évangile, il résoudra nos problèmes et mènera à Dieu. « Ne pensez pas que vous devez choisir une religion plutôt qu'une autre, disent-ils, toutes les religions mènent à Dieu. Choisissez simplement la religion qui donne du réconfort à votre âme. » Mais ce qu'ils offrent est un faux évangile. Les faux médicaments introduits au Kenya par la contrebande ne pouvaient pas guérir les maux de tête ou d'autres maladies ; le faux évangile ne peut pas non plus guérir le péché.

Paul voit les choses différemment. Si Dieu a prescrit un certain remède pour guérir ce qui ne va pas chez nous, c'est ce remède-là que nous devons prendre. Tous les autres médicaments n'apporteront qu'un soulagement symptomatique et ne traiteront pas la maladie sous-jacente. Pour Paul, la prescription est le Christ, et lui seul.

La prédication des faux docteurs semait la confusion parmi les Galates ou « [...] jet[aient] le trouble parmi vous[31] » (1.7b, TOB). Le même terme est utilisé pour décrire la réponse d'Hérode à la nouvelle qu'un nouveau roi était né (Mt 2.3). Il s'est senti tellement menacé qu'il a ordonné le meurtre de tous les bébés garçons de deux ans et moins (Mt 2.16). Ce terme est également utilisé, pour parler de Jésus lors de son agonie dans le jardin de Gethsémané (Jn 12.27) et pour parler de la confusion à laquelle le concile de Jérusalem a répondu (Ac 15.24).

Ces exemples illustrent le type d'agitation et de fébrilité que suscitent les faux prédicateurs. Cela a commencé par semer le doute dans l'esprit des gens à propos de leur foi, ce qui a provoqué leur confusion et les a rendus vulnérables aux attaques.

Ce type d'approche est très courant en politique. Les politiciens s'efforcent toujours de montrer à quel point leur adversaire est peu performant. Si ce dernier est déjà en poste, on émet des doutes quant à savoir s'il a réellement réalisé quelque chose de positif. Chaque politicien offre ses propres promesses sur ce qu'il fera différemment et avec plus de succès. L'électorat peut facilement être troublé par les accusations et contre-accusations.

Dans les milieux chrétiens, la même approche est utilisée par ceux qui veulent détruire ce que la foi chrétienne a toujours défendu, telle l'unicité de Jésus-Christ. Ceux qui veulent contester cette vérité commencent par semer le doute dans l'esprit de leurs auditeurs quant à la possibilité et la manière dont il peut être Dieu. Quand la pensée est en présence d'un problème qu'elle ne peut résoudre (car il y a ici un mystère divin), l'esprit du mal présente une solution qui nie la divinité du Christ – le réduisant à n'être qu'un homme exceptionnel.

Les croyants doivent être attentifs aux premières étapes de cette stratégie. Paul en est très conscient et il met en garde les Galates avant qu'ils ne deviennent la proie des faux enseignants.

Leurs motifs

La motivation des faux enseignants est énoncée en 1.7c : « pervertir l'Évangile du Christ. »

Les faux enseignants étaient des stratèges. Leur première étape consistait à provoquer un ébranlement mental, de la confusion. Leur deuxième étape consistait à persuader les chrétiens de Galatie de déserter celui qui les appelait, et la troisième était de les établir dans un évangile différent, à savoir un évangile perverti.

Il semblerait que leur message était que la foi en Jésus-Christ n'est qu'une partie de ce qui est nécessaire pour le salut. En plus d'avoir foi en lui, les non-Juifs devaient observer la loi juive. En d'autres termes, pour appartenir à la famille de la foi, un non-Juif doit devenir juif. Ces personnes n'ont pas nié l'Évangile, mais elles l'ont compliqué par des rajouts.

Cette erreur est encore commise aujourd'hui par des personnes qui ne sont pas convaincues que la foi en Christ suffit pour le salut. Elles veulent faire d'autres choses pour se faire accepter pleinement par Dieu. Paul qualifierait cela de perversion. Seule la foi en Christ est la base de notre acceptation totale par Dieu. Ce que nous faisons découle de cette relation, mais ne représente pas ce qui la justifie.

La bonne nouvelle

Les traductions de la Bible ont raison de traduire les mots de Paul dans 1.7c en disant que ces enseignants « veulent pervertir l'Évangile du Christ[32] » (Colombe). Ils ont beau vouloir pervertir l'Évangile, ils ne pourront jamais réaliser leur objectif parce que le contenu de l'Évangile est défini et ne changera jamais.

Paul le dit clairement en énumérant cinq caractéristiques qui distinguent le véritable Évangile.

Unique

Le véritable Évangile est distinct de tous les autres dans l'accent qu'il met sur le Christ, dans l'appel aux croyants par Dieu le Père et dans le fait qu'il repose sur la grâce.

L'accent mis sur le Christ est clairement démontré par l'insistance de Paul, affirmant qu'il s'agit de l'Évangile « du Christ » (1.7). Cela peut vouloir dire deux choses. D'une part, c'est l'Évangile que le Christ a proclamé[33]. Il en est la source. C'est lui qui s'est décrit comme le berger qui donne sa vie pour sauver ses brebis (Jn 10.11, 14-15) et comme la porte du salut (10.9). Ces vérités sont essentielles à l'Évangile et doivent être transmises sans aucune distorsion si nous affirmons notre allégeance au Christ.

D'autre part, le Christ est aussi le contenu de l'Évangile[34]. L'Évangile tourne autour du Christ. Jésus-Christ est celui que la bonne nouvelle proclame ressuscité et se donnant pour nos péchés (1.1, 4). Cette seconde interprétation des mots « du Christ » correspond le mieux au contexte de cette lettre. La bonne nouvelle que Paul a prêchée et que les Galates abandonnaient concerne celui qui est mort pour eux et ressuscité, signe de victoire sur la mort. Sans Jésus, il n'y a pas de bonne nouvelle.

Lorsque nous écoutons des sermons, la question que nous devons nous poser est la suivante : « Est-ce que j'en apprends davantage sur le Christ ou seulement sur un homme ou une femme de Dieu ? » Si les miracles et les actes merveilleux que le prédicateur a faits sont tout ce que j'entends, d'un dimanche à l'autre, alors je perds mon temps. Mon attention ne se porte pas sur celui qui compte le plus – mon Sauveur qui est mort pour moi et qui est le Seigneur de ma vie.

Le véritable Évangile est également distinct de tous les autres en ce sens que les croyants sont appelés à croire par Dieu le Père lui-même (1.6). Étant donné que l'importance de toute position est liée à l'importance de celui qui nous y place, nous avons toutes les bonnes raisons d'être fiers d'être appelés ! Nous ne pouvions espérer une meilleure position. Mais les Galates abandonnaient cette position, dans un mouvement qui équivalait à s'éloigner de Dieu. Ceux qui détournaient l'Évangile leur disaient qu'ils seraient mieux placés et montreraient plus de zèle pour Dieu s'ils évitaient l'évangile prêché par Paul et adoptaient un évangile du type « Christ + œuvres ». Mais en fait, ils s'éloigneraient de Dieu plutôt que de se rapprocher de lui.

Enfin, l'Évangile est distinct parce qu'il vient par la grâce. Paul dit aux Galates que Dieu le Père les a appelés « par la grâce de Christ[35] » (1.6c, Colombe). Cette expression pourrait signifier que l'œuvre de grâce du Christ est le moyen par lequel Dieu sauve, ou qu'ils ont été sauvés uniquement par la grâce et non par les œuvres, ou encore qu'ils n'ont pas mérité le salut, mais Dieu leur a tendu la main pour les sortir de leur situation désespérée. Ces trois idées se chevauchent, mais la dernière semble la plus importante dans le contexte. Paul décrit les Galates comme des personnes qui ont rapidement oublié la bienveillance imméritée dont Dieu a fait preuve en les accueillant comme ses enfants. Au lieu de se réjouir de sa grâce, ils cherchent à compléter cette grâce par des œuvres.

En résumé, donc, le Père appelle, le Christ nous donne la grâce et nous répondons par la foi, devenant membres de la communauté des croyants. Jean enseigne la même chose quand il dit que le Père nous attire (Jn 6.44), Jésus nous nourrit (Jn 6.35) et notre contribution est de croire (Jn 6.40). Dans 1 Jean 1.3, Jean décrit cette belle fraternité dont les croyants jouissent comme étant en communion « avec nous » (les apôtres et les autres croyants) et « avec le Père et avec son Fils, Jésus-Christ » (Colombe). Le Père et le Fils non seulement rendent le salut possible, mais nous accueillent aussi dans leur famille.

Permettez-moi de donner ici une illustration de ce que cela signifie. Au fil des ans, plusieurs des étudiants que j'ai formés ont poursuivi leurs études et pris des postes dans des institutions théologiques. Certains d'entre eux sont maintenant des professeurs titulaires. Lorsque nous parlons ensemble, nous reconnaissons que j'étais autrefois leur enseignant et que nous sommes aussi maintenant coenseignants ou coprofesseurs. Pourtant, la plupart d'entre eux s'adressent toujours à moi comme si j'étais encore leur enseignant, à cause de notre relation passée.

La relation entre enseignant et étudiant est analogue à celle qui existe entre le créateur et les personnes qu'il a créées. Nous sommes sans pouvoir et ignorants, mais il nous sauve et nous attire dans la communauté qu'il a établie. Au sein de cette communauté, nous collaborons avec Dieu pour apporter le salut aux autres qui, à leur tour, feront partie de cette communauté. Nous ne sommes donc pas seulement dans la mission de Dieu, mais aussi missionnaires avec Dieu. C'est un tel privilège !

Un autre exemple serait les enfants adultes qui travaillent avec leurs parents. Un enfant ne peut jamais avoir le même âge que son père biologique, mais tous deux peuvent travailler ensemble dans une entreprise, un cabinet d'avocats, une école ou une Église. Le père a nourri et éduqué son enfant afin qu'il puisse remplir les mêmes fonctions, sans pour autant effacer la distinction entre père et enfant. De la même manière, Dieu nous forme pour être comme lui dans ces attributs que nous pouvons partager, et pour travailler à ses côtés, même si nous demeurons sa création[36].

Irremplaçable

Il y a deux termes grecs qui peuvent être traduits par « différents » et Paul les utilise tous les deux quand il s'adresse aux Galates. La traduction TOB le rend bien : « J'admire avec quelle rapidité […] pour passer à un évangile différent. Non pas qu'il y en ait un autre » (1.6-7a). Le mot traduit par « différent » signifie quelque chose d'un genre complètement différent, tandis que le mot traduit par « autre » signifie « un autre exemple du même genre[37] ». En 1.6, Paul nie l'existence de tout évangile différent et, en 1.7, il nie qu'il existe un autre évangile similaire. C'est pourquoi la NBS traduit : « Je m'étonne que vous vous détourniez si vite de celui qui vous a appelés par la grâce du Christ, pour passer à une autre "bonne nouvelle", qui d'ailleurs n'en est pas une » (1.6-7a). C'est comme si vous parliez d'une orange et que quelqu'un illustre votre conversation avec une image de citron. Certes, tous deux sont des fruits, mais ils ne sont pas interchangeables. Paul a placé une orange devant les Galates, et, maintenant, d'autres leur demandent d'échanger l'orange contre un citron, tout en prétendant qu'il s'agit simplement d'un type d'orange différent.

La manière spécifique de pervertir l'Évangile en Galatie consistait à ajouter la loi (en particulier la circoncision) comme base d'acceptation devant Dieu. Au lieu d'accepter que l'œuvre du Christ soit seule requise pour le salut, certains disaient que le salut exigeait la mort du Christ et l'obéissance à la Loi de Moïse. Ils présentaient des motifs complètement différents pour l'acceptation des gens par Dieu.

Paul insiste sur le fait qu'il s'agit d'un évangile différent. Ce n'est même pas un autre évangile du même genre que le vrai. C'est un faux. Il n'y a qu'un seul évangile vrai et effectif. Il est centré sur le Christ, et uniquement le Christ, comme base du salut. Il s'agit du même partout et pour tous – riches et pauvres, maîtres et esclaves, hommes et femmes, président et citoyen ordinaire, oppresseur et opprimé, sage et fou, éduqués et incultes, non-Juifs et Juifs, Galates et Africains. Aucun autre évangile n'est efficace pour offrir le salut.

Reconnaître que le contenu de l'Évangile est le Christ et que l'Évangile s'applique à tous signifie qu'aucun prédicateur ne devrait ressentir le besoin de modifier un sermon simplement parce qu'un président, un politicien ou une célébrité est là. Nous annonçons le Christ et tous ont besoin du Christ.

Immuable

Paul est tellement convaincu de la vérité de l'Évangile qu'il a prêché aux Galates qu'il déclare hardiment qu'ils devraient rejeter toute alternative, même si elle vient de ce qui pourrait sembler être une source irréprochable, comme Paul et son équipe (« nous-mêmes »), ou comme « un ange du ciel[38] » (1.8, Colombe).

Il est déjà arrivé que les anges chutent (Jd 6) et ils peuvent chuter à nouveau et apporter un message contraire au véritable Évangile. Paul et ses compagnons (cf. 1.2) pourraient également se détourner de la vérité et préconiser un évangile perverti. Si cela devait arriver, les Galates ne devraient pas les écouter. Si Paul lui-même venait à eux pour déclarer qu'il avait eu tort dans ce qu'il avait prêché auparavant, les Galates devraient l'ignorer. Le sujet est scellé et ne peut être modifié.

Les paroles de Paul révèlent la profondeur de sa conviction et de son engagement. Il n'a plus besoin d'enquêter. Il a analysé chaque aspect de la question sous tous les angles et est absolument convaincu de la véracité de sa position. Personne ne peut ébranler sa conviction, fût-ce le plus grand sage de la planète.

Nous devons chercher à être aussi convaincus de la vérité de ce que nous proclamons que l'était Paul. Ceux d'entre nous qui étudient la théologie devront se confronter à des questions telles que : la Bible est-elle la Parole de Dieu dans le sens qu'elle vient « de Dieu » ou qu'elle est simplement « au sujet de Dieu » ? Nous devrons également nous confronter aux points de vue de ceux qui font la distinction entre le Christ en qui nous croyons (le Christ de la foi) et le Jésus qui a marché dans les rues de Palestine (le Jésus de l'histoire). Nous devrions prier pour que nous sortions de ces débats avec la même profondeur de conviction que Paul avait à l'égard de la vérité de l'Évangile. Pour Paul, le message qu'il prêchait était la vérité immuable de Dieu (2 Tm 3.16) et le Christ qu'il prêchait était le Dieu qui venait du ciel pour sauver l'humanité (Ph 2.6-11).

Paul élargit la portée de son interdiction en disant que les Galates doivent rejeter quiconque « […] vous annonce un message différent de celui que vous avez reçu » (1.9, Colombe). Nul n'est exclu, et son éventuelle identité n'a aucune importance. Paul avait peut-être quelqu'un en tête quand il a écrit cela, mais il est plus probable qu'il parle en termes généraux[39]. Cependant, il est également vrai que cela se produit déjà en Galatie[40]. Quelqu'un y enseigne un évangile différent.

Ce schéma se répète communément tout au long de l'histoire. Dès que la vérité est présentée, une forme de distorsion ou de déni intervient. Dieu a instruit Adam et Ève sur la manière dont ils devraient vivre (Gn 2.16-17) et Satan a introduit un mensonge, détruisant leur vie (Gn 3.4-5). Paul a enseigné la vérité en Galatie et les faux enseignants ont entrepris de la déformer. Jean a enseigné la vérité à Éphèse, mais les faux prophètes l'ont minée (1 Jn 4.1-3). Satan travaille toujours à détruire la foi de nos jeunes, qui sont les leaders de demain. Nous devons être attentifs au danger que représentent ceux qui font son travail et devons refuser de les écouter.

Le dénaturer est dangereux

Que ce soit Paul, les membres de son équipe, un ange ou toute autre personne qui tenterait de déformer l'Évangile, cette personne est sous la malédiction de Dieu (1.8). Les traductions françaises rendent la fin de ce verset 8 par « qu'il soit anathème ! » (Colombe, TOB, NBS, DBY) ou « qu'il soit maudit » (BFC, BS, S21), du grec *anathema*. Ce mot grec est utilisé dans l'Ancien Testament pour désigner le fait, pour Dieu, de se séparer, généralement par destruction, de quelque chose ou de quelqu'un (Lv 27.28-29 ; Dt 7.26 ; Os 6.17-18 ; 7.1). C'est aussi dans ce sens que Paul utilise le terme « anathème » ici[41], ce qui explique pourquoi la version Parole de Vie traduit ce qu'il dit comme « que Dieu le rejette ! ».

Ce n'est pas parce que Paul déteste les personnes qui tentent de déformer l'Évangile qu'il prononce des paroles si dures, mais plutôt à cause du sérieux avec lequel il prend l'Évangile. Le dénaturer est un crime majeur dans la justice divine. Les paroles de Paul ne nous donnent pas le droit de maudire les gens (ou d'inviter Dieu à les maudire), mais elles nous interpellent pour réagir quand nous entendons une version dénaturée de l'Évangile. Comment réagissons-nous lorsque des dessinateurs ou des comédiens plaisantent à propos de la Bible ou de l'Évangile ? Condamnons-nous fermement un tel comportement ?

Étant donné que la mission de l'Évangile et de ceux qui le prêchent est une mission de sauvetage, quiconque le dénature pour réduire le rôle du Christ en tant que Sauveur est comparable à celui qui coupe une corde laissée à dessein par les sauveteurs pour mettre quelqu'un hors de danger. Un tel comportement équivaut à un meurtre, car il empêche la personne d'être sauvée. C'est pourquoi Paul considère que cela mérite une malédiction.

Le fait que Paul prononce une malédiction sur quiconque pervertit l'Évangile n'est pas chose nouvelle. En 1.9, il introduit la malédiction par les mots : « Nous l'avons déjà dit » (TOB). Bien que nous ne sachions pas quand Paul a dit cela auparavant, le fait qu'il l'ait fait indique que ses paroles ne sont pas motivées par un ressentiment envers les Juifs de Galatie en tant qu'individus. Non, son attitude à leur égard est une question de principe. Ils faisaient quelque chose contre lequel Paul avait déjà prononcé l'anathème.

C'est pour nous une leçon utile. Les actions fondées sur des principes précédemment établis évitent toute apparence de représailles personnelles.

Notre action n'a rien à voir avec le fait que nous aimions ou n'aimions pas la personne, mais découle du fait que ce qui s'est passé était bon ou répréhensible.

La question de l'approbation

Paul termine cette section en posant une question importante : « Maintenant, est-ce la faveur des hommes que je recherche ou celle de Dieu ? » (1.10a, S21). Le mot traduit par « rechercher la faveur » peut être interprété comme un effort de détente afin d'amener les gens à l'amitié[42]. C'est ce que font certains enseignants quand ils abaissent les normes et donnent de bonnes notes afin de gagner la faveur de leurs étudiants. Paul ne tente rien de tel.

Il ne se comporte pas non plus comme d'autres enseignants qui ajoutent délibérément des exigences au programme pour que les étudiants aient plus de difficultés à poursuivre leurs études. Paul considère que les judaïsants agissent de la sorte quand ils ajoutent l'observance de la loi (et surtout la circoncision) à la norme établie.

Les judaïsants pourraient accuser Paul d'abaisser la norme en écartant l'observation de la loi afin de plaire aux gens. Mais Paul insiste sur le fait qu'il travaille selon une norme établie (le salut par la foi en Christ) et, par conséquent, il plaît à Dieu, qui a établi la norme. Son motif « maintenant », alors qu'il écrit cette lettre, est simplement de protéger la pureté de l'Évangile[43].

Paul pose une deuxième question, qui est une variante de la première partie de sa première question : « Est-ce que je cherche à plaire aux hommes ? » (1.10b, Colombe). S'il était intéressé par l'approbation générale, il serait moins préoccupé par la vérité que par le fait d'être populaire. Son motif serait égoïste. Mais Paul rejette un tel motif : « Si j'en étais encore à plaire aux hommes, je ne serais plus serviteur du Christ[44] » (1.10c, TOB). Plaire aux gens ne l'intéresse pas. Satisfaire ses propres désirs au détriment de la vérité de Dieu non plus. Tout ce qui l'intéresse, c'est la bonne nouvelle que Dieu approuve. Cet Évangile a été prêché aux Galates par Paul et par d'autres avec lui. Il le leur a prêché à l'époque et le défend maintenant, parce que c'est ce qui plaît à Dieu.

L'argument de Paul est celui que nous devrions également adopter : nous devrions être guidés par des principes fondés sur la vérité et non sur ce qui peut plaire aux gens. Si nous estimons que quelque chose est juste, nous devons nous y tenir, même si cela fait de nous une minorité. Si nous pensons que quelque chose ne va pas, nous devons nous y opposer, même si la majorité l'accepte. Chaque fois qu'il y a un choix à faire entre plaire à Dieu et garder notre popularité auprès des autres, nous devons toujours choisir de plaire à Dieu.

Ce n'est pas facile. Cela peut coûter cher. Ceux qui luttent contre la corruption peuvent se retrouver socialement isolés et même perdre leur emploi. Mais il y a une grande récompense de Dieu, que ce soit dans le présent ou dans le futur.

Dieu, dans sa grande sagesse, a créé le caméléon et lui a donné la capacité de changer de couleur pour se protéger en se conformant à son environnement. Mais quand j'observe un caméléon et que je le compare à des personnes que je connais, je me retrouve souvent à prier : « Seigneur, aide-moi à ne pas ressembler au caméléon. » Un caméléon n'a pas de couleur propre à lui et ceux qui lui ressemblent au niveau moral n'ont pas de principes propres à eux. Ils changent selon le vent. Ils sont motivés par la popularité, et non la vérité. Paul savait ce qui était vrai et il s'y est tenu, quels que soient les risques. Que le Seigneur nous aide à faire de même !

Questions pour la discussion

1. Parmi les éléments suivants, lesquels sont importants pour déterminer si l'évangile prêché est authentique ?
   a. Il donne la prééminence à Jésus.
   b. Le pasteur est éloquent et plein de charisme.
   c. L'évangile enseigne que Jésus est Dieu, a pris la nature humaine et est mort pour nous.
   d. Il enseigne que nous devons donner la dîme à l'Église si nous voulons être bénis par Dieu.

2. Vous êtes-vous déjà trouvé dans une situation où vous deviez choisir entre plaire à une personne et plaire à Dieu ? Qu'avez-vous fait et quels ont été les résultats ?

3. Quelles sont les questions de croyance ou de pratique sur lesquelles nous ne devrions jamais faire de compromis ?

UNITÉ 3
Galates 1.11-24

LA SOURCE DE L'ÉVANGILE DE PAUL

En Afrique, les malédictions ne sont pas prises à la légère. Mon grand-père, sur son lit de mort, a jugé nécessaire d'interdire à ses descendants de prononcer la moindre malédiction sur l'un de leurs enfants. Il était déterminé à essayer de prévenir les dommages causés par une malédiction à celui qui la prononce et à celui contre lequel elle est prononcée.

Paul, cependant, vient de prononcer une malédiction contre quiconque ose déformer l'Évangile qu'il a prêché aux Galates. C'est une question très grave. Qu'est-ce qui peut le convaincre qu'il a raison ?

La réponse est liée à la source dont il a obtenu « l'Évangile que je vous ai annoncé[45] » (1.11, BS). Ces mots peuvent être traduits littéralement par « l'Évangile, celui que j'ai prêché ». L'accent porte sur le contraste entre l'Évangile que Paul prêche et défend et tout autre évangile que les Galates entendent ou peuvent être amenés à entendre. Son Évangile, dont le message central est « Jésus-Christ est le Fils de Dieu ; Jésus-Christ est le Seigneur ressuscité[46] » et dont la principale caractéristique est qu'il est « exempt de toute loi[47] », ne lui est pas parvenu par des voies ordinaires.

L'Évangile reçu par la révélation

L'Évangile de Paul n'est pas quelque chose qu'il a rassemblé seul ou appris d'autres personnes. Il l'a reçu « par une révélation de Jésus-Christ » (1.12b, Colombe, NBS, TOB), ou, selon la Bible du Semeur : « C'est Jésus-Christ lui-même qui me l'a fait connaître, par une révélation. » La différence entre ces deux traductions reflète deux interprétations possibles de ces mots : a) Jésus a révélé l'Évangile à Paul, ou b) Jésus était le contenu de l'Évangile qui a été révélé à Paul par Dieu le Père[48] (cf. 1.16). Les deux interprétations sont grammaticalement et théologiquement plausibles, bien que la première soit plus probable dans ce contexte, où Paul réfute l'allégation de ses opposants qu'il aurait reçu son évangile d'un être humain.

Si c'est le Christ qui a révélé l'Évangile à Paul, que faisons-nous des versets 1.15-16, dans lesquels il dit que Dieu le Père était impliqué dans cette révélation ? Il semble que Paul soit en train de dire que c'est le Père qui lui a révélé Jésus, et que Jésus, à son tour, lui a révélé l'Évangile. Cette double intervention divine fait que Paul est la personne qu'il est (une personne transformée par Jésus, qui lui a été révélé par le Père), et le prédicateur qu'il est (prêchant un Évangile qui lui a été révélé par Jésus-Christ). Il possède ce privilège spécial en raison de la mission particulière que le Seigneur lui réservait.

La plupart d'entre nous qui enseignons au sujet du Christ ont eu les yeux ouverts par le Père afin de voir qui est Jésus (Jn 6.44), mais nous avons eu quelqu'un d'autre pour nous instruire au sujet du Christ, soit directement en lisant les Écritures, soit indirectement alors que quelqu'un nous interprétait les Écritures. Ces personnes sont les instruments que Dieu utilise pour nous former.

Mais Dieu est également toujours capable de bénir miraculeusement certaines personnes qui ne sont jamais allées à l'école par une capacité divine de lire et d'interpréter les Écritures quand il a une mission spéciale pour elles, tout comme il avait une mission spéciale pour Paul. La différence avec la situation de Paul est que Paul a été formé directement par Jésus, alors qu'aujourd'hui, le Seigneur transmet ses instructions par le biais des écrits de Paul et des autres Écritures.

La distinction est importante, parce qu'elle signifie que, bien que nous puissions comprendre les Écritures et en tirer des enseignements, nous ne pouvons rien y ajouter. Méfions-nous de ceux qui prétendent que leur enseignement a la même autorité que la Bible, parce que Dieu nous dit expressément qu'ajouter quoi que ce soit à la Bible revient à dénaturer la bonne nouvelle (Dt 4.1, 2 ; Mt 5.17-19).

Le témoignage de Paul

Paul donne plus d'informations sur la source divine de son évangile lorsqu'il donne son témoignage et décrit comment il était avant sa conversion, comment il s'est converti et ce qu'il est devenu après sa conversion.

Paul avant sa conversion

Avant sa conversion, Paul était plongé dans « le judaïsme[49] » (1.13), qui régissait sa pensée, ses actions et ses attitudes. Il le rappelle aux Galates (qui le savaient déjà – « vous avez en effet entendu[50] », 1.13a) pour montrer qu'il n'était vraiment pas un candidat plausible pour le changement. En fait, il était plus impliqué dans le judaïsme que les judaïsants qui troublaient à présent les Galates.

Paul était aussi profondément ancré dans le judaïsme qu'un sorcier dans la religion traditionnelle africaine[51]. Pour ceux qui le connaissaient, sa conversion serait aussi surprenante que pour nous de voir le plus célèbre sorcier de notre village s'asseoir au premier rang à l'église. Nous nous demanderions tous « Que s'est-il passé ? » et penserions que sa présence est le résultat d'un miracle que seul le Dieu vivant peut accomplir.

La vie de Paul avant sa conversion était caractérisée par trois choses : la haine de l'Église de Dieu, une carrière prometteuse dans le judaïsme et du zèle.

La haine de Paul envers l'Église est démontrée par son acharnement à « persécuter » l'Église de Dieu (1.13b). Il consacrait constamment son énergie à faire en sorte que ceux qui appartenaient à Jésus souffrent[52] (Ac 8.1, 3 ; 9.1-2, 21 ; 22.4, 19 ; 26.10, 11). Il décrit ceux qu'il a persécutés comme étant « l'Église de Dieu », c'est-à-dire l'Église qui appartient à Dieu, à savoir tous ceux qui croient en Jésus comme étant le Messie[53]. Bien sûr, Paul ne savait pas que l'Église appartenait à Dieu au moment où il la persécutait. Il « agissait par ignorance » (1 Tm 1.13b, Colombe).

En persécutant l'Église, Paul essayait de « la détruire[54] » (1.13c, TOB). Il a mis toute sa détermination, son énergie et son zèle dans ce projet, mais il ne pouvait pas réussir – non pas parce qu'il manquait d'acharnement, mais à cause de celui à qui l'Église appartient. Même Satan n'est pas capable de détruire quelque chose qui appartient à Dieu lui-même (Mt 16.18). Cela nous rappelle à nouveau le sorcier. Il est de notoriété publique que les sorciers sont parmi les pires ennemis d'une Église de village. Ils en disent du mal et cherchent à la saper en prétendant que même les chrétiens viennent à eux pour obtenir guérison et autres services. Mais quoi qu'ils fassent ou disent, ils ne peuvent pas détruire l'Église. L'Église appartient à Dieu, et celui qui est en nous en tant que croyants est plus grand que celui du monde (1 Jn 4.4). L'Église a pour mission de proclamer continuellement et courageusement la Parole de Dieu, même quand les puissances du mal s'y opposent. Le même Dieu qui a amené Paul au salut est capable de sauver même les ennemis de l'Église les plus obstinés. Nous remercions Dieu pour ceux qu'il a sauvés et le témoignage qu'ils ont rendu à l'Église de Christ.

Le zèle de Paul et son engagement envers le judaïsme furent remarqués par d'autres, de telle manière qu'il pouvait dire en toute sécurité « dans le judaïsme, je progressais mieux que beaucoup de Juifs de mon âge[55] » (1.14, NBS). Il était le meilleur élève de ses professeurs. Il était très intelligent et faisait preuve d'un « dévouement à l'excellence et à la plus grande minutie quant à la connaissance et au respect de la loi[56] ». Les camarades de classe auxquels il se compare pourraient être ses compagnons pharisiens ou, plus vraisemblablement, « d'autres Juifs du même âge que Paul, sans chercher à classer ses progrès spécifiquement parmi les pharisiens[57] ». S'il y avait eu un vote, il aurait gagné le titre de l'étudiant le plus performant.

La plupart des gens qui changent soudainement de cap le font parce qu'ils ont échoué dans ce qu'ils tentaient d'accomplir. Mais quand quelqu'un qui connaît un grand succès se détourne soudainement pour poursuivre une autre voie, cela signale clairement que cette personne a trouvé quelque chose de plus grande valeur. Paul a abandonné le domaine dans lequel il excellait parce qu'il avait rencontré un maître pour qui cela valait la peine de tout quitter.

À une certaine époque, la perception qui prévalait en Afrique était que les personnes entraient dans le ministère parce qu'elles n'étaient pas qualifiées pour d'autres professions comme le droit, la médecine et l'architecture. Pourtant, je rencontre de plus en plus souvent des personnes qui ont quitté une carrière professionnelle réussie pour entrer dans le ministère, ou qui entreprennent des études théologiques supplémentaires pour enrichir leur service professionnel. Nous avons besoin d'hommes et de femmes qui servent Dieu dans tous les domaines, mais ceux qui jouissent de pratiques juridiques, médicales et commerciales florissantes et que le Seigneur a appelés à exercer un ministère à plein temps ont été utilisées de manière extraordinaire pour atteindre les personnes de leur propre milieu.

Paul était une étoile montante dans son domaine, mais il se soumit au Seigneur qui l'appelait à servir les non-Juifs. Puissions-nous être aussi ouverts que lui à entendre l'appel du Seigneur.

La Bible à la Colombe décrit Paul comme ayant « un zèle excessif ». Mais c'est une interprétation du grec. Ce que Paul dit en réalité, c'est qu'il était « zélote ». Cela a généré bien des discussions pour savoir s'il utilisait ce mot pour désigner spécifiquement le groupe politique connu sous le nom de zélotes, qui était très zélé, ou la loi mosaïque qui dictait de ne pas hésiter à recourir à la violence pour sa défense[58]. Paul était-il membre de ce parti, ou utilisait-il simplement leur nom de manière générique, pour indiquer qu'il était zélé dans sa foi ?

La majorité des commentateurs prennent le terme au sens général. Paul se serait vu appartenir à la même fratrie que Siméon et Lévi, qui ont vengé avec zèle la souillure de leur sœur Dinah (Gn 34) ; tout comme Phinéas, dont le zèle pour la loi l'a amené à prendre des mesures énergiques lorsqu'un Israélite a épousé une Madianite (Nb 25) ; comme Josué, qui a conduit les Israélites dans la Terre promise et a confirmé les décrets de Dieu (Jos 7)[59] ; comme Élie, quand il a défié les quatre cent cinquante prophètes de Baal sur le mont Carmel (1 R 18.19-46) ; et comme Mattathias, un ancien qui a mené une rébellion contre Antiochus IV et ses forces au IIe siècle avant Jésus-Christ, parce qu'il ne supportait pas l'humiliation du peuple juif et la souillure de son lieu de culte[60].

Le terme traduit par « zélote » est neutre, en soi. Il peut devenir négatif ou positif selon ce qu'il implique[61]. Par exemple, les actes de Phinéas, de Josué, d'Élie et de Mattathias peuvent être considérés comme des expressions acceptables du zèle, tandis que les actions de Lévi et de Siméon peuvent être jugées inacceptables. Mais il est indéniable que tous ces actes sont le fruit du zèle. Paul se serait reconnu en ces hommes déterminés à préserver « la pureté et le caractère distinctif d'Israël[62] ». Il pensait que ce qu'il faisait était bon et acceptable. Cependant, il sait à présent qu'il agissait contre Dieu. Il a reçu une révélation plus complète et peut mieux juger des actes suscités par son zèle.

Lorsque nous jugeons sévèrement les groupes extrêmement zélés, il n'est pas mauvais de penser qu'ils nous donnent une leçon d'humilité, car la plupart d'entre nous semblons être vraiment peu zélés. Il est bon de nous investir dans quelque chose au point que nous n'épargnions aucun effort pour atteindre notre objectif. Certes, le zèle pour la mauvaise cause est dangereux, mais si nous sommes sous le contrôle de Dieu, notre zèle se concentrera sur les bonnes causes. Quand il s'agit d'étudier en tant qu'étudiant, d'évangéliser en tant qu'évangéliste, de rendre justice en tant que juge, d'instruire en tant qu'enseignant, et dans tout ce que nous faisons, le zèle est la clé pour aller de l'avant. Il est important dans la réussite de toute tâche. Un pasteur qui a du zèle pour son ministère et prend de sages décisions grâce à ce zèle réussira toujours. Quand il s'agit de soin pastoral, le zèle est démontré par les prédications bien préparées, par les visites aux malades et aux nécessiteux, sans oublier les autres responsabilités.

Paul avait du zèle pour « les traditions de [s]es pères » (1.14c, Colombe), à savoir les nombreuses traditions documentées dans la Mishnah, le terme ancien désignant la loi juive[63]. Malheureusement pour Paul, son zèle pour les traditions ancestrales était en fait un zèle dirigé contre Jésus-Christ et Dieu le Père.

En somme, Paul n'était pas un débutant en judaïsme, mais bien un érudit, qui ne se contentait pas de « taquiner » le judaïsme, mais s'y impliquait pleinement et jalousement. Son dévouement à cette cause se démontrait par la manière dont il s'acharnait à détruire l'Église. Il fallait réellement une puissance surhumaine pour le transformer en quelqu'un plaidant un chemin de salut qui ne dépendait pas du maintien de la loi juive. Il n'aurait écouté aucun être humain proposant une telle argumentation. Le seul qui pouvait le convaincre de changer était Dieu lui-même.

Le témoignage de Paul avertit que le zèle peut être mal inspiré. C'est compréhensible dans son cas, car il n'avait que l'Ancien Testament pour le guider, et n'avait pas encore reçu la pleine révélation de la volonté de Dieu sous la forme de l'Ancien et du Nouveau Testament. Nous, en revanche, nous disposons d'une révélation plus complète. Avant de dédier notre énergie à quoi que ce soit, nous devons chercher dans les Écritures pour nous assurer que ce que nous avons l'intention de faire va plaire à Dieu. De nombreux mouvements et associations nous demanderont de collaborer à leur travail. Mais avant d'y consentir, nous devons nous demander : comment cela répond-il à la volonté de Dieu ? Quand cela promeut la volonté de Dieu, il nous faut y consacrer tout notre zèle.

Je suis toujours impressionné par les croyants qui recherchent les conseils de leur pasteur quand une organisation à laquelle ils participent semble s'engager dans une entreprise moralement douteuse. Leur action démontre qu'ils veulent vivre conformément à la volonté de Dieu. Et que savons-nous de la volonté de Dieu ? La première chose que nous savons est le principe général énoncé dans Michée 6.8 (BS) : « C'est que tu te conduises avec droiture, que tu prennes plaisir à la bonté et que tu vives dans l'humilité avec ton Dieu. » Cela devrait être notre point de départ, avant même de demander conseil à un pasteur ou tout autre conseiller.

- La droiture signifie traiter les autres comme je voudrais être traité. Ce n'était pas ainsi que Paul traitait l'Église. Ce n'est pas non plus la façon dont nous traitons les autres, en particulier lorsque nous cédons à la cupidité.
- La bonté signifie que lorsque je suis dans le droit et que l'autre personne a tort, je traite quand même cette personne avec considération. Je ne la persécute pas. Je n'exige pas non plus que l'autre personne répare les choses du jour au lendemain. Bien que je puisse être « en droit » de formuler une telle demande, cela ne relèverait pas de la bonté.
- L'humilité doit nous pousser à présenter tout ce que nous faisons à Dieu, reconnaissant que nous ne sommes pas parfaits et que nous pouvons échouer.

Le témoignage de Paul est inclus dans les Écritures afin que nous puissions apprendre de son exemple. En prenant connaissance de son zèle, nous devrions examiner notre propre niveau de zèle et son objectif. Paul regrettait que son zèle fût dirigé contre Dieu. Que le Seigneur nous aide à avoir du zèle, et que ce zèle soit utilisé pour promouvoir le royaume de Dieu !

La conversion de Paul

Paul décrit les événements qui ont amené le changement entre ce qu'il était et ce qu'il est devenu. Il souligne que sa conversion n'a impliqué aucune action de sa part. C'était plutôt le résultat de l'activité de Dieu, commençant avant sa naissance, quand Dieu « [l]'a mis à part[64] » (1.15a, NBS). Paul utilise la même phrase dans Romains 1.1, où il se décrit comme « mis à part pour annoncer l'Évangile de Dieu » (LSG). Le sens littéral du verbe grec est « déterminé à l'avance[65] ». Si nous prenons ce sens littéral, Paul dit que Dieu a décidé dans le passé ce que Paul serait, et c'est ce qu'il est au moment où il écrit cette lettre.

Cette mise à part par Dieu a commencé quand Paul était encore dans le ventre de sa mère. Cette même idée est exprimée plusieurs fois dans l'Ancien Testament. Samson a dit à Dalila qu'il était mis à part pour Dieu « depuis le ventre de [s]a mère » (Jg 16.17, NBS). Ésaïe a parlé à Israël au nom du Dieu « qui te fait qui et qui te façonne depuis le ventre de ta mère » (Es 44.2, NBS). Ésaïe dit dans l'un des passages du Serviteur : « Le Seigneur m'a appelé depuis le ventre maternel » (Es 49.1, NBS). Paul a peut-être pensé, ou pas, à l'un de ces passages alors qu'il écrivait, mais il est clair qu'il voit l'appel de Dieu comme datant d'avant sa naissance : « Dieu le destina de sa naissance à sa vocation, peu importe que la carrière de sa jeunesse soit capricieuse et peu plausible[66]. » Le fait que cette « mise à part » ait eu lieu avant même que Paul ne puisse penser par lui-même est une preuve supplémentaire que son évangile n'est pas de son propre fait[67].

L'aspect d'être mis à part est l'un des mystères de nos vies. Bien souvent, nous estimons que notre propre formation nous a amenés à notre position actuelle. Mais la vérité est que notre entraînement n'est que le moyen utilisé par le Seigneur pour nous amener au ministère pour lequel il nous a consacrés, ou « mis à part ». Il est également important de noter que les leaders qui parviennent au pouvoir en manipulant d'autres personnes ou en truquant les élections, en dénaturant les votes et en éliminant impitoyablement leurs rivaux ne peuvent prétendre avoir été « mis à part » par le Seigneur pour leur ministère. La place que le Seigneur nous a consacrée vient d'elle-même quand nous suivons la voie de la justice et se confirme par une paix intérieure et une conviction que c'est le Seigneur qui nous a amenés là. Cette vérité s'applique aussi bien au chef politique qu'au chef de l'Église. Jusqu'à ce que Paul devienne un apôtre des non-Juifs, il était seul. Maintenant qu'il est apôtre, il accorde à Dieu le mérite de l'avoir « mis à part » pour cette position. Et vous, Dieu vous a-t-il « mis à part » pour ce que vous faites, ou êtes-vous seul ?

En plus de la consécration de Paul par Dieu pour le ministère, Paul dit : il « m'a appelé par sa grâce » (1.15b, Colombe). La consécration a eu lieu avant que Paul ait atteint les années de la majorité, mais « l'appel » a eu lieu sur la route de Damas. Comme nous l'avons abordé en discutant les versets 1.1 et 1.12, cet appel impliquait à la fois Jésus et Dieu le Père. Ici, cependant, Paul se concentre sur l'action de Dieu le Père. Cet appel incluait la rencontre avec Jésus sur le chemin de Damas (Ac 9.1-9) et tout le travail providentiel de Dieu sur les détails associés à cette rencontre, telle la mission d'aider Paul confiée à Ananias (Ac 9.10-19). En toutes ces choses, Dieu était à l'œuvre pour faire de Paul la personne que Dieu avait décidé qu'il serait.

Paul a été appelé par la grâce de Dieu, ou, littéralement, « au moyen de sa grâce[68] ». Paul a déjà mentionné la grâce de Dieu en 1.6, lorsqu'il a parlé de la manière dont les Galates avaient été appelés dans la famille de Dieu. Ici, l'accent est mis sur la manière dont Paul fut appelé dans la même famille. Mais alors qu'en 1.6 il parlait de la grâce du Christ, ici en 1.15 il parle de la grâce de Dieu le Père. Comme nous l'avons déjà mentionné lors de la discussion sur le verset 1.1, l'activité du Père est aussi l'activité du Fils. Dans les deux cas, ce qui importe, c'est que l'initiative incombe à Dieu. C'est lui qui appelle Paul au salut et simultanément au service. Ainsi, Paul peut affirmer avec assurance qu'il ne doit son appel à aucun être humain.

Tout comme Paul avait besoin que les Galates prennent acte que Dieu œuvrait en lui en coulisse, il en va de même de nos jours : le monde doit être assuré que nous ne travaillons pas seuls. Les gens observent pour voir si Dieu est à l'œuvre, avant de croire ce que nous disons et de rejoindre la foi. Un prédicateur qui fait des miracles le dimanche, mais offre des pots-de-vin le lendemain n'a aucune crédibilité. Pas plus qu'un membre de l'Église qui chanterait des louanges le dimanche, mais tromperait son employeur le lundi. Notre affirmation que Dieu est avec nous doit être soutenue par tous les aspects de notre vie (y compris notre réponse à la critique publique).

Le mandat de Paul

La vocation de Paul et son appel furent suivis par la révélation que Dieu lui a faite au sujet de son Fils et de la mission que Dieu réservait à Paul[69]. Ici aussi, l'initiative vient de Dieu. Paul en parle dans 1.15-16 (NBS), disant « Mais quand il a plu à Dieu, qui m'a mis à part [...] de révéler en moi son Fils ». L'occasion la plus plausible pour cette révélation était sa rencontre avec Jésus sur le chemin de Damas[70].

Les expériences de conversion et de post-conversion de Paul ont eu lieu à la même occasion. Mais la séquence est importante. Avant sa conversion, Paul s'opposait à Jésus, mais quand ses yeux se sont ouverts, il a reçu cette révélation. Il est bien sûr possible que Paul ait reçu l'essence de la révélation à ce moment-là, mais sa signification est devenue de plus en plus claire avec le temps. Toutefois, on ne nous dit rien à ce sujet.

Paul décrit sa révélation d'une manière intrigante quand il dit que Dieu a révélé « son Fils en moi[71] ». Qu'est-ce que cela signifie ? Certains analystes considèrent cela comme indiquant que Paul a reçu une révélation intérieure et subjective qui a changé sa façon de voir Jésus[72]. D'autres considèrent que Dieu a utilisé Paul pour révéler le Christ aux autres, de sorte que le « en moi » pourrait être mieux traduit « par moi[73] ». À mon avis, l'interprétation subjective correspond mieux au contexte. Paul parle de la façon dont il a reçu l'Évangile, et non de la manière dont il l'a proclamé[74]. La révélation dont il est question ici est l'une des choses que Dieu a faites pour transformer le Paul d'avant en un Paul nouveau. Ce Paul nouveau n'est pas un simple converti ; il est quelqu'un dont l'objectif de vie a été transformé. Au lieu de chercher à persécuter les disciples du Christ, il cherchera maintenant à les protéger.

Qu'est-ce qui a été révélé à Paul ? Il s'agit bien sûr de « son Fils », mais cela veut-il dire que Dieu a révélé Jésus lui-même à Paul ou est-ce que Jésus était le sujet de la révélation, de sorte que Paul en a appris davantage sur Jésus[75] ? Évidemment, ces deux positions se chevauchent dans une certaine mesure, de sorte qu'il est possible de dire que le contenu de cette révélation est « Jésus-Christ lui-même et l'Évangile qu'il a confié à Paul[76] ». Mais le point de vue selon lequel Jésus lui-même est le contenu de la révélation doit avoir préséance. Paul n'avait pas besoin de connaître des faits sur Jésus, car il en connaissait déjà certains, mais il avait besoin de savoir que Jésus était en réalité le Messie, le Fils de Dieu. La rencontre avec Jésus est ce qui a transformé Paul, le Juif zélé, en croyant.

La question que nous venons de poser sur Paul est également pertinente de nos jours. Qu'est-ce qui nous transforme – la personne du Christ ou ce que nous savons du Christ ? Pour la réponse, nous pouvons réfléchir sur le fait qu'il est possible d'obtenir un doctorat en théologie sans avoir aucune connaissance personnelle de Jésus. Lorsque nous le rencontrons, il change notre caractère en transformant notre cœur, et l'information que nous apprenons sur lui change notre esprit. Pour un ministère chrétien réussi, il est plus important de connaître le Christ que d'en savoir beaucoup sur lui.

Il est triste d'entendre que les séminaires théologiques sont comme des cimetières, parce que ceux qui y vont enterrent leur enthousiasme à propos de la connaissance du Christ à mesure qu'ils plongent dans la théologie théorique. Malheureusement, cela est parfois vrai, en particulier dans les séminaires qui remettent en question le caractère unique du Christ. Le savoir intellectuel, sans la réflexion qui nourrit le cœur, tue. C'est un danger que nous devons éviter dans toutes nos institutions théologiques en Afrique. Ce que nous enseignons au sujet du Christ doit toujours reposer sur un cheminement de plus en plus proche de lui.

Ce principe s'applique également aux croyants en général. Le dimanche, ils ne veulent pas se contenter d'entendre parler du Christ, ils veulent aussi le voir. Un lieu de culte où le Christ et son amour ne sont pas visibles pourrait tout aussi bien tenir lieu de supermarché. L'expérience intime de Paul sur le Christ est devenue la base de son ministère. Donc cela devrait être le cas pour nous tous.

Le but pour lequel Dieu a révélé son Fils à Paul était « qu['il] l'annonce comme une bonne nouvelle parmi les non-Juifs » (1.16b, NBS). Paul a-t-il pleinement compris ce que cela signifiait au moment de la mission ? Peut-être pas, mais il a dû recevoir l'essence de ce mandat lors de sa rencontre sur la route de Damas. Il est juste de dire que « ce mandat faisait partie intégrante de la divulgation donnée à Paul par le Christ ressuscité sur la route de Damas et plus tard dans la vision que Paul a eue au temple de Jérusalem (Ac 9.15 ; 22.17-21)[77] ». Cependant, l'implication entière de ce mandat lui est probablement venue progressivement. Longenecker dit : « Les lettres de Paul suggèrent que sa compréhension du Christ s'est développée tout au long de sa vie en tant que chrétien, et le livre des Actes des apôtres indique qu'il y avait des étapes dans sa compréhension de ce que la mission auprès des non-Juifs impliquait[78]. »

Jusqu'ici, dans sa description de ce que Dieu a fait pour lui, Paul a utilisé le passé (« Dieu m'a mis à part… m'a appelé… lorsqu'il lui a plu »), mais maintenant il passe soudainement au présent du subjonctif dans le verbe traduit par « pour que je l'annonce[79] ». Le temps indique que c'est ce que Paul fait et qu'il continuera à faire. Et ce qu'il doit faire est « prêcher » ou littéralement « annoncer de bonnes nouvelles » à propos de « lui », c'est-à-dire le Fils que le Père lui a révélé. La bonne nouvelle dans ce contexte est identifiée comme le pronom « l' » dans les termes « je l'annonce ». Le nouveau Paul ne consacrera son temps et son énergie à aucun autre message, sinon la bonne nouvelle qui se concentre sur l'œuvre rédemptrice du Christ.

Les personnes à qui Paul devait prêcher étaient « les non-Juifs » (ou littéralement « les nations[80] »). Le concept général chez les Juifs de l'époque était que le Messie était pour les Juifs et pour ceux qui avaient rempli les conditions requises par les Juifs pour l'initiation au judaïsme. C'était un groupe très limité. La mission de Paul ouvre ce club à tout le monde ! Non qu'il ne devait jamais prêcher aux Juifs. Nous savons qu'il désirait les voir convertis eux aussi (Rm 9.3). Sa stratégie lors de ses voyages missionnaires consistait à toujours commencer son ministère dans les synagogues (Ac 13.5, 24 ; 14.1 ; 17.2, 10 ; 18.4, 19 ; 19.8). Il savait que les Juifs convertis auraient une bonne compréhension de l'Ancien Testament et aideraient à fournir une base solide sur laquelle construire l'Église. De toute évidence, il n'a pas formé un nouveau club réservé aux non-Juifs, il a plutôt ouvert l'ancien club aux Juifs et aux non-Juifs, le seul billet d'entrée étant la foi en Jésus-Christ comme moyen d'acceptation devant Dieu.

En résumé

Paul a donné son témoignage personnel pour rappeler aux Galates qu'il est ce qu'il est à cause de l'ordination (la mise à part), de l'appel, de la révélation et de l'envoi en mission par Dieu. C'est par la révélation qu'il a reçu son mandat de prêcher aux non-Juifs. Son témoignage montre clairement que sa position d'apôtre et l'Évangile qu'il prêche viennent directement du Père et du Fils (Jésus-Christ), et non d'une source humaine.

Non fondé sur une sagesse humaine

Paul souligne son argumentation au sujet de la source de son évangile en insistant sur le fait qu'il n'est pas « le fruit d'une pensée humaine » (1.11, BS). Aucune autorité terrestre ne le lui a transmis et ce n'était pas le produit de son propre raisonnement. Ce n'était pas « un système philosophique ou une foi religieuse créée par un génie religieux[81] ». C'est ce qui distingue l'Évangile chrétien de toutes les autres religions. Cela ne commence pas par un être humain qui découvre des choses spéciales sur Dieu et les transmet à d'autres ; cela commence par Dieu se révélant à nous.

Ni inspiré ni enseigné par un être humain

Pour réaffirmer son argument en 1.11, Paul le répète en 1.12, en commençant par un « je » véhément : « je ne l'ai ni reçu ni appris d'un homme ». Aucun être humain n'a joué de rôle en lui transmettant le message de l'Évangile[82]. Certains pourraient suggérer que Paul se contredit ici, car dans 1 Corinthiens 15.3, il dit : « Je vous ai transmis, avant tout, ce que j'avais aussi reçu », avec une révélation qu'il définit comme « Christ est mort pour nos péchés, selon les Écritures » (Colombe). Mais celui dont il a reçu cet enseignement aurait bien pu être le Seigneur lui-même, comme dans 1 Corinthiens 11.23, où Paul dit : « J'ai reçu du Seigneur ce que je vous ai transmis » (Colombe).

Paul accentue sa négation d'une source humaine en disant « ni appris d'un homme » (1.12b, Colombe). Dans le système éducatif de l'époque de Paul, il était très important de pouvoir dire que « le rabbin X dit ceci, mais le rabbin Y dit cela ». Mais Paul n'a aucun instructeur humain à citer. Son évangile n'a pas été enseigné par l'un des douze apôtres ni par qui que ce soit d'autre. Il l'a reçu directement du Seigneur, tout comme il a obtenu son apostolat du Seigneur (1.1).

Nous entendons parfois quelqu'un lire un discours en tant que représentant d'une autorité supérieure. Par exemple, lors de grandes occasions au Kenya, les commissaires provinciaux lisent parfois le discours du président devant les personnes rassemblées sur les places des communes. En de telles occasions, celui ou celle qui lit ne dispose d'aucune autorité pour modifier ce qui est dit, car ce n'est pas son propre discours. Nous entendons également les présidents et les Premiers ministres prononcer des discours qui ont été écrits pour eux par des rédacteurs de discours professionnels. La seule contribution du président aura probablement été la modification de quelques mots et la confirmation de quelques faits. Le président peut même apprendre quelques détails techniques du discours écrit pour lui ! Paul nie être dans ce genre de relation avec un quelconque être humain. Il ne transmet pas un message qui lui a été remis par quelqu'un d'autre ni ne complète un aperçu qui lui a été fourni par un autre être humain. L'Évangile qu'il prêche vient directement du Seigneur.

Notez que Paul ne dit pas qu'apprendre des autres est une mauvaise chose. Il donne simplement son témoignage sur la façon dont le Seigneur l'a préparé à prêcher. Il ne suggère nulle part que son expérience crée un précédent pour les autres. Il devint lui-même l'instructeur et le mentor de Timothée, de Tite et des Galates, et leur ordonna d'enseigner aux autres.

La plupart d'entre nous apprennent des autres, mais nous ne devrions pas être envieux quand quelqu'un, pour des raisons propres au Seigneur, est enseigné par le Seigneur lui-même. Nous ne devrions pas non plus rejeter le témoignage de Paul comme étant faux, juste parce que nous-mêmes apprenons d'autres êtres humains. Nous devrions nous contenter de la façon dont Dieu souhaite travailler dans nos vies et le glorifier dans tout ce que nous faisons.

Plus avant dans le témoignage de Paul

Après avoir reçu sa révélation, Paul n'a consulté aucun être humain (1.16), ou, littéralement, il n'a consulté « ni la chair ni le sang[83] ». Autrement dit, il n'a pas aussitôt recherché « une personne reconnue comme interprète qualifié pour juger de l'importance d'un signe – un rêve, un présage ou une prémonition » afin d'obtenir « une interprétation compétente ou faisant autorité[84] ». Paul n'avait pas besoin de faire cela, car il avait reçu le message et son interprétation du Seigneur lui-même, et en un seul lot. Ananias et les croyants de Damas qui sont mentionnés dans Actes 9.10-22 ont certes aidé le Paul nouvellement converti, mais il ne les a pas consultés sur le contenu de l'Évangile qu'il devait prêcher. Tout comme il n'est pas allé à Jérusalem pour consulter ceux qui étaient déjà apôtres avant lui (1.17).

Au lieu de cela, immédiatement après sa conversion et son service de mission, Paul se rendit en Arabie. Quelque temps plus tard, il revint à Damas (1.17-18). Trois années complètes s'écoulèrent avant qu'il ne revienne à Jérusalem (1.18a). Paul donne ces détails pour montrer aux Galates qu'il était engagé dans la prédication de l'Évangile bien avant de rencontrer l'un des douze apôtres. Ainsi, ce n'est pas d'eux qu'il aurait pu recevoir son évangile.

Paul ajoute : « quant aux Églises de Judée – celles qui sont dans le Christ –, elles ne me connaissaient pas personnellement[85] » (1.22, NBS). S'il était allé en Judée, la région où se trouvait Jérusalem, un grand nombre de croyants aurait voulu rencontrer le nouveau Paul, qui n'était plus leur persécuteur. Ils savaient qu'il s'était converti et glorifiaient Dieu à son sujet (1.23-24). Le fait qu'ils ne le connaissaient pas est une preuve supplémentaire qu'il n'a pas eu de relation avec les douze apôtres basés à Jérusalem.

Paul explique ensuite comment il a passé les quatorze années qui ont suivi sa conversion (2.1). Son but est de prouver que ses visites à Jérusalem étaient si brèves et si rares qu'elles n'auraient pas laissé assez de temps pour apprendre par les apôtres ce qu'il devait prêcher. Ses allées et venues peuvent se résumer de la manière suivante :

- Conversion et bref séjour à Damas (Ac 9.19-25).
- Voyage en Arabie (1.17b).
- Retour à Damas (1.17c).
- Première visite à Jérusalem après la conversion (trois ans après la conversion, 1.18).
- Voyage en Syrie et en Cilicie (1.21).
- Deuxième visite post-conversion à Jérusalem (2.1).

Le séjour de Paul en Arabie

La déclaration de Paul, statuant « Trois ans plus tard, je suis monté à Jérusalem » (1.18, Colombe) signifie qu'au cours de ces trois ans, il doit avoir passé un bref séjour à Damas (Ac 9.19b), un séjour en Arabie (Ga 1.17b) et un deuxième séjour à Damas, avant de se rendre à Jérusalem (1.17c). (À moins que, comme certains le soutiennent, les « trois années » n'aient été le temps passé à Damas jusqu'à son retour dans cette ville et ne comprennent pas son temps en Arabie.)

Il est impossible de dire combien de temps Paul a passé en Arabie. Cela peut n'avoir pris que quelques semaines ou cela peut avoir duré plusieurs mois. La manière juive de calculer le temps est compliquée, une partie de l'année étant considérée comme une année (le même principe s'applique à n'importe quel segment de temps – une partie de la journée compte pour une journée complète, une partie du mois pour un mois complet, etc.). Ainsi, les trois années n'équivalent pas nécessairement à trente-six mois. La durée pouvait n'être que de quatorze mois si elle ne comprenait que la fin d'une année et le début d'une autre.

La seule ligne directrice dont nous disposons pour juger combien de temps il a passé à Damas est sa déclaration dans Actes 9.19 qu'il y a séjourné « quelques jours » immédiatement après sa conversion, et sa déclaration en 9.23 qu'il a passé « bien des jours » à Damas, probablement lors de son deuxième séjour là-bas. Cela ne nous aide pas beaucoup, mais le fait que l'auteur utilise le terme « jours » suggère que ces visites n'ont pas duré plusieurs mois.

Paul ne nous donne pas un itinéraire détaillé, car tout ce qu'il cherche à faire ici, c'est prouver qu'il est resté loin de Jérusalem dans les années qui ont immédiatement suivi sa conversion et le début de sa mission. Pourtant, il proclamait déjà l'Évangile – à tel point que sa prédication suscitait l'opposition des Juifs à Damas avant même qu'il ne mette les pieds à Jérusalem après sa conversion (Ac 9.23-25).

Il y a un désaccord sur la région que Paul appelle « Arabie ». Était-ce la péninsule du Sinaï, le lieu où la Loi fut donnée à Moïse et où Élie méditait[86] ? Ou s'agissait-il du royaume nabatéen, qui s'étendait de la mer Rouge à l'Euphrate, avec Petra au sud et Bosra au nord comme principaux centres culturels[87] ? Ceux qui soutiennent qu'il s'agit de la péninsule du Sinaï soulignent que Damas faisait partie de Nabatea. Il serait donc étrange que Paul dise qu'il a quitté l'Arabie et est retourné à Damas (1.17). (Bien sûr, étant donné que les frontières peuvent changer, il est possible que lorsque Paul a écrit sa lettre aux Galates, Damas ne faisait plus partie du royaume nabatéen et que les paroles de Paul reflètent la situation au moment où il écrivait[88].)

Il y a aussi un désaccord sur ce que Paul a fait en Arabie. Certains commentateurs pensent qu'il s'agissait de son premier voyage missionnaire (cela n'est pas documenté) et qu'il y prêchait. Il avait été envoyé chez les non-Juifs, et il y en avait beaucoup à Nabatea, certains dans les villes et d'autres menant une vie de nomades[89]. D'autres analystes, en fait la majorité des chercheurs, soutiennent que Paul avait utilisé son temps en Arabie pour réfléchir. Sa vie et son système de croyances avaient été bouleversés et il avait besoin de temps pour réfléchir au changement et « chercher par la méditation une compréhension plus complète du sens de son appel[90] ». À l'appui de cette position, ils soutiennent que l'Arabie est une région désertique et donc peu peuplée. Paul doit donc y être allé pour être seul et donc, implicitement, pour consulter Dieu[91].

Les deux positions sont possibles. Paul ne nous le dit pas, et donc nous ne pouvons pas savoir.

La première visite à Jérusalem

Ce n'est que trois ans après sa conversion que Paul revint à Jérusalem en tant que croyant (Ac 9.26-30)[92]. Il prêchait l'Évangile qu'il avait reçu du Seigneur avant cette date, mais il pensait qu'il était enfin temps de « faire la connaissance de Céphas[93] » (1.18a, Colombe). Céphas, qui signifie « roche », était le nom que Jésus avait donné à Pierre dans Jean 1.42.

La traduction « faire la connaissance » suggère que la raison principale de la visite était d'établir une relation personnelle entre Paul et « le chef des apôtres originels, qui était également à cette époque le chef incontesté de l'Église de Jérusalem[94] ». Le but n'était pas de rechercher l'enseignement de Pierre. Ainsi que l'a dit un commentateur : « Paul n'est pas allé consulter Céphas ni obtenir une quelconque information essentielle pour la validité de sa charge et de son mandat, mais pour lui rendre visite en tant qu'apôtre notoire – qu'il serait agréable de connaître et avec lequel il aimerait entretenir des relations personnelles et privées[95]. »

Bien que la plupart des discussions entre les deux apôtres aient dû être centrées sur Jésus et leur mission, cela ne signifie pas pour autant que Paul était instruit par Pierre. Cependant, la réunion a peut-être donné à Paul davantage d'informations sur le contexte du mouvement pour Jésus, des informations supplémentaires sur Jésus et un accès à des façons d'exprimer l'Évangile déjà formulées par Pierre et les autres[96]. Mais il s'agissait plus d'une rencontre d'esprit que d'une relation enseignant-enseigné. Paul et Pierre échangeaient en égaux et chacun en apprenait plus sur la mission et la vision de l'autre.

Ce type d'interaction est important pour les personnes qui partagent la même mission. L'objectif est la coopération, même lorsque nos domaines d'effort diffèrent. Ainsi, dans l'institution où j'enseigne, il est de tradition que chaque département universitaire donne une présentation annuelle d'une heure à l'ensemble des étudiants réunis dans la chapelle. L'un des éléments qui ressortent de ces présentations est l'interdépendance des études bibliques, des études théologiques, des études de traduction, des études de missiologie, des études pastorales et des études en histoire. Quel que soit notre domaine de compétence, notre vocation est la même : édifier le royaume de Dieu.

Quel contraste avec une situation que j'ai observée récemment, dans laquelle une congrégation construisait son lieu de culte à une centaine de mètres à peine d'une autre congrégation. Toutes deux utilisaient des amplificateurs pour diffuser leurs services dans le quartier. Malheureusement, le principal message qu'elles communiquaient était celui de la concurrence et non de la coopération. Paul et Pierre se sont consultés pour que leur ministère soit unifié, malgré le fait que Pierre se consacrait à atteindre les Juifs et Paul à atteindre les non-Juifs.

Cette visite à Jérusalem n'a duré que quinze jours (1.18b). Le contraste entre les « quinze jours » et les « trois ans » précédant la visite marque, pour le lecteur, à quel point cette visite a été brève. Il n'y a aucune chance que deux semaines aient été suffisantes pour que Pierre enseigne à Paul tout ce qu'il lui fallait savoir pour prêcher.

Paul ne veut écarter aucune des personnes qu'il a rencontrées lors de cette visite. Ainsi, s'il précise « je n'ai vu aucun autre des apôtres », il ajoute de suite « si ce n'est Jacques, le frère du Seigneur[97] » (1.19, Colombe). Jacques était un dirigeant d'église que les Galates connaissaient et que Paul mentionnera plus tard dans cette lettre (2.9, 12). Notons que Paul classe Jacques parmi les apôtres, comme le montre la traduction plus littérale de la Bible du Semeur : « À part lui et Jacques, le frère du Seigneur, je n'ai rencontré aucun autre apôtre ». Ici, le mot « apôtre » est utilisé dans un sens non technique, il signifie simplement « celui qui est envoyé ». Il est utilisé dans ce sens pour plusieurs personnes dans le Nouveau Testament (Rm 16.7 ; 2 Co 8.23 ; Ph 2.25). Cet usage ne doit pas être confondu avec le titre technique d'apôtre appliqué aux Douze et à Paul, qui ont reçu leur enseignement directement de Jésus lui-même. Il n'y a donc rien de mal à ce que les prédicateurs contemporains se nomment eux-mêmes « apôtres », à condition qu'ils ne prétendent pas parler avec la même autorité que Pierre, Paul, Jean et les autres qui ont été instruits directement par Jésus.

Jacques n'était pas un apôtre au sens technique du terme, pas plus qu'il n'était l'instructeur de Paul. Aucun des Douze ne l'était non plus, car Paul n'a rencontré aucun d'eux, sauf Pierre – et il a rencontré Pierre en tant que collègue. Actes 9.26-30 donne un bref compte rendu de cette visite.

Paul consacre du temps à expliquer la source de son évangile, parce que les judaïsants semaient le doute dans l'esprit des croyants de Galatie. Ils insinuaient que les Douze avaient enseigné l'Évangile à Paul, qui s'en était à présent éloigné pour enseigner ses propres idées, et que les Douze ne l'approuveraient pas. Paul souligne donc que son message lui a été donné directement par le Seigneur. Cette question revêt une telle importance que non seulement Paul l'argumente, mais il jure également de la véracité de ce qu'il dit : « En vous écrivant cela, je le dis devant Dieu, je ne mens pas[98] » (1.20, NBS). Ce type de serment était couramment utilisé par les tribunaux romains pour témoigner de la véracité de ce qui était dit[99]. Paul formule des assurances similaires dans Romains 9.1, 2 Corinthiens 11.31 et 1 Timothée 2.7. Cependant, c'est la seule fois où il inclut l'expression « devant Dieu », ce qui intensifie le pouvoir du serment. Compte tenu de la gravité de la situation et de la versatilité des Galates, ils ont besoin de la plus grande assurance possible[100].

Certaines personnes diraient que Paul va à l'encontre des instructions du Christ contre le serment : « Eh bien, moi je vous dis de ne pas faire de serment du tout » (Mt 5.34, BS ; cf. aussi Jc 5.12). Mais cette interdiction vient contre les serments visant à tromper, ou motivés par le fait qu'on ne peut pas nous faire confiance pour dire la vérité. Ce n'est pas le cas de Paul. Il est digne de confiance, mais les Galates sont méfiants. Il fera tout ce qu'il faut pour les convaincre de la véracité de ses paroles. Leur maintien dans le salut en dépend.

Voyage en Syrie et en Cilicie

Après avoir quitté Jérusalem, Paul s'est rendu dans la région romaine connue sous le nom de Syrie et de Cilicie (1.21)[101]. Il était à des centaines de kilomètres de l'Église mère à Jérusalem et des apôtres, mais plus proche de la région où il avait grandi, car sa ville natale, Tarse, était située en Cilicie. C'est là qu'il fut envoyé pour échapper aux menaces de mort (Ac 9.30). C'est là que Barnabé l'a retrouvé et l'a invité à venir à Antioche (Ac 11.25-26), la ville où l'étiquette « chrétien » a été appliquée pour la première fois aux disciples du Christ (Ac 11.26). Antioche devint la base missionnaire de Paul et Barnabé (Ac 13.1-3).

Paul mentionne son séjour dans cette région pour rappeler aux Galates qu'il était resté loin de Jérusalem, mais il convient de noter que cette période fut un temps de préparation nécessaire à une vie remplie d'énergie spirituelle et d'expérience ministérielle. Cela nous rappelle que Dieu a de bonnes raisons de nous exposer à des expériences dans nos vies. Le rejet de Paul à Jérusalem (Ac 9.29) l'a conduit dans sa ville natale pour une pause, et de là à Antioche, sa base missionnaire. Dieu façonne nos vies et nos ministères de merveilleuses manières.

Questions pour la discussion

1. Quelles autres religions connaissez-vous en dehors du christianisme ? Quelles similitudes et différences présentent-elles avec le christianisme ? Paul accepterait-il de considérer le christianisme comme équivalent à une autre religion ? Pourquoi ou pourquoi pas ?

2. Votre autorité n'a-t-elle jamais été sapée ? Comment avez-vous pris votre défense et comment votre approche diffère-t-elle de la façon dont Paul défend son autorité dans cette section de Galates ?

3. Avez-vous déjà eu un tel souci de faire connaître la vérité à quelqu'un que vous avez agi de manière extrême pour tenter de convaincre cette personne ? Quel était le problème et quels étaient les résultats ? Quelle est la préoccupation de Paul ici ?

UNITÉ 4
Galates 2.1-5

UNE VISITE À JÉRUSALEM

En Afrique, toute négociation importante est traditionnellement menée devant des témoins liés à l'une des parties prenantes. Peu de négociations sont prises plus au sérieux que celles concernant un mariage.

Il y a quelques années, je faisais partie d'un groupe accompagnant un ami aux négociations avec la famille de la jeune fille que son fils voulait épouser. Le trajet jusque chez eux fut long et difficile, et plusieurs fois nos voitures se sont enlisées dans la boue. Puis l'une des voitures est tombée en panne. C'était catastrophique, car le père de la jeune fille avait précisé l'heure exacte à laquelle il voulait que nous arrivions, étant donné que certains de ses témoins devaient repartir le même jour. Nous avons prié pour que la famille de la jeune fille ne voie pas notre retard comme un trait caractéristique habituel de la famille du jeune homme et ne refuse pas de négocier le mariage.

Nos craintes étaient bien fondées. Quand nous sommes arrivés deux heures plus tard que prévu, nous avons trouvé le portail verrouillé. Nous n'étions plus les bienvenus. Nous avons continué à frapper jusqu'à ce que quelqu'un finisse par sortir de la maison avec le message suivant : « L'un d'entre vous peut venir expliquer pourquoi vous êtes en retard, mais tous les autres restent à l'extérieur. » Mon ami m'a supplié des yeux et je me suis rapidement glissé à l'intérieur avec lui. Le portier fut un peu surpris, mais n'utilisa pas la force pour me tenir à l'écart.

Nous nous sommes présentés aux parents de la jeune fille, avons décrit les difficultés du voyage et leur avons rappelé qu'ils ne devaient pas être trop pressés de porter un jugement, car l'affaire concernait l'avenir de deux personnes que nous aimions. Nos paroles ont touché leur cœur, et la porte fut ouverte pour admettre tous les membres de notre délégation. Les négociations ont commencé.

Nous nous sommes rapidement rendu compte que les personnes les plus déterminées à s'opposer aux négociations n'étaient pas les parents de la jeune fille, mais certains de leurs voisins. Les négociations s'annonçaient difficiles. Cependant, le Seigneur a utilisé trois choses pour inverser la situation.

La première fut la réponse de mon ami à la question traditionnelle : « Pouvez-vous nous dire pourquoi vous avez entrepris cette visite ? » (Tout le monde connaît la raison, mais cette question marque le début des négociations réelles.) Mon ami a répondu avec un tel humour que tout le monde a ri. L'atmosphère s'est détendue – les choses allaient peut-être finir par s'arranger.

Ensuite, mon ami a présenté tous ceux qui étaient venus avec lui. Lorsqu'il a mentionné mon nom, quelqu'un a demandé si j'étais le pasteur qui avait prêché à plusieurs reprises dans son église. J'ai dit que c'était bien moi et il a réagi avec enthousiasme. L'atmosphère s'est encore plus détendue.

Finalement, l'hospitalité africaine a pris le dessus. Nous avons partagé la nourriture, et une vache a été abattue pour une célébration qui a duré toute la nuit. Le lendemain matin, non seulement les négociations étaient terminées, mais tout le monde était repu et content.

Cet incident illustre bien combien il est important de connaître le but d'une visite et de choisir les bons compagnons, ainsi que de comprendre les effets de l'humeur des personnes à qui l'on rend visite. Cela est valable, quel que soit le but de notre visite : établir des relations, parvenir à une réconciliation, lever des fonds, etc. Ainsi, quand Paul nous parle de sa visite à Jérusalem, il décrit son but, ses compagnons de voyage, les complications rencontrées et les solutions.

Paul et Jérusalem

Jusqu'ici, dans la lettre, Paul a souligné qu'il n'avait pas reçu son évangile des apôtres et des dirigeants de Jérusalem, mais directement du Seigneur. Cependant, il ne veut pas qu'on pense qu'il est hostile aux autres dirigeants. Il explique donc qu'ils se soutiennent mutuellement dans leur travail respectif. En guise de preuve, il mentionne les événements liés à la visite qu'il a faite à Jérusalem quatorze ans après sa conversion[102] (2.1).

Durant les années qui ont séparé ces deux visites, Paul a prêché la bonne nouvelle en Syrie et en Cilicie (1.21).

Les compagnons de Paul

Les principaux compagnons de Paul lors de cette visite à Jérusalem étaient Barnabé, un Juif, et Tite, un non-Juif (2.1b). Barnabé (ou Barnabas) était un lévite de Chypre qui devint chrétien à Jérusalem (Ac 4.36-37). Les références qui le concernent dans Actes montrent clairement qu'il était un personnage essentiel pour aider à combler le fossé entre la mission envers les Juifs et la mission envers les non-Juifs (Ac 9.27 ; 11.22 ; 13.1-14.28 ; 15.2-4, 12, 36-41)[103]. Tite n'est pas mentionné dans les Actes des Apôtres. On nous dit cependant qu'il n'était pas juif, mais grec et non circoncis (2.3), probablement converti par Paul (Tt 1.4). Il devint un collaborateur important de Paul (2 Co 2.12-13 ; 7.5-16 ; 8.6-24 ; 9.35 ; 12.18 ; Tt 1.5).

Il semble bien que Paul était le responsable, c'était lui qui choisissait ses compagnons[104]. Mais pourquoi a-t-il inclus Tite, dont la présence était susceptible de susciter une controverse parmi les chrétiens juifs de Jérusalem ? Paul ne nous en donne pas la raison, mais les chercheurs suggèrent plusieurs possibilités :

- Il voulait vérifier si les chrétiens juifs de Jérusalem et leurs dirigeants accepteraient un non-Juif dans son équipe.
- Il voulait démontrer la coexistence pacifique des circoncis et des incirconcis en Christ.
- Il voulait démontrer qu'il était « tout ce dont les hommes ont besoin » – un non-Juif dans sa relation avec Tite et un Juif dans sa relation avec Barnabé.

Toutes ces stratégies seraient acceptables pour Paul, et pour nous si nous sommes engagés dans un ministère auquel certaines personnes s'opposent. Nous devrions donner des exemples concrets de ce que notre ministère accomplit et observer avec attention comment les autres réagissent à nos idées ou à nos pratiques. Le message de Paul était que Juifs et non-Juifs avaient une identité commune en Christ, et son équipe l'a démontré.

Quand nous proclamons que nous sommes tous unis en Christ, quelle que soit notre couleur, notre race ou notre tribu, nos équipes de ministère correspondent-elles à ce que nous proclamons ? Est-ce que nous incluons dans nos équipes des personnes de chaque groupe ? Nos ministères sont-ils principalement composés de missionnaires et de non-Africains ? Nos équipes incluent-elles des personnes de langage différent ? Et si nous sommes tous un en Christ et que nous avons tous reçu des dons spirituels, pourquoi de nombreuses Églises sont-elles dominées par les hommes ? Si nous ne montrons pas notre propre acceptation de la diversité, nos actes contredisent nos paroles. En disant cela, je ne prétends pas que nous devrions nommer des personnes à des postes sans tenir compte de leurs qualifications, mais je dis que nous devrions vérifier que nous démontrons réellement l'unité du Christ que nous proclamons.

Paul mentionne spécifiquement Tite lorsqu'il écrit aux Galates, car il tient à souligner que le fait que Tite n'était pas circoncis n'a pas provoqué son rejet et n'a entraîné aucun conflit entre Paul et les principaux leaders spirituels de

Jérusalem. Paul déclare explicitement que « Tite, qui était avec [lui], et qui était grec, n'a même pas été contraint de se faire circoncire » (2.3, NBS).

On se demande si Paul dit que Tite a choisi de rester incirconcis ou qu'il s'est volontairement soumis à la circoncision[105]. Dans le contexte de cette lettre, il semble probable que Tite n'a pas été circoncis pendant ou après la visite et que les dirigeants à Jérusalem n'en ont pas fait un problème. Cependant, qu'il soit ou non circoncis, le principe reste clair : la circoncision n'est pas essentielle au salut. Il n'y a aucune objection à ce que les non-Juifs choisissent d'être circoncis, mais ils ne devraient pas être contraints de le faire.

Ce qui est en jeu ici est un principe très important. Chaque fois que la foi chrétienne est implantée dans une région, il y a toujours quelque chose d'équivalent à la circoncision, c'est-à-dire une pratique sur laquelle on insiste pour empêcher les gens de saisir le cœur de l'Évangile, à savoir la foi en Christ. Par exemple, les chrétiens qui fument sont parfois traités d'incroyants. Fumer peut être une mauvaise habitude (et un signe d'échec dans la prise en charge du corps que le Seigneur nous a donné – 1 Co 6.19), mais il est faux de lier tabagisme et salut. Le même principe s'applique quand on en vient à considérer la quantité de vêtements que portent les croyants dans des cultures où les gens, par tradition, s'habillent peu. Notre salut ne dépend pas de la quantité de peau exposée.

La raison de la visite

Paul dit qu'il est allé à Jérusalem « par suite d'une révélation » (2.2, Colombe). Que veut-il dire ? Qui a reçu cette révélation et comment a-t-elle été reçue ? Paul ne nous le dit pas, mais cela n'a pas empêché les chercheurs d'en discuter. Certains pensent que Paul fait référence à la révélation faite à Agabos au sujet de la famine qui allait frapper[106] (Ac 11.28). Cependant, compte tenu de l'accent mis par Paul sur sa dépendance au seul Seigneur pour son apostolat et son message, il semble probable qu'il ait une révélation plus directe en tête[107]. Il connaissait certainement divers modes de révélation, tels que la prophétie (1 Co 14.6, 26, 30), les visions ou les rêves (Ac 16.9-10 ; 18.9-10 ; 23.11 ; 27.23-24) et la conviction donnée par Dieu (Ph 3.15 ; Ac 16.6-7 ; 20.22).

Nous vivons un temps où de nombreux prédicateurs déclarent être devenus prophètes parce que Dieu leur a révélé ceci ou cela. Certaines révélations ont à voir avec la vie des autres. Lors de l'évaluation de telles révélations, les croyants doivent prendre en compte les points suivants :

- La révélation ne sera pas en contradiction avec les Écritures. Si elle l'est, elle doit être immédiatement rejetée.

- Dieu ne révèle pas sa volonté qu'aux seuls prédicateurs. Si un prédicateur obtient une révélation à votre sujet, la meilleure réponse est de lui demander de prier pour que Dieu vous la révèle à vous aussi. Il y a des loups parmi les bergers, et les croyants doivent faire attention à ne pas se laisser tromper.
- Tout prédicateur qui prétend avoir une révélation à votre sujet doit être quelqu'un connu pour marcher avec Dieu, ce qui expliquerait que Dieu l'utilise de cette manière particulière.
- Nous devrions marcher si étroitement avec Dieu qu'il puisse nous parler directement et ne pas avoir besoin de relayer ses messages par quelqu'un d'autre.

Ce que Dieu veut pour notre vie a déjà été révélé dans les Écritures, en majeure partie. Les domaines dans lesquels nous avons tendance à rechercher ou à recevoir des révélations concernent des questions comme qui épouser (pour les célibataires) ou quand fonder une famille (pour les mariés). Notre objectif devrait toujours être de vivre dans la volonté du Seigneur. Quand nous le faisons, il accompagne notre vie, quelle que soit la difficulté du chemin.

Paul ne doute pas que sa visite à Jérusalem a été voulue par le Seigneur. Ce n'est pas parce qu'il avait été convoqué par les dirigeants qu'il y est allé, ni à la suite d'une insistance humaine. Il y est allé en suivant les directives divines[108].

Paul fait cette déclaration pour défendre sa propre autorité, mais cette règle vaut la peine d'être appliquée à la vie en général. Il n'y a rien de mieux que d'être certain d'agir selon la volonté du Seigneur. Les gens peuvent nous presser de faire diverses choses et nous imposer leur opinion, mais au final, notre chemin doit être éclairé par une bonne connaissance de la volonté de Dieu. Lorsque l'Église aborde une personne pour une tâche particulière et que cette personne dit qu'elle ne sent pas que le Seigneur la guide vers cette voie, l'Église doit faire marche arrière et prier pour que le Seigneur la guide dans la bonne direction. Par exemple, lorsque le comité de mission d'une Église locale veut envoyer un missionnaire dans un domaine particulier et que ce missionnaire n'entend pas la voix du Seigneur le guider, le transfert ne doit pas être forcé. Quand le bon moment viendra, la révélation viendra.

La nature de la visite

Avant d'examiner les détails de ce qui a été accompli lors de cette visite, il est utile d'essayer de découvrir qui Paul a rencontré. La traduction de la Bible du Semeur fait apparaître qu'il ne rencontrait que les dirigeants : « J'y ai exposé l'Évangile que j'annonce parmi les non-Juifs, je l'ai exposé dans un entretien particulier à ceux qui sont les plus considérés[109] » (2.2a). Mais le texte d'origine, en grec, est ambivalent. La Nouvelle Bible Segond donne une traduction plus littérale : « Je leur ai exposé la bonne nouvelle que je proclame parmi les non-Juifs ; je l'ai exposée en privé aux gens les plus considérés. » Le pronom « leur » dans 2.2a pourrait faire référence à l'ensemble de la communauté chrétienne de Jérusalem, et pas seulement aux dirigeants[110]. (La version de la TOB confirme cette interprétation : « Je leur exposai l'Évangile que je prêche parmi les païens ; je l'exposai aussi dans un entretien particulier aux personnes les plus considérées. ») Si tel est le cas, Paul a rencontré le groupe élargi avant de rencontrer les dirigeants (littéralement, « les plus considérés »)[111]. Le tableau complet pourrait ressembler à ceci :

1. Paul et son équipe ont rencontré les chrétiens de Jérusalem dans le cadre d'une réunion d'Église générale.
2. Au cours de cette réunion, il devint clair qu'un groupe plus petit, équivalent à un conseil d'administration d'Église, devait se rencontrer en privé pour parler à Paul de son ministère.
3. Le groupe, restreint aux leaders de l'Église, s'est réuni sous la direction de Jacques, Céphas (Pierre) et Jean (2.9), qui ont fait office de ce que l'on appellerait aujourd'hui le comité exécutif du conseil de l'Église.
4. Les demandes des faux croyants ont été rejetées et Jacques, Céphas et Jean ont donné à Paul et à son équipe une accolade fraternelle, approuvant son ministère.

Les problèmes durant la visite

Les choses ne se sont pas toutes bien passées, durant la visite. Certains fauteurs de troubles ont participé aux réunions pour promouvoir la cause de ceux qui exigent que tous les croyants soient circoncis. Paul qualifie ces fauteurs de troubles de faux frères (2.4), mais ne fournit aucun indice supplémentaire sur leur identité. Il ne dit pas non plus si ce problème est apparu pour la première fois à Jérusalem ou à Antioche, ou si c'était avant, pendant ou après sa visite à Jérusalem. Une fois de plus, les analystes ont dû tenter de reconstituer les événements. L'opinion la plus répandue est celle que j'ai exposée ci-dessus, à savoir que ce problème s'est posé lors de sa deuxième visite à Jérusalem (la seconde opinion, par ordre de popularité, est qu'il se soit posé à Antioche).

En supposant que le premier point de vue soit correct, trois groupes clés étaient impliqués : 1) Paul, Barnabé et tous les autres qui étaient d'accord avec leur position sur la circoncision ; 2) les faux croyants à l'origine du problème ; et 3) les dirigeants avec lesquels Paul et Barnabé se sont réunis. Dans cette unité, nous allons nous concentrer sur ce que nous savons des faux croyants.

La première chose que nous savons, c'est qu'ils insistaient pour affirmer que la circoncision était une condition du salut et que, par conséquent, Tite, le compagnon grec de Paul, devait être circoncis. Cela ressort clairement dans 2.3-4 et les paroles de Paul indiquent que « tout cela » (c'est-à-dire la circoncision de Tite) a été évoqué à cause de la présence de « faux frères[112] ».

La deuxième chose que nous savons, c'est que ces personnes avaient pour objectif d'épier la liberté que Paul et ses compagnons avaient en Christ (2.4b). Ils agissaient comme des espions ou des traîtres, se faufilant dans une organisation ou une base militaire afin d'en apprendre suffisamment à son sujet pour pouvoir la détruire[113]. Il n'est pas clair s'ils avaient infiltré l'Église en général, l'Église d'antioche ou la discussion à Jérusalem.

Si la bonne réponse est l'Église en général, c'est donc que certaines personnes s'étaient ralliées à l'Église et associées à la mission de Paul auprès des non-Juifs pour de sinistres desseins. Cela aurait pu se produire soit à Antioche, où Paul travaillait, soit à Jérusalem[114]. Cependant, l'interprétation la plus simple de ce passage est que les faux croyants se sont glissés dans une réunion entre Paul et Barnabé et des représentants de l'Église de Jérusalem[115]. Ils prétendaient être véritablement soucieux de maintenir l'unité dans le rayonnement de l'Église, mais en réalité ils voulaient avancer l'argument que les non-Juifs devaient être circoncis en obéissance à la loi. Ils ont donc insisté pour que Tite soit circoncis. Le fait qu'il ne le soit pas n'avait pas posé de problème avant leur arrivée.

Ce type de situation se produit encore aujourd'hui. Lorsque nous siégeons à un comité, il est très important d'être attentif à la contribution de chaque membre du comité. J'ai connu des conseils d'Église où certains membres dormaient tout au long des réunions et il fallait les réveiller au moment du vote ! C'est une situation dangereuse. Nous devons être à l'écoute pour déterminer si la personne qui parle est sincère dans ce qu'elle dit. Sinon, les intervenants ayant des arrière-pensées pourraient détourner le conseil. De plus, demander aux gens de rester attentifs ne suffit pas. Nous devrons peut-être aussi planifier les réunions de telle manière qu'elles ne deviennent pas épuisantes pour les participants. Les aînés qui se fatiguent vite devraient même envisager de démissionner pour laisser la place aux membres plus jeunes. Il en va de même pour nos institutions théologiques. Lorsque nous nommons un professeur, nous devons être attentifs à ne pas introduire une personne dont le mobile serait de détruire. (En disant cela, je ne dis pas que nous ne devrions pas être ouverts à de nouvelles idées, mais il y a certains principes fondamentaux sur lesquels nous ne devrions pas accepter de compromis.)

Jésus a dit à ses disciples « veillez et priez » (Mt 26.41, Colombe), car c'est lorsque nous dormons que le Malin se glisse. Nous devons être constamment attentifs à toute déviation de la vérité que le Malin peut tenter de présenter avec intelligence.

La cible immédiate des incitateurs était peut-être Tite et le fait qu'il soit incirconcis, mais Paul voit leur objectif en termes plus généraux : ils étaient venus pour « épier la liberté que nous avons en Christ-Jésus » (2.4c, Colombe). Le verbe traduit par « épier » ou « voir » ou « espionner » est défini comme le fait de regarder quelque chose avec une intention malveillante (2 R 10.3 ; 1 Ch 19.3)[116]. Ces hommes espionnaient la liberté de Paul afin de pouvoir l'en priver. Le résultat serait qu'ils voulaient « nous asservir » (NBS) ou, comme le dit la Bible en français courant, « nous ramener à l'esclavage de la loi » (2.4c).

La liberté à laquelle Paul fait référence ici n'est pas la liberté en général, mais la liberté de ne pas obéir à la Loi de Moïse pour être accepté par Dieu. La vraie liberté passe par le Christ et est accordée en Christ[117]. Il s'est acquitté, pour nous, de toutes les exigences de la justice et a parfaitement obéi à la loi.

La réponse aux problèmes

Paul et ses associés n'hésitèrent pas à réagir à cette attaque. « Nous ne leur avons pas cédé un seul instant[118] » (2.5a, Colombe). Ils n'étaient pas disposés à envisager de forcer Tite à être circoncis. Pourquoi étaient-ils si catégoriques sur ce point ? La réponse était qu'il s'agissait, selon eux, d'une situation où « la vérité de l'Évangile » (2.5b) était en jeu[119]. Si Paul, Barnabé et les autres personnes qui l'accompagnaient avaient cédé à cette demande, ils auraient cautionné le principe erroné selon lequel la justification consiste en des œuvres.

Paul informe les Galates de cet incident et de sa réaction, car ils se trouvent dans une situation similaire. Les judaïsants menacent leur liberté en Christ, et ils doivent donc rester fermes et résister à toute tentative de les ramener à la servitude. Les mêmes principes s'appliquent, quel que soit le contexte.

Le fait que Paul souligne que « nous » avons fait cela pour que « la vérité de l'Évangile soit maintenue parmi vous » (2.5b, Colombe) met en relief combien il est important, pour le bien des générations futures, de faire ce qui est juste. Les dirigeants qui ne pensent jamais à la manière dont leurs décisions peuvent affecter l'avenir ne devraient pas être en poste. Ils sont pourtant nombreux. Ils poursuivent des objectifs à court terme sans se soucier des conséquences à long terme. Nous le voyons dans la sphère financière, où les emprunts imprudents conduisent les individus et les pays à la catastrophe. Nous le voyons dans la sphère écologique, où la dégradation actuelle de l'environnement entraînera dans l'avenir famines et maladies. Malheureusement, nous le voyons même dans l'Église, lorsque les dirigeants d'Église ne pensent pas au-delà du problème immédiat. Nous avons besoin de leaders soucieux des besoins d'aujourd'hui, mais également attentifs aux besoins de demain.

Paul est-il incohérent ici ? Il avait fait circoncire Timothée (Ac 16.3), alors pourquoi ne pas en faire autant avec Tite pour éviter de créer un outrage inutile ? Mais la situation de Timothée était très différente. Sa mère était juive, alors que les deux parents de Tite étaient des non-Juifs. De plus, Timothée a été circoncis parce que Paul allait prêcher dans des synagogues et que certains Juifs se seraient opposés à la présence de Timothée là-bas. Donc la décision de le faire circoncire était fondée sur les besoins du ministère évangélique de Paul. Cependant, dans le cas de Tite, ces croyants insistaient sur le fait que la circoncision était nécessaire au salut. C'est cela que Paul ne pouvait accepter.

Le fait que Paul soit d'accord avec l'idée de paraître incohérent correspond bien à la façon dont nous prenons les décisions. Certains dirigeants présument que lorsqu'un précédent a été créé, nous ne devons jamais en dévier. Mais il est faux de supposer que nous devons toujours prendre la même décision. Chaque situation est différente, et il faut tenir compte des différents événements. Les précédents peuvent fournir des directives utiles, mais ils ne devraient pas dicter nos actions, qui devraient être fondées sur une analyse minutieuse de ce qui convient le mieux à la nouvelle situation. Le précédent créé par la circoncision de Timothée ne s'applique pas dans le cas de Tite, car un principe plus élevé est en jeu ici.

Questions pour la discussion

1. Quelqu'un ne vous a-t-il jamais demandé de faire quelque chose que vous saviez être répréhensible ? Par exemple, vous a-t-on demandé de verser un pot-de-vin pour obtenir un emploi, de modifier les numéros d'un compte afin de détourner illégalement de l'argent ou de mentir pour protéger une personne qui a mal agi ? Comment avez-vous réagi ? Quelles qualités faut-il pour défendre fermement ce qui est juste, en particulier dans l'Afrique d'aujourd'hui ?

2. Dans quelle mesure votre cercle d'amis ou votre équipe de ministère sont-ils solidaires ? Les avez-vous sélectionnés pour des raisons

secondaires (ils ont des goûts et des dégoûts similaires et vous les connaissez depuis longtemps), ou même pour de mauvaises raisons (ils appartiennent au même groupe de personnes ou au même clan et sont faciles à manipuler) ? Ou les avez-vous choisis pour de bonnes raisons, parce que leurs dons complètent les vôtres, ou pour démontrer l'unité dans le corps de Christ, ou parce qu'ils peuvent réellement contribuer à l'édification du royaume de Dieu ? Comment évaluez-vous l'Église ou l'institution à laquelle vous appartenez ? Comment peut-on en renforcer les points forts et corriger les points faibles ?

3. Quels sont les problèmes actuels qui attaquent notre unité dans l'Église ? Ces attaques sont-elles équivalentes à ce que les faux croyants ont essayé de faire en semant la discorde entre les équipes de Pierre et Paul pour les empêcher de coopérer ? En abordant chaque problème, déterminez s'il s'agit d'une question sur laquelle vous devez prendre position ou si c'est un problème sur lequel les membres d'Église doivent s'accommoder les uns des autres. Expliquez votre raisonnement.

UNITÉ 5
Galates 2.2, 6-10

UNITÉ DE BUT

Le 27 juin 2009, un large groupe de Kenyans se réunissait dans la ville de Nakuru, dans la vallée du Rift. Ils étaient là pour rencontrer l'ancien président du Kenya, Daniel Toroitich arap Moi. Le thème de la réunion était la réconciliation.

Dix-huit mois avant cette réunion, le Kenya avait été secoué par la violence. Lors des élections nationales de décembre 2007, aucun vainqueur n'avait été clairement annoncé et le processus électoral avait été détourné par l'annonce prématurée de la victoire de Mwai Kibaki. Les partisans de Raila Odinga se sont révoltés et deux mois de violences ont suivi. Beaucoup ont perdu la vie. Ceux qui soutenaient l'un des candidats ont torturé et tué ceux qu'ils soupçonnaient de soutenir l'autre. Ceux qui avaient été attaqués ont lancé des contre-attaques pour se venger. Le Kenya était en train de se déchirer. Dieu merci, Kofi Annan, ex-Secrétaire Général des Nations Unies, a pu rétablir un semblant de paix.

Les participants à la réunion de juin 2009 se rassemblaient pour déclarer que les habitants de la vallée du Rift étaient déterminés à vivre ensemble en paix, pour que ce qui s'était passé ne puisse jamais se reproduire. Nous prions qu'ils tiennent leur parole et que le reste de la population du Kenya maintienne la paix.

Dans toutes ces situations, la question clé est de savoir comment les gens gèrent les différences d'opinions. Lorsqu'ils réagissent émotionnellement, ils s'en prennent à d'autres et avant que nous ayons le temps de comprendre, des innocents sont tués. Le Kenya n'est pas le seul endroit où cela s'est produit. Nous l'avons vu au Nigéria à la fin des années 1960 et au Rwanda au début des années 1990. Ceux qui réagissent émotionnellement en viennent à haïr ceux avec qui ils ont des différends et finissent par leur faire du mal. Ce serait bien mieux de traiter les problèmes avant qu'ils ne donnent naissance à des malentendus, et avant que ces malentendus ne mènent à la haine ou à la guerre.

L'Église primitive était également dans une situation qui aurait facilement pu aboutir à de graves conflits internes entre Juifs et non-Juifs. Mais les dirigeants des deux parties ont utilisé la sagesse donnée par Dieu pour parvenir à une compréhension mutuelle avant que ces différences ne provoquent le chaos dans l'Église. Paul, l'apôtre des non-Juifs et Pierre, dont la mission était pour les Juifs, ont convenu de se soutenir l'un l'autre dans les tâches que Dieu leur avait assignées. Ils donnent l'exemple, non seulement à l'Église, mais aussi aux politiciens. Nous devrions non seulement étudier comment ils ont fait, mais nous devrions également appliquer leurs principes à tous les domaines de notre vie.

L'action de Paul

Lors de ses réunions à Jérusalem, Paul exposa « la bonne nouvelle que je proclame parmi les non-Juifs » (2.2b, NBS). En faisant cela, il n'agissait pas comme un subordonné présentant son rapport à sa hiérarchie. Le verbe grec traduit par le terme « exposer » est le même que celui utilisé lorsque Porcius Festus discutait le cas de Paul avec le roi Agrippa (Ac 25.14)[120]. Paul parle avec les apôtres de Jérusalem d'égal à égal. Il échange simplement ses impressions avec eux pour s'assurer qu'ils sont tous sur la même longueur d'onde.

Son utilisation du présent « je proclame » implique que c'est ce qu'il prêche tout le temps[121]. C'est l'Évangile qu'il a annoncé quand il était avec les Galates, et celui qu'il est encore en train d'annoncer.

L'objectif de Paul

En s'entretenant avec les dirigeants à Jérusalem, l'objectif de Paul était de s'assurer « qu'en quelque manière je ne courusse ou n'eusse couru en vain[122] » (2.2c, DBY). D'aucuns suggèrent que Paul voulait que les leaders de Jérusalem approuvent sa mission et la valident[123]. Mais cela ne correspond pas au contexte. Le chapitre d'ouverture de cette lettre montre que Paul était certain de la validité de son évangile et avait la certitude qu'il lui avait été attribué par Dieu. La raison de sa visite aux leaders de Jérusalem était de s'assurer qu'ils maintenaient l'unité au sein de la diversité. Une bonne camaraderie avec Jérusalem serait une bénédiction pour sa cause.

Lorsque j'étais jeune, il y avait une nette fracture entre protestants et catholiques. On m'a informé des nombreuses raisons que j'avais de me méfier d'« eux ». Une partie de ce que l'on m'a dit était vrai, mais ce qu'on ne m'a pas dit était tout aussi important : on ne m'a pas dit qu'un catholique latin qui a exercé sa foi en Christ est uni en Christ avec le protestant qui a fait de même. Aujourd'hui, je constate le même phénomène entre les mouvements d'Églises pentecôtistes ou charismatiques et les Églises plus anciennes et plus traditionnelles. Ces divisions sapent l'œuvre de Christ. La foi en Christ nous unit, que nous soyons baptisés par aspersion ou par immersion, que nous dansions ou que nous restions immobiles quand nous chantons. Nous ne devrions jamais laisser les questions secondaires miner notre unité primaire en Christ. Cette unité devrait être mise en évidence par les dirigeants de différentes confessions ayant de bonnes relations. Les fidèles auront alors la preuve visible que le Christ nous unit.

Paul utilise une métaphore sportive lorsqu'il utilise le terme « courir » pour décrire ce qu'il fait. Mais nous ne devrions pas comprendre que cette métaphore implique qu'il était en concurrence avec les croyants de Jérusalem. Ils étaient tous dans la course ensemble, comme des coureurs dans une course de relais. Il « eut couru en vain » s'ils comprenaient mal ce qu'il était en train de faire et gênaient son travail ou tentaient de le faire trébucher. Nous voyons cela se produire aujourd'hui lorsqu'un prédicateur en critique un autre, non pas à cause d'une question de doctrine fondamentale, mais simplement à cause de divergences d'opinions sur des questions secondaires mineures ou en raison d'un simple malentendu.

En présentant son message à Jérusalem à ses compagnons croyants et en leur permettant de comprendre son ministère, Paul a montré son respect pour eux. Il reconnaît ainsi le besoin pour tous les croyants de travailler ensemble pour la cause de la vérité.

Le résultat

Les judaïsants de Galatie voudraient interpréter les réunions de Paul à Jérusalem comme la preuve qu'il était inférieur aux apôtres. Paul énonce donc immédiatement trois choses importantes réalisées par cette visite.

La reconnaissance de l'égalité

Paul semble dénigrer le statut des leaders de Jérusalem. Lorsqu'il parle d'eux, il utilise un mot grec qui exprime le scepticisme, comme nous le faisons lorsque nous parlons de « soi-disant experts », ce qui implique qu'ils ne sont pas aussi experts qu'ils le prétendent. Cependant, ce terme peut aussi signifier « considéré », c'est-à-dire « influent et ayant une bonne réputation[124] », il n'est pas nécessairement péjoratif, c'est pourquoi la TOB traduit par : les « personnes les plus considérées » (2.2, voir aussi les traductions similaires de la Colombe, Darby, S21, NBS, BS).

Mais la façon dont Paul l'utilise ici semble pencher vers le sens « soi-disant », de sorte qu'une traduction plus littérale serait « ceux qui paraissaient influents ». En 2.6, il répète le mot « paraissaient » quand il parle deux fois de ceux « qui paraissaient les plus considérés » (Colombe) et en 2.9, il parle de gens « considérés comme des colonnes »[125] (Colombe). Il identifie ce dernier groupe comme étant « Jacques, Céphas (la forme araméenne du nom de Pierre) et Jean ». Cela nous donne un indice quant au groupe de base que Paul a en tête lorsqu'il utilise le terme « paraître » tout au long de ce passage[126]. C'étaient probablement les personnes que les judaïsants avaient désignées comme étant les plus importantes.

Mais si Paul parle des trois principaux apôtres, pourquoi utilise-t-il un langage qui pourrait, à la limite, dénigrer leur position d'importance dans l'Église ? La meilleure façon de répondre à cette question est d'examiner le contexte dans lequel il écrit. Ces trois hommes étaient les leaders légitimes de Jérusalem. Paul a reconnu leur statut lorsqu'il a choisi de les rencontrer. Cependant, les faux croyants exagéraient probablement le statut des apôtres afin de rabaisser Paul en laissant entendre que les trois autres étaient les seuls leaders authentiques. Paul refuse d'accepter cette évaluation de leur statut relatif. Il reconnaît ces hommes comme des dirigeants, mais pas comme ses supérieurs et n'accepte aucune suggestion qu'il ne serait pas lui-même un leader, en particulier en ce qui concerne le ministère des non-Juifs. Bruce l'explique bien : « Paul ne remet pas en question le statut personnel et le prestige des dirigeants de Jérusalem : ce à quoi il s'oppose, c'est la référence à leur statut et à leur prestige propagée dans certains milieux dans le but de diminuer le sien – en particulier, l'argument avancé selon lequel leur autorité est tellement supérieure à la sienne que, s'il agit ou enseigne en toute indépendance, son action et son enseignement manquent de toute validité[127]. »

C'est aussi pour cette raison que Paul ajoute que « ce qu'ils avaient été autrefois m'importe peu ! » (2.6b, Colombe). Son utilisation du passé ici montre qu'il pense aux rôles passés de ces dirigeants[128]. Jacques était le frère de Jésus et Pierre et Jean avaient été ses compagnons personnels. Paul ne minimise pas le merveilleux privilège dont jouissait Jacques en grandissant dans la même famille que Jésus. Il ne nie pas non plus que Pierre et Jean ont eu le privilège d'être les compagnons de Jésus pendant trois ans. Mais leur statut passé est sans rapport avec la question fondamentale qui est au cœur du conflit avec les judaïsants en Galatie. L'expérience passée de ces hommes ne les rend pas supérieurs à Paul[129].

Paul soutient sa position en citant un proverbe : « Dieu ne fait pas de favoritisme » (2.6c, S21)[130]. Dieu ne fonde pas son jugement « sur des considérations extérieures et non pertinentes » et il ne peut être corrompu[131].

Ainsi, Dieu ne « favorisera pas les compagnons ou les proches du Jésus historique au détriment de quelqu'un comme Paul, qui a reçu son mandat apostolique plus tard[132] ». Ce qui compte pour Dieu, et donc pour Paul, c'est que Dieu l'ait mandaté.

C'est un principe important pour ceux qui sont appelés au ministère. Nous venons tous d'horizons différents, mais ce qui compte, c'est l'appel du Seigneur. Certains viennent au séminaire à partir d'une école biblique, d'autres à partir d'universités. Certains ont reçu une formation professionnelle dans des domaines tels que le droit et la médecine, d'autres pas. Certains ont grandi dans des foyers chrétiens, d'autres pas. Cependant, nous avons tous reçu le même message à transmettre, à savoir le message de justification par la foi en Christ. Peu importe que nous venions au ministère après avoir travaillé comme pêcheur comme Pierre ou comme érudit et fabricant de tentes comme Paul, que nous ayons un doctorat ou seulement un brevet des collèges. Nous sommes tous appelés à proclamer que Christ est le Sauveur du monde. Dieu peut utiliser nos origines pour nous aider à atteindre des groupes de personnes spécifiques, mais cela n'affecte que la manière dont nous présentons notre message, pas son contenu. C'est ce que dit Paul quand il dit que Jacques, Pierre et Jean « eh bien, ces personnes-là ne m'ont pas imposé d'autres directives[133] » (2.6d, BS).

Les faux croyants ont peut-être prétendu que Paul devait son évangile aux apôtres de Jérusalem ; Paul le nie fermement. Plus vraisemblablement, ils affirmaient que ces dirigeants avaient exigé que Paul modifie une partie de son enseignement[134]. Mais les trois apôtres ne demandèrent aucune modification du message de justification de Paul par la seule foi, sans nécessité de circoncision. Dans cette perspective, comment les judaïsants de Galatie peuvent-ils insister sur la circoncision ? Jacques, Pierre ou Jean, les piliers de l'Église de Jérusalem, ne soutiennent pas leur position.

L'acceptation mutuelle

Plutôt que de réprimander Paul, comme s'y attendaient les judaïsants, Jacques, Pierre et Jean donnèrent à Paul et Barnabé « la main droite [...] en signe de communion » (2.9, Colombe). Cet acte était « un gage commun d'amitié ou d'alliance[135] ». Il communiquait « un accord formel, clairement énoncé, et non pas simplement un arrangement privé ou une vague expression de bonne volonté[136] ». Cet acte positif est introduit en 2.7 avec les mots « au contraire » pour souligner le fait qu'ils n'ajoutaient rien au message de Paul. Tout ce qu'ils firent fut de bénir son action.

Ce n'était pas une approbation sans discernement. Cela fut façonné par leur compréhension des circonstances, la base théologique de leur association et leur but commun.

Fondée sur les circonstances

Avant de tendre la main fraternelle à Paul, les apôtres ont reconnu que la tâche de « prêcher l'Évangile aux non-Juifs » (littéralement, « les incirconcis ») avait été confiée à Paul, « comme à Pierre pour les Juifs » (littéralement, « les circoncis ») (2.7). Paul ne dit pas exactement ce qui a conduit à cette reconnaissance. C'était probablement une combinaison de facteurs, comprenant la déclaration de Paul sur le contenu de son évangile, la manière dont il l'avait reçu et les résultats de sa proclamation. Les apôtres ne pouvaient nier « que le travail missionnaire de Paul avait exactement le même résultat chez les non-Juifs que celui de Pierre parmi leurs compatriotes juifs[137] ». En 2.9a, Paul le résume ainsi : « et lorsqu'ils reconnurent la grâce qui m'avait été accordée » (Colombe). Il ne pouvait y avoir aucun doute sur le fait que Dieu l'avait appelé et avait béni son travail parmi les non-Juifs. Les apôtres devaient en être assurés avant de l'accueillir en tant que collègue[138].

Les apôtres ont reconnu la nécessité de se soutenir mutuellement dans leurs ministères respectifs. Nous ne devrions pas hésiter à faire de même, y compris avec ceux dont les philosophies de ministère ou d'enseignement peuvent différer des nôtres, à condition que nous soyons d'accord sur le contenu essentiel. Dès que nous sommes sûrs d'être dans la même équipe, nous devrions offrir des mots sincères de soutien et d'encouragement. Il est toujours malheureux que deux chrétiens ne puissent se manifester l'amour du Christ simplement parce que leurs styles de ministère diffèrent. Le message unificateur sur Christ devrait éliminer toutes ces barrières. Telle est la volonté de Dieu, maître de la vigne dans laquelle il nous a appelés à travailler.

La description des Juifs comme « circoncis » et des non-Juifs comme « incirconcis » dans 2.7 est à la fois une marque d'identification et une référence délibérée à l'état de chacun de ces deux groupes lorsqu'ils ont accepté l'Évangile. Les Juifs étaient circoncis, les non-Juifs ne l'étaient pas[139]. Utiliser ces termes n'est pas impoli. Cela équivaut à identifier certaines personnes comme les « gens du lac » et d'autres comme les « gens de la montagne ». En eux-mêmes, ces termes sont neutres. Cependant, lorsqu'un terme développe une connotation négative, les croyants devraient éviter de l'utiliser. Par exemple, en Afrique du Sud, les étrangers sont parfois appelés *amakwerekwere*, ce qui implique qu'ils sont inférieurs et ignorants. Les croyants ne devraient pas utiliser un tel langage.

La mention spécifique concernant Pierre et Paul indique que, de même que Paul était le missionnaire par excellence pour les non-Juifs, Pierre était celui des Juifs. Ce partage des tâches n'était pas absolu, car Paul prêchait à la fois aux Juifs et aux non-Juifs. Cela ne signifie pas non plus qu'il y avait deux évangiles, un pour les Juifs et un pour les non-Juifs. Il s'agissait plutôt d'atteindre différents groupes dans différents contextes. Paul et Pierre avaient été chargés de présenter l'Évangile avec sagesse. Cela implique de savoir à qui l'on prêche. La prédication est toujours plus efficace quand le prédicateur prend le temps d'analyser le public. Le contenu du message peut être identique, mais la méthode et le style de transmission du message seront différents pour des audiences différentes.

Le message de Pierre et de Paul leur « a été confié » (2.7 ; cf. aussi 1 Co 9.17 ; 1 Th 2.4 ; 1 Tm 1.11 ; Tt 1.3). Le verbe est ici à la forme passive, ce qui signifie que quelqu'un d'autre le leur a donné avec confiance, afin qu'ils le remettent aux groupes auxquels ils étaient envoyés. Pierre fut envoyé aux Juifs, Paul aux non-Juifs. À qui avez-vous été vous-même envoyé ? Dieu nous a confié le message du salut et nous a attribué des tâches spécifiques. Ce qu'il attend de nous, c'est de lui être fidèles en tant que gardiens de sa Parole dans le domaine où il nous a demandé de servir. La fidélité est la seule base sur laquelle nous pouvons comparer nos ministères.

Dans certains domaines de mission, les gens sont plus réactifs que dans d'autres, et il y aura donc plus de convertis dans ces domaines. Mais le nombre de personnes converties n'a rien à voir avec la fidélité que le travailleur met dans l'accomplissement de sa tâche. Une Église qui retire son soutien à un missionnaire simplement parce qu'il ou elle a moins de convertis que quelqu'un d'autre passe à côté de l'essentiel.

Si nous examinons l'histoire de l'Église, nous pourrions affirmer que le ministère de Paul a eu plus de succès que celui de Pierre, car il y avait plus de croyants non juifs que de croyants juifs. Mais nous ne devrions pas juger sur les chiffres. Tous les facteurs doivent être pris en compte, le principal étant la fidélité. Luc présente Pierre comme un intendant courageux de l'Évangile dans Actes 1-12, avant que son livre ne se concentre sur le ministère de Paul. Les deux hommes sont restés fidèles dans leurs missions respectives. Ainsi devrions-nous l'être.

Fondée sur la théologie

Ce qui est impliqué en 2.7 est explicite en 2.8 (NBS) : « car celui qui avait été à l'œuvre en Pierre pour l'apostolat auprès des circoncis avait aussi été à l'œuvre en moi auprès des non-Juifs ». Le verbe utilisé ici au temps passé suggère que Paul ne parle pas simplement du ministère que Pierre et lui ont exercé, mais pense plutôt au moment où ils ont été appelés à ce ministère. Tous deux avaient reçu un appel spécial et un mandat, et tous deux s'acquittaient de la mission qui leur avait été confiée[140].

Bien que cette déclaration se produise au milieu de la déclaration plus générale de Paul sur les circonstances qui ont amené les trois dirigeants de Jérusalem à lui donner la main de la communion, il s'agit néanmoins d'une intervention théologique indépendante. Cela souligne le fait qu'il n'y a qu'un seul Dieu, qui est le Dieu de Pierre et de Paul. De la même manière, il n'y a qu'un seul Évangile pour les Juifs et les non-Juifs. Si les judaïsants de Galatie acceptent le ministère de Pierre auprès des Juifs, ils doivent également accepter le ministère de Paul auprès des non-Juifs. Les deux hommes servent un maître commun et il n'y a pas de concurrence entre eux.

Fondée sur un objectif commun

En étendant la main de communion à Paul et à Barnabé, les trois dirigeants de Jérusalem ont indiqué qu'ils étaient parvenus à un accord[141]. Paul le dit comme ceci : « nous irions, nous, vers les non-Juifs, et eux vers les circoncis[142] » (2.9, NBS). Ce n'était pas une nouvelle attribution de responsabilités, mais la reconnaissance d'une assignation que Dieu avait déjà faite. Le « nous » représente Paul et Barnabé et le « eux » est pour Jacques, Pierre et Jean. Comme indiqué précédemment, il ne s'agit pas d'une division géographique ou raciale, mais d'une question de bon ordre. Paul avait l'habitude de se rendre d'abord dans les synagogues (Ac 17.2, 10 ; 18.5 ; 19.8) alors qu'il se concentrait sur les non-Juifs, et le ministère de Pierre et de Jacques ne se limitait pas aux Juifs ou aux territoires juifs seulement (Ac 11.19-21 ; Jc 1.1 ; 1 P 1.1). La situation est analogue lorsqu'un étudiant choisit de se spécialiser en chimie et de prendre la biologie en option, tandis qu'un autre choisit de se spécialiser en biologie et de prendre la chimie en option. Leurs parcours se chevaucheront, mais ils ne seront pas en conflit. Seul leur objectif diffère.

Les gouvernements nomment les ministres, dont l'un est ministre de la Santé, un autre de l'agriculture et un autre des Finances. Ce serait ridicule (et mauvais pour la nation) que les ministres soient en concurrence. Ils sont tous là pour servir le bien de la même nation et chacun(e) doit faire sa part. Cela est valable aussi dans les Églises. Le pasteur principal et l'animateur des jeunes sont appelés à servir la même congrégation. Dans un séminaire, l'enseignant des études bibliques et celui de la missiologie sont là pour servir les mêmes étudiants. Nous sommes appelés à des ministères complémentaires. Si nous refusons de reconnaître cela, nous courons à l'échec.

Une requête

Paul a souligné son indépendance vis-à-vis des dirigeants de Jérusalem et leur acceptation envers lui. Mais ici, il ajoute qu'ils lui ont présenté une requête : « nous devions seulement nous souvenir des pauvres[143] » (2.10a, Colombe). Le verbe grec traduit par « nous souvenir » exprime l'idée de faire un « effort diligent » pour accomplir quelque chose[144]. Il est probable que lorsque les apôtres ont formulé cette requête, ils pensaient particulièrement aux pauvres de Jérusalem. En l'an 46 apr. J.-C., la famine sévissait en Palestine et la combinaison de la famine et de la persécution (Ac 8.1) a laissé l'Église de Jérusalem financièrement appauvrie. La situation était peut-être aggravée par le fait qu'un grand nombre de croyants avaient vendu leurs biens[145] (Ac 2.45 ; 4.34). Il y avait un grand besoin d'aide.

Les chrétiens ont une responsabilité sociale. Ce même Jacques, l'un de ceux qui ont fait cette demande à Paul, a déclaré que « la religion pure et sans souillure devant celui qui est Dieu et Père consiste à prendre soin des orphelins et des veuves dans leur détresse » (Jc 1.27, NBS). Les « orphelins et veuves » représentent tous ceux dans le besoin. Il est de notre devoir chrétien de répondre aux besoins humains, peu importe où ils sont ressentis et par qui. Nous ne devrions pas discriminer sur la base de l'ethnie, de la couleur de peau ou de la religion. Les dirigeants de Jérusalem ont reconnu différentes sphères de ministère, mais l'Église était toujours l'essence du ministère et tous devaient répondre aux besoins des pauvres.

L'aide prend parfois la forme d'une assistance financière. C'était ce dont l'Église de Jérusalem avait besoin à l'époque[146]. Si cette visite est celle décrite dans Actes 11.28, Paul et Barnabé avaient déjà apporté de l'argent pour aider les croyants appauvris. Cependant, l'argent n'est pas la seule forme d'aide que nous pouvons offrir, il n'est qu'un aspect de l'affection fraternelle et de la reconnaissance du besoin de l'autre[147]. Une aide pratique peut souvent être proposée, et même les plus pauvres d'entre nous peuvent prier pour ceux qui nous bénissent, en demandant qu'ils trouvent les faveurs du Seigneur dans leur vie et dans leurs relations.

Paul est ravi d'accepter cette requête de Pierre, Jacques et Jean, car c'était exactement « ce que j'ai fait avec empressement » (2.10b, NBS). Il est conscient que l'Église du Christ est un seul corps, peu importe où elle se trouve, ou quels groupes y participent. Chaque organe, que ce soit l'œil, la langue ou le petit orteil a un rôle à jouer pour le bien de l'ensemble (1 Co 12.14-27) et « si un membre souffre, tous les membres souffrent avec lui » (12.26, Colombe). Les besoins du croyant A sont donc également ceux du croyant B, et les besoins de B sont ceux de A, car il existe entre eux un lien qui transcende les frontières tribales, raciales et statutaires. Par conséquent, Paul n'a aucune difficulté à reconnaître que les besoins des croyants juifs étaient aussi ceux des croyants non juifs.

Lorsque nous partageons la vision de Paul concernant l'Église, nous n'offrons jamais notre aide avec une attitude de supériorité, comme si nous jetions des pièces aux mendiants. Au lieu de cela, nous reconnaissons que chaque croyant et chaque région où il y a des croyants apportent une contribution à tout le corps. Parfois, une partie de cette contribution consiste à fournir à ceux qui ont une richesse matérielle une occasion de donner et, ce faisant, de grandir dans le Seigneur quand ils le voient reconstituer ce qu'ils ont. Si nous le croyions vraiment, nous entendrions bien plus souvent les gens dire « Comment puis-je aider ? » plutôt qu'« Aidez-moi ! ».

Certains questionnent la raison pour laquelle Paul est passé soudainement à la première personne du singulier lorsqu'il dit « j'ai fait avec empressement » (NBS), en particulier lorsque la requête avait exprimé le pluriel « nous devions seulement nous souvenir ». Paul manque-t-il de cohérence lorsqu'il s'agit de reconnaître ce que les autres apportent à son équipe[148] ?

Probablement pas. Il existe d'autres explications possibles pour le passage du pluriel au singulier. Le plus probable est que Paul utilise le singulier « j'ai fait avec empressement » parce qu'il exprime sa propre attitude, qui demeure la sienne, quelles que soient les attitudes des autres membres de son équipe. Il est tout à fait normal d'exprimer sa propre volonté de faire quelque chose dans le contexte d'une équipe. De plus, il est probable que Paul était le chef du groupe en matière de politique[149].

Une équipe peut avoir de nombreux membres, chacun d'eux d'égale importance, mais le directeur exécutif demeure le leader. Il ou elle est responsable de la clarté de la vision et de la mission. Si l'équipe n'aboutit à rien, les autres auront peut-être des excuses, mais pas le leader.

Certains de ceux qui parlent de « leadership serviteur » agissent comme s'ils étaient plus serviteurs que leaders et ne réussissent pas à diriger. Plus souvent, cependant, le problème est que la composante « leader » éclipse la composante « serviteur ». Être leader ne signifie pas que l'on dicte aux autres ce qu'ils doivent faire, mais plutôt qu'on les amène à unir leurs efforts. Paul, en tant que leader, n'a jamais perdu de vue le fait que les besoins des Juifs à Jérusalem étaient également ceux des non-Juifs à Antioche.

Dans une bonne administration, le directeur exécutif prend l'initiative non pas en exigeant le respect et l'honneur, mais en indiquant la direction dans laquelle chacun devrait s'orienter. Dans une Église locale, le pasteur est l'officier exécutif. Si le pasteur principal manque de vision, le pasteur adjoint responsable de la jeunesse sera limité dans sa capacité, même si c'est un visionnaire. Dans un pays, si l'un ou l'autre du président ou du Premier ministre manque de vision, le pays souffre.

Malheureusement, bien que de nombreux dirigeants africains disent respecter les bons principes du leadership, en pratique ils ne sont que des dictateurs, qui ordonnent à leurs subordonnés de faire certaines choses. Nous observons ce type de comportement à tous les niveaux de la société, des responsables locaux aux présidents, des pasteurs aux évêques. Ils pensent tous qu'être un leader dictatorial est un moyen de garder le contrôle, mais c'est une idée fausse. Leur style de leadership aliène les autres et engendre le mécontentement.

Dans une Église locale, « diriger » ne signifie pas que le pasteur principal dit au pasteur adjoint responsable de la jeunesse comment diriger le ministère des jeunes. Ni qu'il doit ignorer les enseignants de l'école du dimanche ou le pasteur responsable des jeunes et les laisser faire les choses tout seuls, sans son aide (ce qui arrive souvent s'ils refusent de faire exactement ce que le pasteur dicte). Un vrai leader accompagne et travaille avec le pasteur des jeunes pour que tous deux puissent réaliser leur vision de la congrégation. Le pasteur principal devient alors membre de l'école du dimanche ou de la direction des jeunes – non pour donner des instructions, mais pour intégrer le zèle des jeunes à la vision de l'Église. Ce principe s'applique dans tous les domaines, de l'éducation d'une famille à la construction d'une nation. Les jeunes apprennent de leurs aînés, mais sans que ceux-ci ne les dominent. Malheureusement, les lions entraînant leurs petits à chasser et les oiseaux entraînant leurs petits à voler semblent s'en sortir mieux que nous quand il s'agit de veiller sur les jeunes et les former à gérer leur propre destin.

L'exemple de Paul rassemblant des ressources pour aider les croyants dans le besoin montre bien quelqu'un qui travaille en tant que membre d'une équipe tout en assurant le leadership nécessaire pour réaliser la vision de cette dernière. Pour Paul, la vision était de garder l'Église unie en Christ, même si l'orientation du ministère différait.

Nous devons tous cultiver à la fois notre esprit d'équipe et la capacité d'être un bon leader. Les membres de l'équipe doivent pouvoir répondre par l'affirmative à deux questions : « Ai-je le sentiment que je joue un rôle actif dans ce qui se passe ? » et « Notre chef sait-il vers quoi doivent tendre nos efforts ? » Lorsque la réponse à ces deux questions est « oui », nous avons une équipe gagnante.

L'équipe de Paul n'aurait eu aucune difficulté à répondre « oui ». En 1.2, les membres de son équipe se voient rappeler leur importance pour son ministère et en 2.10, Paul expose sa vision sans ambiguïté.

Questions pour la discussion

1. Avez-vous déjà expérimenté une situation où il y avait des risques de malentendu et de conflit sur des questions importantes ? Quel était le problème, comment avez-vous géré la situation et quels ont été les résultats ? Comment vos réponses se comparent-elles à la manière dont Paul a géré la situation dans laquelle il se trouvait ?

2. Qu'est-ce qui vous motive à faire du bien aux autres ? Cela vient-il de vous-même ou est-ce une réponse à des demandes exprimées par d'autres que vous ? Quels actes de bonté avez-vous faits ces derniers mois ? Certains d'entre eux ont-ils visé des personnes qui ne font pas partie de votre propre groupe ?

3. Comment vous-même et les membres de votre équipe répondriez-vous à la question suivante : « Ai-je le sentiment que j'ai un rôle actif dans ce qui se passe ? » Discutez des moyens d'améliorer la probabilité d'obtenir une réponse positive à cette question.

4. Les membres de l'équipe doivent être sûrs que le chef sait vers où ils doivent se diriger. Et vous, vers où pensez-vous que votre équipe se dirige ?

RIVALITÉ *VS* ESPRIT D'ÉQUIPE

En Afrique, les domaines de juridiction sont jalousement gardés. Il existe un fort ressentiment à l'égard de tout chef intervenant dans la circonscription d'un autre chef. Au Kenya, cette attitude fut particulièrement marquée dans les premières années de l'indépendance politique. À ce moment-là, il y avait deux dirigeants politiques éminents dans le district de Machakos. Je vais les nommer Paul et William. Paul était un ministre du gouvernement qui aimait se vanter d'avoir été emprisonné avec Jomo Kenyatta, président fondateur de la République du Kenya. Il estimait que cela lui donnait le droit de contrôler toutes les parties du district de Machakos, y compris la circonscription de William. William s'y opposait fortement. Au lieu de travailler ensemble pour promouvoir les intérêts de Machakos, ils consumaient toute leur énergie dans des luttes inutiles.

J'ai assisté à un grand rassemblement politique dans la région représentée par William. Juste avant le début de la réunion, Paul est arrivé dans l'intention de prendre le contrôle. Les deux dirigeants ont échangé des mots. Puis, devant mes yeux sidérés, ils ont échangé des coups et sont tombés au sol, se battant. Leur comportement a non seulement été le principal sujet de conversation pendant des semaines, mais a aussi clairement démontré que leur désir de pouvoir personnel l'emportait sur leur unité en tant que membres du même parti politique. Ils étaient incapables d'œuvrer ensemble au bien de tous.

Lorsque nous nous concentrons sur nos propres intérêts et perdons de vue le ministère plus vaste de l'Église du Christ, nous devenons comme William et Paul. Nous sommes centrés sur nous-mêmes plutôt que sur le Christ. Il en est de même quand nous nous préoccupons de notre groupe politique au détriment de la nation, ou de notre appartenance confessionnelle au détriment du corps du Christ, ou encore de nos propres ambitions aux dépens des besoins de notre prochain.

Les apôtres Paul et Pierre auraient également pu être en compétition, mais ils se sont plutôt concentrés sur la source de leurs missions, leur Sauveur. Quel exemple pour nous qui permettons à des problèmes mineurs de prendre le contrôle sur nous plutôt que de prendre nous-mêmes le contrôle ! L'Afrique doit s'unir pour surmonter ses difficultés tout en maintenant l'autonomie de chaque nation. Chaque pays doit s'unir pour faire face à ses défis sociaux, économiques, de santé et autres, tout en respectant son héritage ethnique varié. Toute personne qui croit au Christ, à l'Église locale et à la dénomination chrétienne doit se concentrer sur le Christ, le fondateur de l'Église, tout en protégeant les intérêts de cette Église sur les plans traditionnel ou liturgique. Il nous faudrait plus de personnes ayant l'esprit de Paul et de Pierre, et moins avec la mentalité de Paul et de William.

UNITÉ 6
Galates 2.11-14

CONFRONTATION ENTRE DEUX GRANDS HOMMES

Supposer que notre vie se déroulera sans conflit, c'est se bercer d'illusions. Même si nous faisons de notre mieux pour éviter de nous laisser entraîner dans les conflits, ceux qui nous entourent les introduiront dans notre vie. Tous les jours, il y a des disputes de toute sorte et à tous les niveaux de relation.

À titre d'exemple, j'ai passé en revue les manchettes des journaux pendant deux semaines en septembre 2004. Plusieurs disputes ont fait l'actualité :

- Le ministre X et l'honorable W ont « échangé des mots » au sujet d'une allégation selon laquelle l'un d'eux inciterait son peuple à enfreindre la loi.
- Y « se heurte à son rival » Z, à propos d'allégations de politisation du versement des fonds de développement.
- Les ministres A et B « se disputent au sujet des licenciements », l'un affirmant que l'autre avait limogé des fonctionnaires sans suivre la procédure appropriée en raison de leur appartenance ethnique.

Ces disputes ne sont pas spécifiques au Kenya. Elles ne sont pas non plus limitées à l'arène politique. En fait, l'Église a été le théâtre de nombreux conflits – même si, heureusement, peu d'entre eux ont fait les gros titres.

Au bout du compte, la vraie question consiste à nous demander : les conflits sont-ils tous mauvais ? Si ce n'est pas le cas, comment distinguer les mauvais des bons ? Que pouvons-nous comprendre de la confrontation entre Paul et Pierre ?

Le contexte

Le récit que Paul fait de son affrontement avec Pierre vient à la fin de la section biographique commencée en 1.13. Il a fait valoir que l'évangile qu'il prêche n'est ni dérivé des apôtres ni parallèle à l'évangile qu'ils prêchent, c'est le même évangile, tirant son autorité de la même source que leur évangile. Il a donné trois informations historiques pour soutenir sa revendication. Chacune d'entre elles est introduite par le même terme grec se traduisant par « ensuite » ou « plus tard » (1.18, 21 ; 2.1).

1. Après sa conversion, Paul n'est pas allé à Jérusalem pour consulter les apôtres, il est d'abord allé en Arabie, puis est retourné à Damas. Plusieurs années se sont écoulées avant qu'il ne rencontre Pierre, et sa visite d'alors a seulement duré 15 jours, durant lesquels il n'a rencontré aucun autre apôtre, si ce n'est Jacques, le frère du Seigneur (1.18).

2. Par la suite, il entreprit un ministère de prédication en Syrie et en Cilicie, toutes deux éloignées de Jérusalem.

3. Quatorze ans plus tard, il se rendit à nouveau à Jérusalem. Cette fois, il y rencontra Jacques, Pierre et Jean, qui donnèrent la main à Paul et Barnabé en signe de communion. Ils soutenaient sa résistance à la circoncision de Tite et sa mission auprès des non-Juifs tout comme ils soutenaient la mission de Pierre auprès des Juifs.

La séparation des ministères convenue à Jérusalem était faite dans un souci d'ordre et ne constituait pas une démarcation absolue des territoires. Il n'y a donc rien d'anormal à ce que Pierre revienne plus tard à Antioche, qui était techniquement du domaine du ministère de Paul.

Le rôle de Pierre

Quelque temps après la réunion à Jérusalem, Pierre arriva à Antioche, la capitale de la Syrie, un endroit que le ministère de Paul et Barnabé transformerait en centre du christianisme non juif[150].

Au début, Pierre partageait les repas (pas seulement la cène) avec les croyants non juifs. Il le faisait peut-être depuis sa rencontre avec Corneille (Ac 10-11) ou n'a peut-être commencé à le faire qu'après son arrivée à Antioche, mais c'était certainement sa pratique habituelle[151]. Mais les choses changèrent après « la venue de quelques personnes de chez Jacques[152] » (2.12a, Colombe). Ces hommes venaient sans doute de Jérusalem, où Jacques, le frère du Seigneur, était probablement « la principale personnalité administrative de l'Église de Jérusalem depuis la fin des années 40 jusqu'à son martyre en 62 apr. J.-C.[153] ».

Après leur arrivée, il devint évident que Pierre hésitait à partager les repas avec les non-Juifs : « il s'esquiva et se tint à l'écart[154] » (2.12b, Colombe). Son motif était la « crainte des circoncis[155] ». Le terme « circoncis » (littéralement « ceux de la circoncision », DBY) signifie simplement « les Juifs », tout comme « les incirconcis » dans 2.7-9 signifient « les non-Juifs ». Paul se réfère délibérément à eux de cette manière pour rappeler à ses lecteurs que ces personnes étaient fières de leur circoncision et auraient souhaité exiger que les non-Juifs soient également circoncis. Ils ne semblent pas avoir soulevé ce problème à Antioche, mais ils ont clairement indiqué qu'ils s'attendaient à ce que Pierre et les autres Juifs de ce pays se conforment à la loi juive. Une clause de cette loi stipulait que les Juifs ne devaient jamais partager leurs repas avec des non-Juifs. Pierre a cédé à leur pression et a commencé à ne plus fréquenter les non-Juifs.

Pierre était un leader influent et d'autres croyants juifs d'antioche commencèrent à s'aligner sur son comportement et à éviter les croyants non juifs (2.13a). Ils s'associèrent à Pierre pour diviser l'Église en groupes juifs et non juifs[156]. La pression des pairs était si forte que même Barnabé, un Juif qui était proche collaborateur de Paul dans son ministère auprès des non-Juifs, fit de même (2.13b). Cependant, Paul utilise un terme plus fort que « pression des pairs » pour décrire ce type de comportement : il parle d'« hypocrisie[157] » (2.13b). Et il décrit Barnabé comme étant égaré (ou « entraîné », Colombe). Le verbe suggère que Barnabé a agi de manière irrationnelle, émotionnelle, sans prendre le temps de réfléchir aux problèmes que ce comportement soulevait.

Le retrait de Barnabé et sa séparation des non-Juifs, aussi brefs qu'ils fussent, revenaient à renier tout ce que Paul et lui avaient prêché en Galatie méridionale au cours de leur premier voyage missionnaire[158]. Paul était médusé et horrifié. Les mots « Barnabé même » impliquent que ce dernier était la dernière personne que Paul aurait pensé voir agir de la sorte. Des années plus tard, Barnabé était sans doute encore gêné d'avoir si mal géré la situation.

Et nous ? N'avons-nous jamais regardé en arrière et été choqués par notre propre comportement passé ? Pourquoi avions-nous commis l'action qui nous choque aujourd'hui ? Avions-nous pris le temps de bien réfléchir ou nous étions-nous laissé emporter par la foule ? Pourquoi un croyant se joindrait-il aux autres pour faire quelque chose qui blesse des gens ? Par exemple, bien qu'un croyant puisse prendre part à une grève ou à une manifestation pour exprimer son mécontentement face à une situation donnée, nous ne devrions pas nous permettre de nous laisser entraîner à piller, ou à lancer des pierres aux automobilistes. Dès l'apparition d'un comportement de ce type, les croyants doivent se dissocier de la situation.

Barnabé n'a pas su résister au courant, lui et les Juifs croyants sont tombés dans le péché, mais finalement Pierre est responsable de leur chute. Il leur avait donné un mauvais exemple, qu'ils ont suivi. En tant que leader, il aurait dû savoir que son exemple pourrait pousser les autres à trébucher. C'est peut-être l'une des raisons pour lesquelles Jacques a dit à ses lecteurs : « Mes frères, ne soyez pas nombreux à vouloir être des enseignants, car vous savez que nous qui enseignons, nous serons jugés plus sévèrement que les autres » (Jc 3.1, BFC). Les disciples de Pierre étaient responsables de leur propre comportement, mais Pierre porte la lourde responsabilité de les avoir égarés.

L'évaluation de Paul

Étant donné que Pierre était responsable de la situation à Antioche et qu'il avait induit en erreur de nombreuses personnes, Paul le réprimande. Il est même allé jusqu'à dire que Pierre « avait tort[159] » (2.11). En se dissociant des croyants non juifs, Pierre s'était mis dans un état de condamnation (c'est-à-dire dans son tort) et cet état perdurerait tant que dureraient les motifs de la condamnation.

Il y a débat quant à savoir qui condamnait Pierre. Était-ce Dieu ? Étaient-ce toutes les personnes sensées qui reconnaissaient que son comportement était en contradiction avec ses propres croyances et induisait les autres en erreur ? Ou, plutôt qu'une autorité extérieure, était-ce lui-même qui se condamnait, se jugeant incohérent dans ses propres actions ?

Ces options ne s'excluent pas les unes les autres, mais l'accent est mis sur la dernière. Paul n'a pas initié la condamnation de Pierre. Il a simplement souligné que Pierre était condamnable pour son incohérence et sa violation des normes qu'il savait être justes.

Lorsque nous traitons avec des personnes qui ont péché, nous devons nous rappeler que ce n'est pas nous qui les condamnons. Ce sont leurs propres actions qui les ont condamnées. Quand ces personnes confessent leur péché avec sincérité, notre rôle est de les aider à sortir de la culpabilité et à accepter le pardon de Dieu (1 Jn 1.9). Si nous devons excommunier quelqu'un qui refuse de confesser sa faute, nous ne devons pas le faire avec une attitude de condamnation, mais plutôt avec le chagrin que cette personne ne veuille pas changer son statut de « condamnée » à « pardonnée ».

Parfois, nous-mêmes devons accepter que d'autres nous rappellent à la discipline. Lorsque cela se produit, nous devons réfréner la tentation de penser qu'ils nous disciplinent parce qu'ils ne nous aiment pas. Il nous faut mettre notre amour-propre de côté et nous rappeler que nos propres actes nous ont condamnés. Puisse le Seigneur nous aider à confesser librement nos péchés, car c'est le seul moyen de changer notre statut de « condamné » à « acceptable » devant le Seigneur à travers le sang purificateur de son Fils, Jésus-Christ (1 Jn 1.9b).

Non seulement Pierre était condamné, mais il était également dissimulateur. Paul répète le mot deux fois en 2.13, où il dit que les autres Juifs « usèrent aussi de dissimulation » et ajoute que Barnabé même a été entraîné « par leur hypocrisie » (c'est-à-dire l'hypocrisie de Pierre et des Juifs qui ont suivi son exemple). Le mot « hypocrisie » implique l'idée de jouer un rôle sur une scène. Lorsqu'il est utilisé métaphoriquement, cela signifie que quelqu'un présente un spectacle extérieur dans le but de prétendre être ce qu'il n'est pas. L'échec de Pierre à rester fidèle à ses convictions signifie qu'il dissimule « son vrai caractère, ses pensées ou sentiments réels sous une couverture impliquant quelque chose de tout à fait différent[160] ».

Enfin, Paul a vu que Pierre « [...] ne marchai[t] pas droit selon la vérité de l'Évangile » (2.14a, Colombe). Le terme traduit par « marcher droit » signifie « marcher dans la ligne[161] ». Lorsqu'il est utilisé dans le négatif, comme ici, il transmet le sens de ne pas être à la hauteur de la norme morale attendue.

La norme que Pierre n'a pas respectée est « la vérité de l'Évangile[162] ». L'Évangile établit la norme de ce qui constitue la vérité. En se retirant des non-Juifs, Pierre s'éloignait de l'Évangile qui, de l'avis de Paul, devait être prêché aux Juifs et aux non-Juifs, à savoir la justification sur la base de la seule œuvre du Christ.

Certains commentateurs préfèrent interpréter cette phrase comme signifiant « la vérité contenue dans l'Évangile[163] ». Cela ne contredit pas l'autre interprétation, mais si la première considère la justification par la foi seule comme un principe général enchâssé dans l'Évangile, la seconde interprétation suppose que cette doctrine était déjà bien formulée et connue de Pierre et de ceux qui ont suivi son exemple. Il semble plus probable qu'à l'époque il s'agissait simplement d'un principe général, et non d'une déclaration propositionnelle. Mais ce principe aurait dû être connu de tous les croyants d'Antioche. En se séparant des non-Juifs, Pierre et ceux qui l'ont suivi ont non seulement échoué à respecter ce principe, mais ils l'ont aussi activement dénigré.

Notons le temps du verbe que Paul utilise ici. La majorité des traductions (Colombe, PDV, NBS, TOB, DBY, S21, BS) donnent « ne marchaient pas droit » (à l'imparfait), mais en grec, Paul utilise le temps présent « ne marchent pas droit »[164]. Paul écrit comme si Pierre et ceux qui l'ont suivi agissaient encore de cette manière au moment où il écrit aux Galates. Pourtant, cet incident appartient bel et bien au passé et Pierre s'était repenti de son comportement. Alors, pourquoi utiliser le temps présent ? La réponse est que Paul veut attirer l'attention des judaïsants de Galatie et leur dire qu'ils font partie du même groupe que Pierre et les Juifs qui l'ont suivi. Eux aussi ne marchent pas selon la vérité de l'Évangile.

Il convient d'y réfléchir. Ce que nous faisons aujourd'hui nous place dans la même catégorie que d'autres dans le passé. Soit nous faisons partie de ceux qui vivent conformément à la volonté de Dieu telle qu'énoncée dans les Écritures, soit nous n'en faisons pas partie. Chaque fois que nous prenons une décision, nous décidons aussi quel groupe nous souhaitons rejoindre. Pierre, les Juifs qui se sont retirés avec lui et les judaïsants de Galatie sont tous regroupés ensemble comme étant ceux qui n'ont pas respecté la vérité centrale de l'Évangile.

Au temps de Paul, l'une des lignes de séparation entre les peuples était de savoir s'ils étaient juifs ou non juifs. Aujourd'hui, il existe d'autres lignes de séparation telles que la race, le clan, la dénomination confessionnelle, le statut, etc. Si nous croyons vraiment que Dieu accepte les gens de tous les groupes sur la base de leur foi en Christ, nous devons accepter tous les autres croyants sans aucune discrimination. Il n'y a aucune excuse pour refuser de les accepter. Soit vous êtes dans le vrai, soit dans le faux. Puisse le Seigneur nous aider à éliminer toutes les barrières que le Malin tente de placer entre frères et sœurs dans le Seigneur.

L'action de Paul

Quand Paul a vu que Pierre était tombé dans une grave erreur théologique, il n'a pas ignoré ce qui se passait, mais s'est « opposé à lui ouvertement[165] » (2.11, NBS, TOB). Il n'a pas envoyé quelqu'un pour parler à Pierre, n'a pas discuté de son comportement avec quelqu'un d'autre derrière son dos. Il a reconnu que le problème était si grave qu'il était urgent d'en discuter face à face.

Paul n'était pas hostile à Pierre, bien que cela puisse être déduit des mots « je me suis opposé ». Le verbe grec signifie « être contre » (surtout au combat), « endurer » et « résister à[166] ». Il n'est pas utilisé pour attaquer quelqu'un. Du point de vue de Paul, Pierre était l'agresseur, car il attaquait la vérité de l'Évangile en se retirant des non-Juifs.

Parfois, lorsque nous sommes en désaccord avec quelqu'un, nous pouvons décider de laisser tomber l'affaire. À d'autres moments, nous pouvons avoir besoin d'envoyer quelqu'un de notre part pour transmettre nos préoccupations. Et quelques fois, nous devons parler à la personne nous-mêmes, car les problèmes sont si importants qu'ils ne peuvent être résolus que par une interaction face à face. Il faut du courage pour organiser une telle réunion, mais, si elle est bien gérée, elle est source de bénédiction, car la personne interpellée comprend à quel point celui qui n'est pas d'accord avec elle se soucie d'elle.

Nous ne savons pas comment Pierre a réagi à la leçon de Paul, mais nous pouvons supposer que les résultats ont été positifs, puisque Paul le mentionne ici. Paul est heureux d'avoir agi comme il l'a fait et les Galates devraient tirer des leçons de cet incident.

Nous ne savons pas non plus si Paul a rencontré Pierre en privé, comme Matthieu 18.15-20 l'énonce. Paul ne mentionne aucune réunion de ce type[167]. Il semble plus probable que Paul ait décidé de traiter le problème en public, car il ne s'agissait pas d'un désaccord personnel, mais d'un conflit mettant en cause la vérité de l'Évangile et l'unité du corps de Christ. L'acte de retrait de Pierre était un message public et a appelait une réponse publique. Paul a donc parlé à Pierre « devant tout le monde » (2.14b, NBS). Le « tout le monde » ici est plus large que le groupe qui a suivi Pierre[168]. Il est probable que Paul ait parlé en présence de tous les membres de l'Église d'antioche[169].

Ses mots étaient francs : « Si toi, qui es juif, tu vis à la manière des non-Juifs et non à la manière des Juifs, comment peux-tu contraindre les non-Juifs à adopter les coutumes juives ? » (2.14, NBS.) La rencontre de Pierre avec Corneille dans Actes 10 l'avait convaincu qu'il devait ignorer sa conviction antérieure selon laquelle tous les non-Juifs étaient impurs, et qu'il devait manger et boire librement avec les non-Juifs convertis. Ce faisant, il ne vivait pas comme un Juif, mais comme un non-Juif. Aujourd'hui, il abandonne ses principes, non pas parce qu'il a décidé qu'il avait tort, mais parce qu'il veut rester en règle avec ceux qui sont venus de Jérusalem ! Mais le prix qu'il paie pour cette acceptation est la vérité de l'Évangile.

Pour reformuler la question de Paul : si Pierre, qui est juif, est parvenu à la conviction que les non-Juifs sont acceptables pour Dieu et qu'il ne pèche pas en se mêlant librement à eux, comment explique-t-il qu'il envoie maintenant aux croyants non juifs le message qu'ils ne sont acceptables que s'ils suivent toutes les règles juives ? Il se montre incohérent. Les croyants non juifs doivent être soit complètement rejetés, soit complètement acceptés – indépendamment de ce qu'on en pense à Jérusalem. Compte tenu de l'expérience de Pierre lors de la conversion de Corneille, il doit accepter la deuxième option.

Quand Paul dit que Pierre « contraint[170] » les non-Juifs à suivre les coutumes juives, il ne dit pas que Pierre discutait activement le cas des judaïsants (l'accord précédent conclu en 2.9-10 excluait cette possibilité). Au lieu de cela, il exerçait son ascendant moral en donnant un exemple indiquant que le respect des coutumes juives était la seule façon de vivre. C'était hypocrite, car Pierre agissait contre ses propres principes.

Il est très important que nous maintenions une cohérence entre ce que nous croyons et ce que nous vivons réellement. Nous n'avons pas réussi à faire cela en 2007-2008, car de nombreux pasteurs kényans n'ont pas condamné les violences postélectorales commises par leurs concitoyens. Nous n'avons pas réussi à faire cela lorsque les croyants tutsis ne se sont pas rassemblés pour protéger les Hutus lors du génocide au Rwanda. Nous ne le faisons pas quand nous ne prenons pas fermement position contre le racisme en Afrique du Sud, aux États-Unis et ailleurs. Si nous croyons que nous sommes un en Christ, nous devons alors démontrer notre unité dans notre façon de réagir aux événements. Notre message doit être enraciné dans nos convictions, et nos convictions doivent se refléter dans notre façon de réagir aux problèmes sociaux et politiques.

Questions pour la discussion

1. Les conflits sont-ils tous mauvais ? Quel rôle les racines d'un conflit et leurs conséquences jouent-elles dans la manière dont nous décidons de réagir ?

2. Avez-vous été témoin de conflits dans votre Église locale récemment ? Comment le problème a-t-il été résolu ? Les blessures causées ont-elles guéri et dans quelle mesure ? Les choses auraient-elles pu être gérées différemment ?

3. Paul avait-il raison d'aborder le cas de Pierre de cette manière ? Que pouvons-nous apprendre à faire ou à ne pas faire de ce qu'il s'est passé à Antioche ?

UNITÉ 7
Galates 2.15-21

LE SALUT PAR LA FOI

Il y a de nombreuses années, lorsque Timothy, mon plus jeune frère, avait environ neuf ans, il s'impatienta contre une femme qui travaillait pour notre famille. Il décida de gérer la situation en utilisant une technique traditionnelle qu'il avait dû apprendre de ses camarades de jeu, car les désaccords n'étaient jamais abordés de la sorte par mes parents. Regardant Loïs, il prit un pot en argile et le lâcha au sol délibérément, le brisant. L'action symbolisait une malédiction : « Puisses-tu être brisée comme ce pot d'argile fut brisé. » Loïs était terrifiée. Peu importait que mon frère fût beaucoup plus jeune qu'elle – on pense que de telles malédictions sont efficaces, à moins que quelque chose ne soit fait pour les contrer.

Mes parents et moi voulions ignorer l'incident. Nous pensions que c'était une manifestation de colère enfantine et, en tant que chrétiens, nous n'avions pas besoin de craindre la magie et les malédictions. Mais beaucoup de gens de notre village les craignaient et s'inquiétaient que Loïs ne subisse un grave préjudice à cause de ce que mon frère avait fait. Ils insistèrent pour que mon frère annule la malédiction en amenant un animal à abattre lors d'une cérémonie publique. Mon frère n'avait pas les moyens de payer pour un animal, mais finalement le grand-père de Loïs, qui était un ancien du village, trouva quelqu'un qui effectuerait la cérémonie de purification en utilisant un petit objet qu'un enfant pourrait se permettre d'acheter. La purification fut dûment effectuée et Loïs put à nouveau se sentir en sécurité. La malédiction avait été annulée. C'était désormais une question qui appartenait au passé et non plus une menace active. La foi de Loïs en un acte très simple exécuté devant un ancien du village éliminait la malédiction qui lui avait été infligée.

Cet incident éclaire grandement la vérité que Paul défendait devant les Galates. Loïs, qui avait eu très peur, quitta l'ancien du village avec l'assurance que tout avait été pris en charge. De la même manière, ceux qui croient en Christ n'ont plus besoin de craindre le jugement, mais peuvent avoir l'assurance qu'ils sont sauvés. Cependant, leur assurance ne repose pas sur la parole d'un ancien de village, mais sur la parole de Dieu.

La déclaration de Dieu selon laquelle le péché a été pris en charge est ce que nous appelons la « justification ». La foi en Christ est la seule exigence essentielle pour le salut, que nous soyons juifs ou non juifs.

Les zones d'accord

La version Segond 21 aborde 2.15-21 comme la suite de ce que Paul avait dit à Pierre. Cela peut être ou ne pas être le cas – le grec ancien ne comportait pas de guillemets, nous ne pouvons donc pas dire avec exactitude où se termine la citation. Mais que ces versets soient un résumé de ce que Paul a dit ou une transcription exacte, ils sont liés au comportement de Pierre. Paul passe de la situation spécifique à Antioche au principe universel en cause. Ensuite, à partir de 3.1, il démontrera aux Galates comment ce principe s'applique à eux.

Paul commence par les points sur lesquels Pierre et lui sont d'accord : la différence entre les Juifs et les non-Juifs et les voies de la justification.

La différence entre les Juifs et les non-Juifs

Paul et Pierre acceptent tous deux que les gens se divisent en deux grands groupes : les Juifs ou les non-Juifs[171]. À l'aide du pronom « nous », Paul se catégorise, ainsi que Pierre[172], et peut-être tous les autres chrétiens juifs de Jérusalem, d'antioche et de la Galatie[173], comme juifs. Ils sont juifs « de naissance » (ou « de nature », DBY). Ils « sont nés et ont grandi en tant que tels, ce ne sont pas des prosélytes, encore moins des résidents étrangers ou des gens que Dieu effraie[174] ». Leur identité ethnique était juive. Ils étaient nés dans la nation avec laquelle Dieu avait conclu une alliance et à laquelle il avait donné sa loi. Naître juif était donc un héritage et un privilège.

Aujourd'hui, nous pourrions penser à leur situation en la comparant au privilège de naître dans un foyer chrétien. Quelques histoires de ma propre famille illustrent ce que je veux dire. Une de nos amies américaines a un jour raccompagné mes filles en voiture. Quand elles ont pris place sur le siège, elle leur a demandé : « Quelle est la première chose à faire lorsque vous montez dans une voiture ? » Elle s'attendait à ce que nos filles répondent : « Mettre la ceinture de sécurité. » Mais elles ont répondu en chœur : « Prier ! » À une autre occasion, un médecin essayait de détendre notre deuxième fille avant de lui faire une injection : « Tu as de beaux yeux, lui dit-il. De qui les tiens-tu ? » Katee connaissait la réponse à cette question : « de Jésus. » Le médecin s'attendait à ce qu'elle réponde « de ma mère » ou « de mon père ». Les réponses de nos filles à ces situations de la vie quotidienne témoignent du privilège d'être élevées par des parents croyants dans un foyer où elles ont appris à aimer et à honorer Dieu dans tout ce qu'elles font. Elles n'auraient pas pensé à ces réponses si nous n'avions pas été croyants. C'est le type de différence inévitable que Paul a en tête lorsqu'il oppose Juifs et non-Juifs.

Les non-Juifs, en revanche, sont qualifiés de « pécheurs[175] » (2.15b). D'un point de vue juif, les non-Juifs étaient des pécheurs parce qu'ils n'étaient pas juifs. Ils étaient hors de l'alliance et n'avaient pas la loi de Dieu pour les guider. Par conséquent, ils devaient être pécheurs.

Nous aurions tort de sortir ce passage de son contexte et d'affirmer que cela prouve que Paul soutenait l'ethnocentrisme, qui affirme que notre groupe ethnique est meilleur que d'autres. Paul utilise un langage familier juif[176] avec une douce ironie, opposant les non-Juifs aux Juifs « parfaits » qui ont la loi de Dieu.

L'ethnocentrisme (ou la mentalité du « nous » qui s'oppose à « eux ») est néfaste et détruit les relations, qu'il soit pratiqué par la partie la plus privilégiée qui méprise les autres ou par la partie la moins favorisée en réaction à l'oppression des premiers. J'ai pu observer les deux attitudes quand j'étais étudiant en Amérique. J'ai vu le racisme chez certains chrétiens blancs, mais j'ai aussi vu certains de mes frères afro-américains utiliser le terme « eux » pour parler de nos frères et sœurs blancs. Leur réaction était compréhensible compte tenu des exactions commises contre leur peuple, mais cela ne veut pas dire que leur réaction n'était pas condamnable. Chaque groupe ethnique a ses propres forces et faiblesses. Cela m'est apparu avec clarté lorsque j'étais encore enfant et que l'on m'a raconté l'histoire de deux soldats appartenant à deux groupes ethniques différents. Ces groupes étaient assez proches, mais à cause de différences mineures, ils se méprisaient l'un l'autre. Lorsque les deux soldats se sont rencontrés, ils se sont tous deux levés et chacun a pensé fièrement qu'il était le mieux qualifié pour être soldat. « Tu n'es pas trop mal, dit l'un avec condescendance à l'autre, mais tes jambes sont arquées. » « Tu peux parler, répondit le second, tu n'avais pas l'air mal non plus, jusqu'à ce que je voie ta bosse. »

Paul ne ressemble pas à ces soldats et ne rabaisse pas les non-Juifs quand il les qualifie de pécheurs. Il ne dit certainement pas que les Juifs ne sont pas des pécheurs. Il reconnaît plutôt que les Juifs ont une position privilégiée dans le plan de salut de Dieu, étant donné qu'ils sont le peuple de l'alliance. Pourtant, en croyant au Sauveur, ces mêmes Juifs privilégiés ont montré que la foi est la voie du salut pour eux, tout comme pour les païens. Juifs et non-Juifs ont besoin d'accepter le Christ par la foi.

La voie de la justification

Le deuxième sujet sur lequel Paul, Pierre et les disciples de ce dernier peuvent s'entendre est la voie de la justification. Mais avant que Paul puisse énoncer les principes généraux qui sont en jeu, il doit dégager le terrain en précisant quelle est la voie qui ne mène pas à la justification.

Pas la loi

Paul et les Juifs croyants s'accordent sur le fait que l'être humain « n'est pas justifié par les œuvres de la loi[177] » (2.16, Colombe). Mais que signifie exactement le terme « justifié » ?

« Justifié » et « justification » sont parmi les mots préférés de Paul. La majorité des 41 utilisations de ces termes dans le Nouveau Testament se trouvent dans ses lettres[178]. Il est plus facile de comprendre ce qu'ils signifient quand on apprend que le mot grec pour justification (*dikaiōsis*) est étroitement lié au mot grec pour justice (*dikaiosynē*). La justification équivaut donc à rendre une personne juste. C'est ce que Dieu fait pour les pécheurs sur la base de l'œuvre du Christ sur la croix. En d'autres termes, la justification implique que Dieu, l'examinateur, déclare que nous sommes justes et qualifiés pour le salut.

Paul affirme que nous ne pouvons pas être justifiés par les œuvres de la loi[179]. Ici, « la loi » peut signifier l'ensemble du système juridique de décrets et d'ordonnances imposés par les rabbins, qui était la norme selon laquelle les gens étaient jugés. Il n'était pas question de grâce, la réussite et l'échec étaient déterminés uniquement par l'obéissance. Ou bien, étant donné la situation à Antioche et en Galatie, Paul voulait peut-être faire référence à des lois spécifiques, telles que celles sur la circoncision et l'alimentation[180]. Ces lois spécifiques peuvent être devenues la norme selon laquelle les gens étaient jugés. Ou encore, Paul se référait peut-être à la loi que Dieu a donnée à Moïse, y compris ses aspects cérémoniels et moraux. Cette loi, telle qu'énoncée dans les Écritures, est devenue le critère de réussite ou d'échec, le critère d'un comportement juste ou injuste.

La dernière de ces options semble être la plus probable[181]. Paul, Pierre et les autres Juifs savaient, de leur propre expérience, que peu importe à quel point ils essayaient de respecter la Loi de Moïse, ils échouaient. Cette loi ne pouvait pas les justifier ; elle pouvait seulement les condamner[182].

La foi en Christ

Ayant rappelé à ses lecteurs qu'observer la loi ne signifie pas être justifié, Paul explique maintenant ce qui donne lieu à la justification[183]. Nous sommes justifiés « par la foi en Christ » (2.16b, Colombe) ou « au moyen de la foi en Jésus-Christ » (S21). Nous exerçons notre foi et Jésus-Christ est l'objet de notre foi[184].

Cependant, le mot grec traduit par « foi » peut signifier « foi » ou « fidélité », ce qui a conduit quelques commentateurs à soutenir que ce qui nous justifie est la foi de Jésus, ou la fidélité dont Jésus a fait preuve dans sa vie, en termes d'obéissance à Dieu, au point d'aller à la croix. On pourrait même interpréter la fidélité ici comme la fidélité de Dieu à son alliance en Jésus-Christ[185].

Bien que les deux traductions soient possibles, la première, qui est la traduction classique, est plus vraisemblable. Ainsi que le dit George : « Bien que la fidélité de Jésus-Christ soit un thème dominant dans la théologie de Paul […] ce qui est mis en contraste dans Galates n'est pas la fidélité divine par rapport à l'inconstance humaine, mais plutôt la libre initiative de grâce de Dieu par rapport aux efforts humains d'autojustification[186]. » Dans ce contexte, c'est nous qui exerçons la foi en Jésus et non pas Jésus qui exerce la foi en Dieu.

Après ces deux déclarations de ce que Paul, Pierre et les autres chrétiens juifs savaient déjà, Paul leur rappelle un principe universel.

Un principe universel

Le principe universel que Paul cite à la fin de 2.16 est que « nul ne sera justifié par les œuvres de la loi[187] » (Colombe). En matière de respect de la loi, personne ne peut obtenir assez de points pour passer l'examen de Dieu. Paul donne ici une citation libre de la traduction du Psaume 143.2[188] par la Septante. Le psaume dit que nul ne peut prétendre être sans reproche devant Dieu. Comme les Juifs ont admis que l'Ancien Testament faisait autorité, Paul peut utiliser ce verset comme texte prouvant la doctrine de la justification par la foi (cf. aussi Rm 3.20).

Les mots traduits par « nul » ou « personne », selon les versions, pourraient littéralement être traduits par « aucune chair ». C'est un exemple de métonymie, une figure de style dans laquelle une partie de quelque chose représente le tout. Paul utilise ce mot afin d'attirer l'attention sur la mesure dans laquelle nous sommes liés par les limites de la chair avec toute « sa finitude, sa faiblesse et sa vénalité[189] ». Juifs et non-Juifs, riches et pauvres, nous partageons tous une humanité commune. Un accident de voiture blesse autant la chair du riche que celle du mendiant. Nous échouons ou surmontons tous des épreuves ou des tentations. Étant donné que nous sommes tous issus de la même chair, nous n'avons aucune excuse pour nous vanter ou pour maltraiter les autres en partant du principe que nous leur sommes supérieurs.

Certaines personnes essaient d'excuser leurs manquements en disant : « Je suis juste humain », mais ce n'est pas ainsi que Paul voit les choses. Pour lui, « nous ne sommes que des humains » est simplement un constat de réalité, nous rappelant que nous ne pouvons jamais atteindre la norme de sainteté de Dieu. Mais ce n'est pas une raison de désespérer. Le Christ a atteint la norme pour nous et nous croyons en lui, reconnaissants qu'il soit devenu notre substitut. Il a satisfait aux exigences de la loi à notre place. Tout ce que nous avons à faire, c'est croire en lui.

Les preuves de l'accord

Le principe que Paul a exposé s'applique aux Juifs et aux non-Juifs. Pierre et les autres chrétiens juifs ont indiqué par leurs actions qu'ils étaient d'accord avec lui : « C'est pourquoi nous avons, nous aussi, placé notre confiance en Jésus-Christ pour être déclarés justes par la foi et non parce que nous aurions accompli ce que la loi ordonne » (2.16c, BS). Le « c'est pourquoi » et le « nous aussi » (« néanmoins » dans la version Louis Segond 1910) sont emphatiques, soulignant l'acceptation des Juifs du fait qu'ils ne peuvent pas être justifiés en observant la loi[190].

Le verbe traduit par « avons placé » est un temps passé qui fait ressortir l'idée d'une réponse unique sans ambiguïté, faite dans le passé et se poursuivant dans le présent[191]. C'est ce que Paul a fait lorsqu'il s'est engagé envers Christ sur la route de Damas. Il demande maintenant à Pierre et aux autres chrétiens juifs de se souvenir de leurs expériences de conversion. Ils ont mis leur confiance en Christ non pas parce qu'ils croyaient que la loi importait peu, mais parce qu'elle était incapable de les justifier.

En réalité, Paul ne dit pas qu'ils croient « en » Jésus-Christ, mais plus littéralement « dans Jésus-Christ ». Cette façon de dire les choses est « caractéristique dans le Nouveau Testament de cette foi qui implique l'union avec son objet ou lui accorde consciemment une confiance calme[192] ». C'est un engagement total « de soi-même au Christ sur la base de l'acceptation du message le concernant[193] ». La différence entre croire « en » quelqu'un et « dans » quelqu'un est bien illustrée par la vieille histoire du funambule qui offre aux gens l'occasion de traverser les chutes du Niagara avec lui. Presque tout le monde dans la foule était prêt à accepter que l'homme puisse pousser une personne dans une brouette en toute sécurité, mais personne n'était prêt à se porter volontaire. Ils avaient foi en ses capacités, mais n'étaient pas prêts à risquer leur vie en allant « dans » la brouette que ses mains conduisaient. La foi que le Nouveau Testament nous demande est de « croire dans », un abandon total à Jésus. Malheureusement, nombreux sont ceux qui sont heureux de croire en Jésus et sa capacité de sauver sans être prêts à franchir le pas pour aller dans une foi totale, « dans » lui.

Paul et les autres croyants juifs s'étaient tournés vers le Christ dans un but précis, « afin d'être justifiés par la foi dans le Christ ». La foi dans le Christ était la voie de justification pour les Juifs aussi, malgré leurs privilèges. Notre propre réflexion sur la manière dont nous en sommes arrivés à la foi devrait nous amener à dire : « Si Dieu n'avait pas été là pour moi, je serais toujours perdu. »

Répondre à une objection

Paul pose maintenant une question et y répond ensuite lui-même. Il le fait probablement pour réagir à une objection de ses adversaires. Leur argument semble avoir été le suivant : « Si croire dans le Christ signifie cesser de faire confiance à la loi, cela signifie que nous abandonnons la loi et menons une vie de péché, tout comme les païens (qui n'ont jamais eu la loi). » Dans ce cas, « Christ serait donc serviteur du péché », puisqu'il éloigne les gens de la loi (2.17a). Paul rejette totalement cet argument avec les mots « Certes non ! » (2.17b, Colombe). Rien ne permet de tirer cette conclusion. Dans les chapitres cinq et six de cette lettre, Paul montrera clairement que la foi dans le Christ conduit à l'amour de la loi, en obéissance à la volonté de Dieu.

La véritable violation de la loi

Paul a été accusé d'avoir transgressé la loi, mais il se propose maintenant de défendre sa propre position en termes personnels, en commençant par « si je ». Il se donne peut-être lui-même en exemple hypothétique pour que ses propos ne soient pas interprétés à tort comme une attaque directe contre le comportement de Pierre à Antioche, ou il fait peut-être référence à sa propre expérience. Il utilise une métaphore de destruction et de reconstruction : « Si je reconstruis ce que j'ai détruit » (2.18a, NBS). Paul a déjà vécu derrière le mur érigé par le légalisme juif, mais son expérience sur la route de Damas l'a convaincu que ce mur devait être abattu, car seul le Christ est la voie du salut. Depuis lors, ses actions ont clairement montré qu'il pensait que la loi ne s'appliquait plus.

Il n'est pas clair si la loi à laquelle il fait référence ici est l'ensemble de la loi mosaïque[194] ou « des lois sur l'alimentation qui ont été à l'origine de la division entre Juifs et non-Juifs à Antioche[195] », mais en réalité cela ne fait guère de différence. L'argument principal de Paul est qu'il a démoli l'idée que l'observation de la loi est une exigence pour la justification. Il ne voit pas la nécessité de reconstruire ce mur-là (ce que Pierre faisait à Antioche).

Mais qu'est-ce que Paul veut dire quand il dit que s'il reconstruit ce mur, il se constitue lui-même « transgresseur » (2.18c) ? Il y a deux réponses possibles. Premièrement, si Paul reconstruit un système qu'il a détruit, il reconnaît qu'il a commis une erreur. Dans ce cas, il a enfreint la loi en détruisant la loi. Deuxièmement, revenir à l'état de sujétion à la loi implique de revenir au statut de contrevenant, car tout le monde enfreint la loi et la loi n'offre aucun espoir de justification[196] (Ga 3.24).

Le premier point de vue correspond mieux à la démarche de l'argumentation. Le fait de recommencer à essayer de se justifier en respectant la loi indique qu'il a eu tort d'avoir un jour arrêté de le faire.

Il est significatif que le mot que Paul utilise ici soit « transgresseur » plutôt que « pécheur », qui est le mot qu'il a appliqué aux non-Juifs en 2.15. Alors que les non-Juifs sont des pécheurs involontaires, les Juifs chrétiens qui retournent ériger le mur du légalisme en tant que fondement de la justification sont des contrevenants conscients. Ils s'écartent du droit chemin.

Nos tribunaux affirment que l'ignorance de la loi n'est pas une excuse pour ne pas y obéir. Les Écritures renversent les choses : connaître la vérité nous rend encore plus responsables de notre obéissance. C'est pourquoi, lorsque des étudiants me demandent comment Dieu jugera nos ancêtres décédés avant même d'avoir entendu parler du Christ, je peux dire que « Dieu est juste et il jugera à la lumière de ce que savaient ceux qui sont jugés ». Nous ne pouvons pas décider du cas de nos ancêtres, car c'est là l'affaire de Dieu, mais nous pouvons être assurés que Dieu nous tient pour responsables de ce que nous savons. Nous entendons la parole de Dieu à chaque coin de rue. Comment y répondons-nous ?

Le vrai sens de la justification par la foi

Paul expose maintenant le cœur de ses convictions sur le véritable sens de la justification par la foi. Ce faisant, il utilise à plusieurs reprises le premier pronom personnel emphatique (« je » « m' » et « moi » sont utilisés neuf fois en 2.19-20). Dans le verset précédent, il a peut-être utilisé « je » de manière hypothétique, dans une situation où le locuteur pourrait être Paul, Barnabé ou tout autre chrétien juif. Mais à présent, Paul parle de sa propre expérience de la justification et explique ce que cela signifie en quatre propositions :

1) **En effet, par la loi, moi-même je suis mort à la loi, afin de vivre pour Dieu**

La Loi de Moïse, en tant qu'ensemble de règles, révélait « l'incapacité de Paul à satisfaire ses exigences spirituelles et l'incapacité de la loi à le rendre juste[197] ». Cela exigeait une obéissance parfaite comme condition de justification ; la moindre transgression aboutissait automatiquement à une condamnation. Paul a dû désirer chercher la vie ailleurs. En fait, c'est son désir d'obéir à la loi, combiné à l'impossibilité de le faire, qui l'a conduit à mourir à la loi. Quand Paul dit « je suis mort à la loi » (2.19, Colombe), il signifie qu'il s'en est détourné et « a cessé de vivre dans ce monde où la loi était dominante[198] ». La loi a cessé « d'exercer la même emprise sur lui ; ce qui était son incitation constante à agir ne trouva plus aucune réponse en lui ; il mourut à ce qui était auparavant sa principale motivation[199] ».

Cette mort à la loi, cependant, n'était pas une fin en soi, mais le moyen de trouver la vie ailleurs, à savoir en Dieu. « Vivre pour Dieu » (ou « à Dieu », DBY) comporte l'idée d'une « vie sous le contrôle de Dieu et pour l'honneur de Dieu[200] ». Une telle vie contraste avec une vie régie par la simple obéissance à un ensemble de règles. Eadie l'exprime bien quand il dit :

> Vivre à Dieu, c'est être en lui – en union avec lui, et ressentir l'influence fusionnelle de cette fraternité divine – lui donner la première place dans l'âme et mettre tous les pouvoirs de celle-ci à sa disposition souveraine – le consulter en tout et être toujours guidé par son conseil – faire sa volonté en tout temps, parce que c'est sa volonté – considérer chacun de nos pas à la lumière de ses demandes et de son service, et promouvoir sa gloire en tant que finalité absolue de notre vie[201].

Vivre pour Dieu implique donc la communion, l'obéissance et l'amitié.

Nous pouvons mieux comprendre cela si nous pensons en termes de relation entre parents et enfants. Certains parents n'émettent que des règles, et tout ce que leurs enfants entendent c'est « faites ceci » ou « ne faites pas ça ». L'obéissance de leurs enfants est semblable à celle du petit garçon turbulent qui courait partout et causait des ennuis jusqu'à ce que son père irrité lui dise : « Assieds-toi ! » L'enfant s'assit, mais ce faisant, il regarda son père et lui dit : « Mon corps est assis, mais dans mon cœur je suis debout ! » Son obéissance était purement externe et fondée sur la peur de la punition. Une telle obéissance n'a presque aucune valeur. En revanche, pensez à un enfant que son père aimant a emmené avec lui au travail. Si cet enfant commence à courir près d'une machine, son père craindra qu'il ne se blesse. Lui aussi dira : « Assieds-toi ! » Mais cet enfant entretient une relation chaleureuse avec son père et fait confiance au jugement paternel. L'enfant peut être réticent à s'asseoir, mais il le fait sans se plaindre, parce qu'il aime son père et lui fait confiance. C'est un exemple du type de relation que nous devrions avoir avec Dieu.

La nouvelle vie que Paul a trouvée n'est certainement pas une vie de péché, mais une vie de sainteté. Précisons, cependant, qu'il cherche « la sainteté dans sa relation avec Dieu » et non « la sainteté pour établir une relation avec Dieu ». Il a déjà une relation avec Dieu établie par la foi en Jésus-Christ, Sauveur et Seigneur. Il n'a plus besoin de lutter contre l'impossible tâche de respecter la loi à la perfection.

2) Je suis crucifié avec Christ

Quand Paul dit « Je suis crucifié avec Christ » (2.20a, Colombe), il pense à un événement spécifique achevé[202]. Son expérience sur la route de Damas a transformé un persécuteur de chrétiens en missionnaire pour le Christ. Le persécuteur a été « crucifié » et ne vit plus. Ce langage figuré souligne « la finalité de la mort qui a mis fin à l'ordre ancien[203] ». De plus, cette identification étroite avec l'expérience du Christ communique « la communion de Paul avec le Christ, en ce que Paul est appelé à supporter pour lui-même une crucifixion spirituelle semblable[204] ». Ainsi, la justification par la foi en Christ est loin de conduire à une vie sans Dieu, elle mène à une vie dans laquelle le « soi-même » est mort. Tout comme la mort de la loi cède la place à la vie en Dieu, la mort de soi ouvre la voie à la vie.

3) Ce n'est plus moi qui vis, c'est Christ, qui vit en moi

Parce que le « moi » de Paul a été crucifié avec le Christ, il n'est plus en vie. Au lieu de cela, c'est le Christ qui vit en lui (2.20b). Le moi a été remplacé par le Christ. Bien que Paul soit la même personne qui a persécuté l'Église auparavant, il sert maintenant un autre maître.

Cette expérience est difficile à définir, et les commentateurs en parlent en utilisant des termes comme « union mystique » et « fraternité spirituelle ». Mais le sens est clair. Le Christ a tellement dominé toute l'expérience de Paul que son image est tout ce que l'on voit en lui. Burton l'explique bien :

> Avec cet être spirituel (Christ), Paul se sent vivre dans une union intime telle que toute sa vie est contrôlée par lui, au point qu'il le conçoit comme résidant en lui, lui donnant impulsion et pouvoir, le transformant moralement et œuvrant à travers lui, pour les autres hommes et en eux[205].

Dunn décrit cette fraternité comme « la prise de conscience d'un nouveau centre d'identité exprimé dans différents objectifs et une nouvelle dynamique intérieure, avec le Christ pour inspiration et le modèle du Christ comme paradigme[206] ».

Tous ceux qui partagent cette expérience ont une perspective totalement différente de la vie. Tout est centré sur le Christ et le désir de le glorifier.

Ainsi, l'enseignement de Paul de « la justification par la foi » ne mène pas à une vie sans règles. Mais les règles viennent maintenant de Christ lui-même, notre maître, et l'obéissance des croyants est enracinée dans l'amour pour lui.

4) Ma vie présente dans la chair, je la vis dans la foi au Fils de Dieu, qui m'a aimé et qui s'est livré lui-même pour moi

Bien que Paul soit dans une union mystique avec le Christ, cela ne signifie pas qu'il a cessé d'avoir une existence physique. Il vit toujours « dans la chair » (2.20c, Colombe). Il fait toujours bel et bien partie de ce monde. Il nous faut parfois nous rappeler cela en tant que croyants, car il se peut que nous soyons « tellement divins en esprit que nous ne sommes d'aucune utilité sur terre ». Nous sommes ici pour témoigner au monde, pas pour nous en cacher. Cela ressort clairement de la prière de Jésus pour ses disciples : « Je ne te prie pas de les ôter du monde, mais de les garder du Malin » (Jn 17.15, Colombe). Par conséquent, les croyants devraient être les meilleurs politiciens, hommes d'affaires, avocats, fonctionnaires, enseignants, agriculteurs, etc. Nous vivons dans le monde et devons être impliqués dans tous les domaines de la vie pour y être sel et lumière. Le problème ne réside pas dans notre participation aux « questions matérielles », mais dans le fait que le Malin détruit ce que nous sommes supposés être dans le monde – des représentants de Dieu, promouvant ses idéaux d'amour, de paix, de justice et de droiture.

La vie que Paul vit maintenant est vécue par la foi, ou « dans la foi[207] ». La foi donne à Paul une perspective juste de sa vie sur terre. C'est également l'atmosphère de confiance totale dans laquelle il opère. Il aime la fraternité cœur à cœur avec Jésus.

L'objet de la foi de Paul est « le Fils de Dieu ». C'est le titre de la personne que Paul a précédemment appelée « Jésus-Christ » ou « Christ » (ce qui signifie l'élu de Dieu, qui a reçu l'onction de Dieu). Dieu l'a choisi pour être celui à qui nous devrions faire confiance. Il est l'objet de la foi de Paul[208]. Le Fils de Dieu est celui « qui m'a aimé et qui s'est livré lui-même pour moi[209] ». Ce que Paul méritait (et ce que nous méritons) était la condamnation. Jésus a effacé cela en mourant à notre place.

Les implications de la justification par les œuvres

Paul a présenté une magnifique description de ce que la justification par la foi signifie. Cette description a de graves conséquences pour ceux qui, comme les judaïsants, insistent sur la nécessité d'obéir à la loi pour obtenir la justification.

On peut dire que les personnes qui insistent sur la loi « rejette[nt] la grâce de Dieu » (2.21a, Colombe), c'est-à-dire la grâce que Dieu a manifestée[210]. La grâce est « la bonté souveraine de Dieu manifestée dans la mort de son Fils, spontanée de sa part et tout à fait imméritée de la nôtre[211] ». En se soumettant pleinement au chemin du salut choisi par Dieu, Paul exalte la grâce de Dieu. Ceux qui tirent fierté de leurs bonnes œuvres, considérant qu'elles sont le moyen de mériter la faveur de Dieu, agissent comme si la grâce de Dieu n'était pas particulièrement importante. Ils rejettent la bonté de Dieu comme étant hors de propos.

De plus, ceux qui rejettent la grâce de Dieu sous-entendent que Christ est mort pour rien. Si nos propres œuvres peuvent garantir la justice, comme les judaïsants voulaient le faire croire aux Galates, il n'avait nul besoin de mourir.

En résumé

Paul a commencé cette section en déclarant que la justification au moyen d'œuvres selon la loi est impossible. La seule façon de parvenir à la justification est par la foi en Jésus-Christ. Paul, Pierre et tous les autres chrétiens ont accepté et affirmé la vérité de cette déclaration par l'acte même de croire en Jésus-Christ.

Cependant, Pierre à Antioche et tous les Juifs qui suivent les judaïsants n'ont pas respecté cette vérité. Il en va de même des croyants de Galatie à qui Paul écrit. Mais Paul a consacré toute sa vie à proclamer la justification par la foi. Son expérience selon laquelle la loi ne peut que conduire à une condamnation est trop vive pour qu'il puisse croire autre chose. Ce qui compte, c'est la vie pour Dieu avec Christ comme maître. C'est la voie de la justification et de la sanctification.

Quelles vérités merveilleuses à proclamer ! Le Christ m'a aimé et a donné sa vie pour moi. Je suis en communion avec lui et j'en témoigne au monde.

Questions pour la discussion

1. Selon vous, quand vous avez entendu le mot « justification » pour la première fois, que signifiait-il ? Que signifie-t-il dans les écrits de Paul, plus précisément dans ce passage ?

2. Les croyants de votre Église locale semblent-ils penser qu'il faut ajouter quelque chose à la foi pour qu'ils soient justifiés ? Qu'ajoutent-ils ? Donnez des exemples spécifiques.

3. Comment pourrait-on améliorer la prédication dans votre Église afin que chaque croyant comprenne clairement ce que signifie la justification ?

4. Qu'est-ce que Paul veut dire quand il parle de la mort à la loi, par la loi, dans le but de vivre pour Dieu ?

INTRODUCTION À GALATES 3 ET 4

Certaines histoires traditionnelles africaines avaient pour but de transmettre une morale, alors que d'autres étaient destinées à expliquer pourquoi certaines choses se passent. Par exemple, pourquoi les morts ne reviennent-ils pas à la vie ? Un certain nombre d'histoires expliquent cela, mais voici le schéma de base d'une variante commune.

À l'origine, Dieu avait prévu que les gens se réveillent de la mort comme ils se réveillaient de leur sommeil. Il a envoyé Caméléon pour le dire aux gens. Mais Caméléon a tergiversé – tout comme les caméléons d'aujourd'hui, il a continué à avancer une patte puis la retirer à plusieurs reprises avant de se décider à faire un pas. Oiseau, qui a quitté la présence de Dieu plusieurs jours après Caméléon, a franchi la distance beaucoup plus vite en volant. Oiseau a atteint les êtres humains en premier et leur a dit qu'ils ne reviendraient pas à la vie après leur mort. Quand Caméléon est enfin arrivé, le mauvais message était fermement ancré.

Cette histoire expliquait pourquoi la mort est permanente et inculquait une morale sur les dangers de la procrastination. Mais surtout, elle nous a appris que, lorsque quelqu'un que l'on aime meurt et ne revient pas, on doit blâmer le caméléon, pas Dieu. Aujourd'hui, les gens pourraient se demander pourquoi Dieu n'a pas demandé à l'oiseau de livrer le message de la résurrection, puisqu'il pouvait voler plus vite. Mais une génération plus âgée a facilement accepté de « blâmer le caméléon, pas Dieu ».

La raison pour laquelle je raconte cette histoire est pour souligner que les argumentations et explications qui convaincront un groupe peuvent ne pas en convaincre un autre. Chaque argumentation doit être façonnée pour s'adapter à la vision globale du groupe que nous envisageons de convaincre. Il en va de même pour la présentation de l'argumentation. L'explication africaine a été présentée comme une histoire. Paul peut avoir adopté un modèle de lettre de réprimande typique de la Grèce lorsqu'il a écrit aux Galates[212]. Ces lettres comportaient trois éléments essentiels :

1. Un récit exposant l'arrière-plan de la lettre et les raisons de la réprimande. C'est ce que Paul a fait en 1.1-2.14.
2. Une déclaration des points d'accord et de désaccord. Paul le fait dans sa discussion sur le principe de justification par la foi en 2.15-21.

3. Des preuves et arguments détaillés à l'appui du cas soulevé par le rédacteur de la lettre. C'est ce que Paul présente maintenant dans Galates 3.1-4.11, en développant sept arguments à l'appui de sa position selon laquelle la justification repose sur la foi, et uniquement la foi.

En lisant les arguments de Paul, nous devrions nous rappeler qu'ils sont adaptés aux personnes auxquelles Paul adresse sa lettre. Ils ne seraient pas tous très convaincants aujourd'hui – mais ils pouvaient convaincre les Galates que l'enseignement de Paul était logique et avait le soutien de l'Ancien Testament. Les sept arguments que Paul utilise sont :

1. La propre expérience des Galates (3.1-5).
2. Le cas d'abraham (3.6-9).
3. Les alternatives possibles (3.10-14).
4. La relation entre loi et promesse (3.15-25).
5. Le contraste entre un jeune enfant et un enfant adulte (3.26-4.11).
6. La relation des Galates avec Paul (4.12-20).
7. La relation entre Agar et Sara (4.21-31).

Nous n'utiliserions peut-être pas tous ces arguments aujourd'hui, mais l'argument central de Paul tient bon. Il explique clairement que le principe de justification par la foi est au cœur de l'Évangile.

LES RELATIONS DE PÈRE À ENFANT

Paul se voyait comme le père spirituel des croyants en Galatie. En réfléchissant à cela, je me suis rappelé ma propre expérience de ce que la parentalité apporte comme bénédictions et responsabilités.

Ma première fille, Mwende, est née prématurée et petite. Père pour la première fois, excité mais inquiet, je me suis rendu au domicile de mes parents pour leur annoncer son arrivée. Je voulais désespérément qu'ils disent : « Oui, elle vivra ; beaucoup d'autres enfants sont nés si petits et ont survécu. » C'est ce qu'ils ont dit, mais sa grand-mère a également dit : « Je rentre avec vous. » C'est ainsi que Mwende a commencé son voyage terrestre dans les bras aimants de ses parents et de sa grand-mère.

Enfant, Mwende avait le droit de goûter à ses plats préférés et de s'asseoir sur mes épaules pour regarder des matchs de football. Ma femme et moi l'aimions, priions pour elle et l'éduquions – comme nous l'avons fait pour nos autres enfants bien-aimés quand ils sont arrivés.

Parvenue au lycée, Mwende a commencé à remettre en question certaines des vérités de la Bible. Ma femme et moi avons continué à prier pour elle. Mais j'ai aussi fait autre chose : je l'ai emmenée dans mon bureau et je lui ai montré les nombreux livres représentant différentes confessions sur mes étagères. Puis je lui ai dit : « Lis-les et décide de ce que tu veux être. » Aujourd'hui, elle se dit joyeusement « forte dans ma foi en Dieu, Jésus et les vérités de la Bible ! ».

Le petit bébé est devenu une femme mariée responsable. Tout au long de son parcours, elle a connu les réprimandes de sa mère et la discipline de son père, toutes enracinées dans l'amour et le désir qu'elle grandisse en bonne santé.

Dans cette lettre, Paul parle aux Galates en tant que père. Il les réprimande pour avoir oublié qu'ils étaient nés de nouveau par la grâce de Dieu. Bien que nous n'ayons aucune trace de la réaction des Galates, nous espérons qu'ils ont écouté Paul et ont continué à marcher sur le chemin de la grâce.

Nous aussi, nous devrons traiter avec des « Galates » dans notre ministère et dans nos propres familles. Il y aura des moments où ceux que nous aimons seront exposés à de mauvaises influences. Lorsque cela se produit, nous devons non seulement réprimander, mais aussi aimer. Notre désir doit toujours être que nos enfants spirituels et biologiques deviennent des personnes responsables qui construiront le royaume de Dieu. C'était la prière de Paul pour les Galates.

UNITÉ 8
Galates 3.1-5

ARGUMENTS FONDÉS SUR L'EXPÉRIENCE DES GALATES

Certains souvenirs durent longtemps. L'une de mes filles, qui a maintenant vingt-huit ans, garde encore un souvenir vivace des trois jours qu'elle a passés avec moi dans une ferme à l'âge de treize ans. Pour elle, les points forts de cette visite ont été d'apprendre à sucer des graines de bambou et à faire de la bicyclette. Elle vit maintenant en Californie avec toutes ses rues pavées, mais lorsque je lui ai dit que j'allais de nouveau à la ferme, des souvenirs du bon temps qu'elle y a passé lui sont revenus.

Certains de nos souvenirs portent sur des choses bien plus importantes que les graines de bambou et les bicyclettes et peuvent nous guider vers certains aspects de la vérité. C'est pourquoi Paul encourage les Galates à se souvenir de leurs propres expériences spirituelles. Il leur pose une série de questions sur la manière dont Jésus leur a été présenté, comment ils ont reçu le Saint-Esprit, leur point de départ dans leur cheminement spirituel, leurs souffrances passées et les miracles que Dieu a accomplis parmi eux. Il veut qu'ils reconnaissent qu'adopter l'idée que « foi + œuvres de la loi » est nécessaire pour le salut contredit leur propre expérience.

Leur compréhension de Jésus-Christ

La première question de Paul est très directe : « Ô Galates insensés ! Qui vous a ensorcelés ? » (3.1, BFC.) Le message que Paul avait prêché était si clair que les Galates l'ont accepté avec joie. Mais pourquoi, après cela, voudraient-ils s'éloigner de la liberté en Christ et préférer une approche légaliste de la justification ? Un tel comportement sort de l'ordinaire et doit nécessiter une explication extraordinaire. C'est ce que Paul veut dire quand il parle de leur

« ensorcellement ». Il ne donne pas ici une référence théologique sur l'existence de sorcières et de sorcellerie, mais il utilise simplement cette métaphore pour exprimer son étonnement face au changement qu'il observe chez les Galates.

Qu'est-ce qui a poussé les Galates à suivre le Christ ? Paul l'exprime ainsi : « vous, aux yeux de qui a été dépeint Jésus-Christ crucifié ?[213] » (3.1, Colombe.) Dans un monde où il n'y avait ni journaux ni bulletins de nouvelles à la radio, les informations importantes étaient parfois annoncées par des pancartes placardées à des endroits bien en vue[214]. (La même approche est encore utilisée dans certaines régions d'Afrique.) La prédication de Paul équivalait à brandir une grande pancarte qu'il fallait que les Galates lisent.

La nouvelle annoncée sur cette « pancarte » est que Jésus-Christ a été crucifié[215]. Ce n'était pas simplement une déclaration sur un événement historique, mais sur les implications à long terme de cet événement, ou, autrement dit, sur sa signification ultime. Paul a prêché que Jésus-Christ avait fait réparation par son obéissance et sa souffrance et avait ainsi fourni un salut gratuit et complet reçu par la foi en lui.

Les paroles de Paul au sujet de sa propre prédication nous rappellent que nous aussi devrions présenter l'Évangile d'une manière claire et facile à retenir. Si nous allons trop vite, nous risquons de donner à nos auditeurs une impression fausse quant à sa valeur et sa signification. Une fois que les gens l'ont bien compris et ont joui des avantages de ne plus être esclaves du légalisme, des vices et même de certains rituels de la religion traditionnelle africaine, nous pouvons être certains que tout appel à l'abandon de cette liberté pour retourner dans l'esclavage doit être un tour du diable, qui est toujours désireux de nous asservir à nouveau.

Leur réception de l'Esprit Saint

La seconde question de Paul aux Galates est la suivante : « Est-ce en pratiquant la loi que vous avez reçu l'Esprit, ou en écoutant avec foi ? » (3.2, Colombe.)

Il y a une différence entre prendre, mériter et recevoir. Lorsque Paul dit que les Galates ont reçu le Saint-Esprit, il « ne se réfère pas à une prise volontaire, mais à une réception reconnaissante de ce qui est offert[216] ». Le cadeau n'a pas été offert parce que les Galates l'avaient « mérité » par une stricte obéissance à la loi. Il a été donné à titre gracieux parce qu'ils ont cru ce qu'ils avaient entendu[217]. Paul avait proclamé que le Christ avait été crucifié pour eux, et ils avaient accepté Christ comme leur Sauveur et avaient été bénis du don du Saint-Esprit.

La question de Paul ici montre qu'il suppose que lorsque les Galates ont cru, ils ont reçu le Saint-Esprit. Il est donc erroné d'enseigner que le Saint-Esprit est reçu quelque temps après avoir cru. Le Saint-Esprit peut remplir une personne ou la contrôler graduellement et les dons de l'Esprit peuvent suivre plus tard, mais la possession du Saint-Esprit est un privilège lié à la foi qui prend effet dès que l'acte de croire a lieu.

Ceux qui en doutent peuvent se demander pourquoi la vie de certains, qui prétendent avoir cru, ne montre aucune preuve du fruit de l'Esprit (Ga 5.22) et pourquoi certains manquent de puissance dans leur ministère. La première réponse à cette question est de se demander si de telles personnes ont vraiment cru. Mais en supposant que ce soit le cas, le problème pourrait ne pas être lié à l'absence du Saint-Esprit, mais plutôt à l'incapacité de ces personnes de lui permettre d'avoir le contrôle total. Nous avons cru ; nous avons le Saint-Esprit. Laissons-le prendre les choses en main et nous ne reviendrons jamais à notre ancienne vie de péché, nous ne nous laisserons pas dominer par une pensée légaliste et nous ne manquerons jamais de la puissance nécessaire pour servir efficacement.

Le point de départ de leur voyage spirituel

La troisième question de Paul est : « Après avoir commencé par l'Esprit, allez-vous maintenant finir par la chair ? » (3.3b, Colombe.)

Les Galates ont commencé leur voyage spirituel en s'appuyant sur l'Esprit[218], mais ils tentent maintenant de l'achever en s'appuyant sur leur propre pouvoir[219]. En ce qui concerne Paul, la vie chrétienne commence, continue et finit par la dépendance au Saint-Esprit. C'est l'ordre naturel des choses. Les Galates suivaient un ordre contre nature en commençant la vie chrétienne dans une sphère supérieure (l'Esprit) et en terminant dans une sphère inférieure (la chair).

Cette régression n'a aucun sens. Alors Paul leur demande : « Êtes-vous tellement insensés ? » (3.3a, Colombe.) C'est comme si les Galates avaient obtenu leur diplôme de foi de l'école élémentaire et étaient passés au lycée, mais qu'ils étaient à présent convaincus qu'ils devaient se réinscrire à l'école primaire. Faire cela démontre un manque de bon sens. Ils ont besoin d'aller de l'avant et non de revenir en arrière (cf. aussi 4.3).

Leur souffrance dans le passé

La question suivante de Paul aux Galates est la suivante : « Avez-vous tant souffert pour rien ? Si du moins c'est pour rien » (3.4, S21).

Le verbe grec traduit par « souffert » dans les versions Segond 21 et Darby peut être utilisé pour faire référence à des expériences aussi bien désagréables, telle la persécution, qu'agréables, telle la bénédiction du Saint-Esprit évoquée dans 3.3 et 3.5. Il peut également être neutre, permettant à la fois de bonnes et de mauvaises expériences[220]. Par conséquent, il existe plusieurs traductions de ce verset, y compris la version Colombe : « Avez-vous fait tant d'expériences en vain ? » Étant donné que les expériences agréables sont traitées dans 3.5, il semble probable que dans 3.4 Paul se réfère spécifiquement à des expériences désagréables. À ce jour, il n'y a pas de cas de persécution recensé en ce temps-là chez les chrétiens de Galatie, mais il est probable qu'ils aient été témoins ou qu'ils aient subi le même type de harcèlement et d'agressions que d'autres chrétiens de l'époque (y compris Paul, Barnabé et Silas – Ac 13.50 ; 16.22-24).

Quand Paul dit qu'ils ont peut-être « souffert pour rien » (ou « en vain », DBY), il ne dit pas qu'ils vont perdre leur salut. Il veut dire qu'ils s'éloigneront du droit chemin. Il leur avait enseigné que la justification se faisait par la foi seule et ils avaient accepté son enseignement. Ils avaient probablement aussi souffert à cause de leur décision de devenir chrétiens. Pour eux, s'égarer maintenant et penser devoir obéir à la loi pour se justifier équivaut à perdre tout le terrain qu'ils ont gagné. Il serait surprenant qu'un agriculteur qui travaille dur à planter et entretenir une culture finisse par faire la récolte avant qu'elle ne soit mûre. Son dur labeur a pour but de récolter et de profiter de la récolte ; ce n'est pas juste un moyen de faire de l'exercice ! Les Galates font à peu près la même chose, car ils ne parviennent pas à construire sur ce qu'ils savent être vrai.

Nous pourrions dire : « Aucun agriculteur ne couperait ses plants avant la récolte », mais ce serait prendre cette métaphore trop littéralement. Un enfant ou un adolescent qui brave le froid et se lève tôt tous les dimanches pour aller à l'école du dimanche, puis commence à vivre d'une manière qui va à l'encontre de ce qu'on lui a enseigné, est comme un agriculteur qui coupe ses plants avant l'heure de la récolte. Les valeurs que l'on nous enseigne, les versets que nous apprenons par cœur et l'amour de Dieu que nous manifestons à un jeune âge sont censés porter leurs fruits lorsque nous sommes adultes et que les tentations pullulent autour de nous. S'ils ne portent pas de fruit, on peut s'attendre à la question : « Avez-vous souffert tout cela pour rien ? »

L'ajout de Paul « si du moins c'est en vain » (3.4b, Colombe) – suggère qu'il est toujours optimiste quant au fait qu'il n'est pas trop tard pour que les Galates se détournent de la trajectoire désastreuse dans laquelle ils se sont engagés.

Les miracles qu'ils ont vus

La dernière question de Paul aux Galates est la suivante : « Celui qui vous accorde l'Esprit et qui accomplit des miracles parmi vous le fait-il donc parce que vous pratiquez les œuvres de la loi ou parce que vous écoutez avec foi[221] ? » (3.5, S21).

Ainsi que les Galates l'ont expérimenté, Dieu donne son Esprit Saint à chaque personne qui devient croyante[222]. Et il continue à faire des miracles en elles et parmi elles[223]. Le mot traduit par « miracles » est *dunameis*, qui est le terme à partir duquel nous obtenons le mot « dynamite ». Cela signifie littéralement « pouvoirs ». Paul pense peut-être aux guérisons, à l'exorcisme des mauvais esprits, au parler en langues, à la prophétie et à d'autres démonstrations extérieures du pouvoir divin[224]. Les Galates avaient vu Dieu faire de telles choses parmi eux. Ils savaient également que son pouvoir était à l'œuvre dans leur propre vie et se manifestait par des dons tels que ceux mentionnés dans 1 Corinthiens 12.7-11.

Paul leur rappelle que Dieu a fait toutes ces choses même si les Galates n'obéissaient pas à la Loi de Moïse. Dieu a montré sa puissance parmi eux simplement parce qu'ils avaient foi en lui.

La situation n'a pas changé. Lorsque Dieu fait des merveilles dans nos vies et dans nos ministères, ce n'est pas à cause de ce que nous faisons, mais parce que nous croyons en Christ. La foi est fondamentale – les actes en découlent. En revanche, dans la religion traditionnelle africaine, les actes sont primordiaux. Lorsque nous avions besoin de pluie, notre principale préoccupation était d'identifier et d'exécuter le bon rituel pour amener la pluie. Mais si les rituels ont leur importance (ainsi que le montre l'Ancien Testament), la première exigence de Dieu est que nous ayons une relation avec lui. Cette relation est beaucoup plus importante que la mesure dans laquelle nous servons l'Église ou la régularité de la dîme. Et comme Paul le rappelle aux Galates avec insistance, cette relation est fondée sur la foi en son fils, Jésus-Christ. Il a donné sa vie pour nous et c'est donc avec foi que nous nous donnons à lui. Les actes proviennent de la foi et ne peuvent s'y substituer.

Questions pour la discussion

1. Quel message ou quelles circonstances ont marqué le don de votre vie à Christ ? Quelle a été votre expérience dans le chemin de la foi depuis lors ?

2. Quelles expériences majeures ont renforcé votre foi au fil des ans ? Quelles épreuves avez-vous dû subir ? Comment avez-vous surmonté les épreuves ? Quels sont les points où vous avez échoué face à ces difficultés ?

UNITÉ 9
Galates 3.6-14

ARGUMENTS FONDÉS SUR LES ÉCRITURES

Mon père m'a récemment rappelé quelque chose de très important. Il a été leader toute sa vie, en famille, dans les écoles où il a enseigné et dans les Églises auxquelles il a appartenu. Il a eu du mal à renoncer à cela, même quand il a atteint ses quatre-vingt-dix ans. Un jour, alors que ma mère et moi essayions de le dissuader de faire quelque chose, il répondit en brandissant sa Bible et en nous défiant : « Montrez-moi dans la Bible en quoi je me trompe. » Bien que la Bible ne fût pas vraiment liée à la question dont nous discutions, ce qui me frappa est la mesure dans laquelle quelqu'un qui n'aime pas se soumettre à d'autres était prêt à admettre qu'il existe une autorité à laquelle il se soumet, même dans son grand âge – les Écritures. Paul puise à cette même source pour ramener les Galates dans le droit chemin. Ce faisant, il montre que son enseignement repose sur bien plus que de l'expérience. Et ce n'est pas non plus une idée de son invention. La justification par la foi se trouve dans les Écritures de l'Ancien Testament et a été expérimentée par le grand ancêtre des Juifs, Abraham.

Il est possible que Paul se concentre sur Abraham car ses opposants citaient Moïse, par qui la loi a été donnée, comme leur autorité. Si tel est le cas, Paul répond en disant : « Attendez, il y a une autorité qui remonte à de nombreuses années avant Moïse. Qu'en est-il d'abraham, le père et fondateur de la race juive[225] ? » Les opposants de Paul peuvent aussi avoir prétendu qu'abraham était justifié sur la base de ce qu'il avait fait dans Genèse 12 et 17.10-14. Auquel cas, Paul répond en disant : « Vous n'avez vraiment rien compris. »

Paul renvoie ses adversaires à l'autorité ultime, les Écritures. Tout comme dans les pratiques traditionnelles africaines un enfant ne contredirait jamais l'autorité d'un parent, de même pour les Juifs, la plus haute autorité était les

Écritures, interprétées par les rabbins. Si les Écritures disent quelque chose, alors ce doit être ainsi.

Cette position ne fait pas toujours consensus. J'ai vu des situations où citer les Écritures pour prouver un point était perçu comme une manipulation. J'ai même vu un pasteur se mettre en colère alors que quelqu'un citait un passage pertinent des Écritures et crier : « Ne me citez pas les Écritures ! » (Je soupçonne qu'il craignait de ne pas avoir gain de cause.)

Paul, cependant, présente son argumentation à partir des Écritures de manière à permettre à tout lecteur raisonnable d'évaluer ce qu'il dit. Il offre un moyen d'appliquer les Écritures et les principes bibliques à des problèmes qui ne sont pas directement abordés dans le texte. Nous aussi devons appliquer une exégèse attentive pour déterminer ce que les Écritures ont à dire non seulement sur notre vie personnelle, mais également sur les controverses scientifiques et sur les problèmes sociaux, économiques et administratifs de nos sociétés.

Le cas d'abraham

Paul commence son argumentation par les mots : « Ainsi, Abraham crut Dieu, et cela lui fut compté comme justice » (3.6, Colombe). Il cite Genèse 15.6, qui suit la promesse de Dieu qu'abraham, sans enfant, aura autant de descendants qu'il y a d'étoiles dans le ciel[226]. Ainsi, l'acte de croire d'abraham peut être considéré comme sa réponse à la promesse que Dieu lui a faite d'avoir des descendants[227]. Cependant, cela pourrait aussi faire référence à sa réponse lorsque Dieu l'a appelé pour la première fois à tout quitter (Gn 12.1-4) ou sa réponse à tous les événements de sa vie tels que décrits dans Genèse[228].

Dans le contexte de la lettre de Paul aux Galates, « justice » équivaut à « acceptation par Dieu ». Si tel est le cas, il semble probable que la croyance à laquelle on se réfère ici est la première réponse d'abraham à l'appel de Dieu. Tous les autres événements de sa vie sont des exemples du processus de sanctification et non de justification, car la foi initiale d'abraham porte ses fruits. La foi d'abraham n'était pas dans une promesse, mais dans le Dieu qui l'avait appelé et avait fait la promesse.

Lorsque nous parlons de quelque chose qui est « crédité » à quelqu'un, nous pensons normalement à une transaction bancaire ou commerciale. La personne à qui le crédit est attribué a versé quelque chose et ce montant est crédité sur son compte. Dans l'Ancien Testament, nous retrouvons aussi le mot « compté » pour quelqu'un qui a mérité quelque chose, comme Phinéas (Ps 106.30-31). Mais ce n'est pas ainsi que le mot est utilisé ici[229]. Abraham n'a rien fait pour mériter son statut, si ce n'est croire ce que Dieu lui a révélé[230].

Certains argumenteront que croire est en fait un moyen de gagner la faveur de Dieu et représente donc une « œuvre », mais cette manière de penser confond les différentes catégories. Si, par exemple, quelqu'un me donne une enveloppe contenant de l'argent et que je lui demande : « Que voulez-vous que je fasse ? », la réponse peut être « Prenez-le, c'est un cadeau » ou « S'il vous plaît, lavez ma voiture ». Le cadeau entre clairement dans une catégorie différente de la deuxième demande, qui comprend un élément d'œuvres. Le premier n'a besoin que d'être accepté ; l'autre appelle une action. De la même manière, la foi d'abraham était un fait et non un acte. C'est par la foi qu'il s'est saisi de la promesse. Dieu a offert un cadeau ; Abraham l'a accepté.

C'est ce que Dieu attend encore de nous aujourd'hui. Il ne nous demande pas de faire ceci ou cela pour que nous puissions recevoir le salut. Il nous demande simplement de croire – d'accepter l'enveloppe de salut qu'il nous offre. Ceux qui veulent en rajouter rendent la chose plus compliquée que Dieu ne le fait, et ce n'est pas juste.

Il va sans dire que quiconque a ouvert l'enveloppe du salut et apprécié les premiers contenus (justification et adoption en tant qu'enfant de Dieu) voudra en savoir plus sur le reste de l'enveloppe ! Notre conviction que Jésus est mort pour nous et notre acceptation de lui en tant que notre Sauveur nous amènent à l'accepter comme notre Seigneur. Plus nous passons de temps en sa compagnie, plus nous en redemandons.

Notre relation à Abraham

Certains des croyants galates étaient des non-Juifs. Il se peut qu'ils aient considéré Abraham comme l'ancêtre de leurs confrères juifs, mais pas comme le leur. Les judaïsants auraient rappelé ce point, en insistant sur le fait que les non-Juifs devaient adopter le rituel de la circoncision, qui était le signe de l'alliance de Dieu avec Abraham (Gn 17). Ils auraient soutenu que seuls les circoncis sont enfants d'abraham. Dès lors, Paul se confronte à cette question : « Comprenez-le donc : ce sont les croyants qui sont fils d'abraham[231] » (3.7, TOB). Ce sont ceux-là qui prennent Dieu au mot. Ce ne sont peut-être pas les enfants issus d'abraham (c'est-à-dire ses descendants biologiques), mais ce sont ses descendants spirituels et éthiques, car ils partagent une caractéristique essentielle avec lui[232]. Être les enfants d'abraham, c'est « avoir ce qu'il avait, c'est-à-dire la foi ; et être ce qu'il était, c'est-à-dire justifié[233]. Ceux qui croient sont « ceux dont l'identité est fondée sur la foi et dont la relation avec Dieu découle de la foi, est caractérisée et déterminée par la foi et la confiance (la promesse de Dieu, l'Évangile de Jésus-Christ), sans référence à "aucune œuvre de la loi"[234] ».

« Ceux qui ont la foi » (3.9) s'oppose à « ceux [...] qui dépendent des œuvres de la loi » (3.10, Colombe), à savoir les judaïsants. Quand il dit cela, Paul ne se montre pas antijuif ou non juif. Il identifie plutôt un groupe spécifique qui a déplacé le centre de l'identité juive de « son centre originel dans la grâce de Dieu[235] » et a insisté pour « plus d'accent sur l'imitation de la circoncision d'abraham que sur la possession de la foi d'abraham – méconnaissant ainsi le lieu, la nature et la signification du sceau et du rite et trompant leurs victimes pour les éloigner de l'Esprit et les amener à faire confiance à l'externalisme et à la recherche de la perfection dans la chair[236] ».

La conclusion logique du fait qu'abraham était justifié par la foi (3.6) est que quiconque veut être identifié à lui (et c'est ce que voudraient les Galates, et en particulier les judaïsants) doit suivre ses traces. Ses « enfants » sont ceux qui, comme lui, ne cherchent pas à être acceptés par Dieu en obéissant à une quelconque loi, mais s'appuient sur la foi. L'objet de cette foi est le Dieu d'abraham, qui a fourni la voie de la justification par son Fils, Jésus-Christ.

De nombreux groupes africains ont des traditions spécifiques à respecter. Par exemple, un groupe au Nigeria ne mangera jamais de viande de lapin. C'est tabou, car il y a de nombreuses années, un lapin a sauvé la vie de leur ancêtre en détournant l'attention d'un serpent qui était sur le point de l'attaquer. D'autres groupes de personnes ont des pratiques similaires qui les caractérisent et indiquent de qui ils sont les descendants (ou « enfants »). Les personnes caractérisées par la foi dans le Dieu d'abraham et le Père du Seigneur Jésus-Christ sont les enfants d'abraham.

Le témoignage des Écritures

Certains judaïsants diront peut-être que Paul déforme les Écritures pour faire valoir son point de vue. Paul poursuit donc en démontrant que son enseignement concernant la place des non-Juifs n'est pas nouveau, mais fait partie de l'Écriture depuis le temps d'abraham. Il utilise pour cela une autre citation de l'Ancien Testament : « Or l'Écriture prévoyait que Dieu considérerait les non-Juifs comme justes sur la base de la foi, et elle a d'avance annoncé cette bonne nouvelle à Abraham : "Toutes les nations seront bénies en toi !" » (3.8, S21).

Le passage que Paul cite est Genèse 12.3. Le libellé provient de la traduction grecque antique connue sous le nom de la Septante. Mais Paul apporte un changement significatif au verset qu'il cite. Au lieu de dire « toutes les tribus de la terre seront bénies à travers toi », il substitue le mot « nations », que Dieu utilise lorsqu'il répète sa promesse faite à Abraham en Genèse 18.18. Les deux mots ont une signification similaire, mais Paul a choisi d'utiliser le mot « nations », car, à l'époque, c'était le mot utilisé pour tous ceux qui n'étaient pas juifs. Non seulement les non-Juifs peuvent devenir des compagnons de foi avec Abraham, mais ils étaient également inclus dans la promesse originale qui lui a été faite. L'insistance de Paul sur le fait que la croyance est la base sur laquelle toute personne peut être acceptée et justifiée par Dieu n'est donc pas une idée nouvelle, c'était l'intention de Dieu dès le départ, lorsqu'il a fait la promesse[237].

Paul insiste sur le fait que cette idée était prévue et fut proclamée « à l'avance » à Abraham dans les Écritures. En disant cela, il donne à l'Écriture une identité et la traite plus ou moins comme « une extension de la personnalité divine[238] ». Il se sent libre de le faire parce qu'il croit que l'Écriture « incarne la pensée de Dieu et Dieu étant omniscient, son Écriture prévoit et raconte, jette un œil vers l'avenir tout en balayant du regard le présent de même que le passé[239] ».

Mais que voulait dire Dieu quand il a dit que les nations seraient bénies « à travers[240] » Abraham ? Certains comprennent le texte grec comme « à travers ta descendance » (en référence au Christ) et d'autres le prennent comme « avec toi » ou « de la même manière que toi[241] ». Cependant, la meilleure signification semble être « en toi », ce qui signifie qu'abraham est présenté ici comme « la racine et le représentant de tous les fidèles. Ils sont en lui comme des enfants spirituels dans un ancêtre spirituel ou un chef fédéral, et sont donc inclus dans sa bénédiction – sont bénis en lui[242] ». En d'autres termes, Abraham est le « géniteur spirituel[243] » de tous ceux qui croient.

Dans ce contexte, il est clair que la bénédiction telle que Paul l'interprète est une justification, c'est-à-dire l'acceptation par Dieu[244]. Mais cela ne signifie pas que la bénédiction n'inclut pas également la sanctification. La justification et la sanctification vont de pair : « Dieu estime que la personne est juste par la foi et lui donne en même temps l'Esprit qui transforme sa vie[245]. »

Foi et bénédiction

Partant du constat qu'abraham lui-même était justifié par la foi et que, dès le début, le dessein de Dieu est de bénir toutes les nations en Abraham par la foi, Paul tire la conclusion suivante : « De sorte que ceux qui sont sur le principe de la foi sont bénis avec le croyant Abraham » (3.9, DBY). Certaines traductions préfèrent « qui ont la foi », qui « relèvent de la foi », mais la version Darby a raison de se concentrer sur la foi non pas comme quelque chose que l'on possède, mais plutôt quelque chose qui dicte la façon dont on se conduit. La foi est évidente dans la prise de décision au jour le jour.

Les bénédictions qui viennent avec la foi ne sont pas de pieux espoirs pour l'avenir, mais sont déjà vécues dans le présent[246]. Ceux qui croient bénéficient des mêmes bénédictions qu'abraham – la justification et tout ce qui l'accompagne.

Alors que précédemment Paul parlait des bénédictions reçues « à travers » Abraham ou « en » Abraham (3.8), il dit ici qu'elles seront appréciées « avec » Abraham[247]. Ceux qui croient ne sont pas seulement un avec Abraham (« en toi », impliquant « l'unité »), mais sont également en communion avec lui (« ainsi que », impliquant « en compagnie de »). Ils sont « un » avec Abraham, puisqu'il est le père spirituel de tous ceux qui croient, et « en sa compagnie », car c'est la foi qui était à la base de sa justification, et il en est de même pour eux.

Traditionnellement, les Africains croient fermement que seule une intervention divine peut empêcher l'effet de la malédiction ou de la bénédiction d'un aîné. Abraham est notre aîné en matière de foi. Comme il est béni, nous le sommes tous aussi, que nous soyons croyants de Galatie au premier siècle ou Africains au XXIe siècle. Celui qui bénit est Dieu, et quand il bénit, il n'y a personne de plus haut que lui qui puisse intervenir pour empêcher sa bénédiction.

La seule alternative

Ceux qui rejettent l'affirmation de Paul selon laquelle nous sommes sauvés par la foi sont confrontés au problème d'expliquer comment nous pouvons être sauvés. Leur seule option est de « compter sur la loi, ou sur l'exécution de la loi, pour leur acceptation par Dieu[248] ». Ils ne peuvent espérer vivre en partie par la foi et en partie par la loi, car, comme le souligne Paul, « la loi ne s'appuie pas sur la foi » (3.12, S21). La foi et la loi sont deux systèmes différents, pour ainsi dire. « Les principes du légalisme et de la foi s'excluent mutuellement comme bases de la justification[249]. » Paul souligne ce point en citant Lévitique 8.5 : « Celui qui fera ces choses vivra par elles » (3.12, NBS).

Ceux qui choisissent d'essayer de gagner leur salut en obéissant à la loi sont libres de le faire. Mais ils devront faire face au problème suivant : si ceux qui s'approchent de Dieu avec foi seront « bénis avec Abraham » (3.9), « tous ceux en effet qui dépendent des œuvres de la loi sont sous la malédiction[250] » (3.10a, Colombe).

Ses lecteurs peuvent contester ce point, Paul présente donc soigneusement son argumentation en trois étapes :

1. Ceux qui comptent sur le respect de la loi pour se justifier doivent le faire à la perfection. Il soutient ce point en citant Deutéronome 27.26 : « Maudit soit quiconque ne persévère pas en tout ce qui est écrit dans

le livre de la loi, pour le faire ! » (3.10b, NBS.) Les mots « persévérer à faire » ne permettent aucune faille dans l'obéissance[251]. La formulation du verset intègre le tout. Personne n'est exempté, et chaque loi doit être respectée dans les moindres détails. La perfection est requise.

2. La foi est la voie de la justice. Paul fait à nouveau référence aux Écritures pour montrer que la foi est le moyen par lequel la justice est obtenue, citant Habaquq 2.4 : « Le juste vivra par la foi » (3.11, Colombe). Le verbe « vivra » au futur rend la chose certaine[252]. C'est comme cela que les choses fonctionnent normalement. Ceux qui recherchent la justice d'une autre manière vont à contre-courant.

3. Christ s'est déjà occupé de notre péché. Nous sommes tous sous la malédiction parce que nous avons tous échoué à respecter la loi de Dieu. Il n'y a qu'une façon d'éviter les effets de cette malédiction : « Le Christ nous a rachetés de la malédiction de la loi en devenant malédiction pour nous » (3.13a, NBS). Comme preuve que Christ a revêtu notre malédiction, Paul cite Deutéronome 21.23 : « Maudit soit quiconque est pendu au bois » (3.13b, Colombe). Contrairement à nous, Christ n'avait jamais péché et n'était donc pas maudit. Mais il s'est laissé pendre sur la croix pour prendre la malédiction que nous méritions nous-mêmes.

Les Galates sont libres de choisir la voie de la justification qu'ils souhaitent. Mais ils doivent choisir – ils ne peuvent pas essayer de suivre les deux à la fois. Ils doivent donc peser soigneusement leur choix. S'ils choisissent la voie des œuvres, ils se rendront vite compte qu'il leur est pratiquement impossible de satisfaire à son exigence d'obéissance parfaite. D'autre part, il y a la voie de la foi en celui qui a satisfait aux exigences de la loi pour nous. Jésus-Christ a ouvert la voie de la justification pour les Juifs et les non-Juifs. L'efficacité de son sacrifice est confirmée en quiconque croit par la présence du Saint-Esprit.

Notre rédemption

Au cours de son argumentation, Paul révèle des faits importants concernant notre rédemption.

Premièrement, il explique de quoi il a été racheté, à savoir « la malédiction de la loi » (3.13a, Colombe). Cette malédiction est le résultat de la désobéissance d'adam, mais il n'est pas le seul responsable. Nous aussi, nous avons tous enfreint la loi et nous sommes donc aussi maudits (Dt 27.26, cité dans 3.10). Quoi que nous fassions pour essayer d'obéir à Dieu, nous échouons.

Deuxièmement, Paul explique comment nous sommes rachetés. C'est par le fait du Christ « devenant lui-même malédiction pour nous » (3.13b, TOB). Il y a eu une sorte d'échange par lequel il s'est rendu maudit afin de nous racheter de la malédiction. Il s'est substitué à nous[253]. Il a pris la malédiction qui aurait dû nous condamner pour satisfaire aux exigences de la loi. À partir de ce moment-là, la malédiction ne s'applique plus à ceux qui sont en lui par la foi. Nous sommes protégés dans le Christ, et tout élément de malédiction qui vient à notre encontre ricoche sur lui.

Le résultat de notre rédemption est que nous partageons la bénédiction d'Abraham, un point que Paul répète dans 3.14a (NBS) lorsqu'il dit que nous sommes rachetés « afin que, pour les non-Juifs, la bénédiction d'Abraham soit en Jésus-Christ[254] ».

Abraham avait été béni par l'appel de Dieu et, à travers l'œuvre de Christ, cette même bénédiction est maintenant étendue aux non-Juifs qui ont foi en Christ. La justification n'est plus le privilège exclusif des descendants d'Abraham, les Juifs.

Le second résultat de notre rédemption est « que [...] nous recevions la promesse de l'Esprit[255] » (3.14b, Colombe). Cette bénédiction est adressée à chaque croyant, qu'il soit juif ou non juif. Ce qui est promis, c'est le Saint-Esprit lui-même[256].

Le choix

Si je veux envoyer un colis de Nairobi à New York, j'ai la possibilité de l'envoyer par avion ou par transport maritime et routier. Si je l'envoie par courrier aérien, il arrivera en quelques semaines ; si je l'envoie par courrier maritime, cela prendra deux mois. Il est plus logique de l'envoyer par avion pour qu'il arrive à temps.

De la même manière, il y a deux chemins vers le salut. L'un est la « voie terrestre et maritime », empruntée par ceux qui veulent suivre la voie des bonnes œuvres. Ils réaliseront le salut – à condition qu'ils puissent survivre aux aléas d'un long voyage terrestre et d'une traversée de l'océan en obéissant parfaitement à tous les commandements un par un. Mais c'est impossible. Personne ne peut traverser l'Atlantique à la nage.

Ceux qui choisissent le chemin de la foi reçoivent le salut instantanément, dès le moment où ils mettent leur foi dans le Seigneur Jésus-Christ. Pourquoi voudraient-ils même envisager l'option « terrestre et maritime », avec tous ses aléas et son improbable succès ?

Cependant, chacun doit prendre sa propre décision. Aucun évangéliste ne peut vous forcer à choisir le chemin de la foi, mais nous pouvons vous montrer ce qu'implique le choix d'un autre chemin.

L'auteur de la lettre aux Hébreux avait raison en disant : « Sans la foi, il est impossible d'être agréable à Dieu » (Hé 11.6, TOB). La seule raison pour laquelle nous essayons d'œuvrer à notre salut est que nous n'avons pas compris à quel point Dieu est saint et à quel point nous sommes faibles. Que le Seigneur nous aide à choisir l'alternative qui apporte la bénédiction !

Questions pour la discussion

1. Bien qu'il ne soit pas parfait à tous égards, Abraham est reconnu pour avoir répondu à Dieu par la foi. Dans quels domaines spécifiques de votre vie en ce moment Dieu vous appelle-t-il à répondre avec foi ?

2. La boussole est un outil essentiel pour les voyageurs. D'après vous, quelle est la boussole du croyant ? Dans quelle mesure les croyants dont vous êtes proches utilisent-ils cet outil dans leurs activités et leurs décisions quotidiennes ?

3. Avez-vous déjà eu à choisir entre deux options, l'une peu pratique et l'autre tous frais payés ? Laquelle avez-vous choisie et pourquoi ?

4. Avez-vous déjà vécu une expérience dans laquelle quelqu'un a payé en totalité pour que vous fassiez quelque chose que vous vouliez vraiment faire ? Comment avez-vous répondu ? En quoi cette situation est-elle semblable au fait que Christ paye nos dettes pour nous et devient malédiction à notre place, ou en quoi est-elle différente ?

UNITÉ 10
Galates 3.15-4.11

ARGUMENTS FONDÉS SUR LA VIE QUOTIDIENNE

Un jour, j'ai dû faire un long trajet avec un ami kamba. En chemin, il m'a parlé d'un incident au cours duquel une jeune chèvre avait spontanément sauté dans une voiture dans laquelle sa mère était chargée pour être transportée dans une autre ferme. J'ai cité le proverbe anglais « blood is thicker than water » qui signifie « les liens du sang sont les plus forts » . Cela nous a menés à une longue discussion sur des proverbes de Kikamba tels que *mutinda na mukundu ndalea ukunduka* (celui qui tient compagnie à un lépreux deviendra lépreux) et *iui a la kiw'u itwaawa no kiw'u* (le bananier emporté par l'eau jusqu'aux limites d'une ferme sera aussi repris par l'eau). Notre conversation nous a rappelé à quel point les proverbes renferment des vérités. Nous connaissions tous les deux des enfants obéissants qui avaient été corrompus en raison d'une mauvaise compagnie, comme nous connaissions des personnes qui s'étaient enrichies grâce à la corruption, mais dont les richesses s'étaient évaporées. Nous avons convenu que les Kamba qui ont élaboré ces proverbes étaient très observateurs. Il en était de même pour ceux qui ont rédigé les proverbes dans les Écritures.

Tous les proverbes s'inspirent de la vie quotidienne et donnent des leçons qui sont généralement vraies. Même si un proverbe ne s'applique pas à tous les cas sans exception, il suscitera généralement des signes d'approbation de la part de ceux qui l'entendent.

Paul utilise la même approche ici quand il passe de la discussion sur l'expérience des Galates à l'analyse des Écritures et qu'il dit à ses « frères et sœurs bien-aimés[257] » qu'il utilisera « un exemple tiré de la vie quotidienne » (3.15a, S21). Il présente ensuite deux discussions fondées sur des situations familières, l'une impliquant des promesses et des contrats et l'autre impliquant le passage de l'enfance à l'âge adulte.

Promesse et loi

Une fois que vous avez signé votre testament et que vous l'avez fait dûment contresigner par des témoins, personne d'autre n'a le droit de le modifier. Une fois que vous avez acheté une voiture et pris possession de celle-ci, vous ne vous attendez pas à ce que le concessionnaire arrive chez vous et dise : « Je suis désolé, mais nous avons décidé de modifier le prix. » Si cela se produisait, vous refuseriez de payer plus cher que ce que vous aviez convenu. C'est ce genre de situation à laquelle Paul pense lorsqu'il dit : « [...] quand un testament est établi en bonne forme, bien que fait par un homme, personne ne l'abolit ou n'y fait d'adjonction » (3.15, Colombe). Une fois qu'un accord a été confirmé et que toutes les signatures nécessaires sont en place, l'accord est permanent (à moins bien sûr que toutes les parties ne conviennent de le modifier). Si une partie n'honore pas l'accord, l'autre peut la poursuivre en justice et produire l'accord signé comme preuve contre elle. L'accord équivaut à une promesse de faire quelque chose.

Nous devons être prudents quant au choix des personnes avec lesquelles nous contractons des alliances. Certaines personnes se sentent libres d'ignorer tout accord, même s'il s'agit d'un accord contraignant. Il y a des gens à qui vous ne prêtez jamais d'argent, quoi qu'ils promettent, car vous savez qu'ils ne rembourseront jamais le prêt. Il y a des gens chez qui vous n'achèteriez jamais une voiture, car vous vous rendriez vite compte que la voiture présente toutes sortes de problèmes cachés qu'ils ont habilement occultés. Nous ne voulons contracter d'alliances qu'avec des personnes en qui nous pouvons avoir confiance.

Les gens sont souvent peu fiables et peu dignes de confiance. Mais Dieu est parfait dans sa fidélité (1 Jn 1.9). Nous pouvons fonder nos plans en toute confiance sur toute promesse qu'il fait. De plus, Dieu est éternel. Certains d'entre nous ne tiennent pas leurs promesses parce que nos circonstances changent ou que nous mourons. Mais Dieu n'a aucune de ces limitations. Ses promesses seront tenues. Et cela inclut sa promesse d'héritage.

La promesse de Dieu

Paul a parlé de la promesse de Dieu à Abraham, selon laquelle toutes les nations seront bénies par lui (3.8, 14). Maintenant, il se focalise sur un terme qui est souvent répété dans les promesses de Dieu à Abraham, le mot « semence ». Par exemple, dans Genèse 17.7, Dieu dit : « J'établirai mon alliance avec toi et ta descendance après toi » (Colombe). Le mot hébreu traduit par « descendance » dans nos traductions peut littéralement être traduit par « semence ».

Paul souligne que le mot « semence » est au singulier et dit que les Écritures ne mentionnent pas « et aux semences », signifiant beaucoup de gens, mais

« et à ta semence », signifiant une seule personne, qui est Christ (3.16, DBY). Cet argument peut nous paraître étrange, car grammaticalement, le substantif « semence », bien qu'il soit au singulier, peut être un nom collectif. Cependant, à l'époque de Paul, ce type de raisonnement était courant chez les rabbins, qui se sentaient libres de s'inspirer de toutes sortes de passages de l'Ancien Testament pour faire valoir leur point de vue. L'argument de Paul ici serait donc tout à fait acceptable pour ses lecteurs.

Paul affirme que le mot « semence » étant au singulier, il ne peut désigner qu'une seule personne, et cette personne doit être le Christ. Lorsque Dieu a choisi Abraham pour bénir le monde à travers lui (Gn 12.3), cette bénédiction ne se limitait pas à lui en tant qu'individu, mais s'étendait sur deux mille ans, jusqu'au moment où Jésus prendrait chair humaine et naîtrait de l'un des descendants d'abraham. La promesse indique Jésus-Christ, le Sauveur du monde.

Paul présente cet argument pour souligner le statut unique du Christ. Les Galates commençaient à être persuadés que Moïse, qui avait reçu la loi de Dieu, était si important qu'il était l'égal du Christ. C'est pourquoi ils commençaient à penser qu'ils devaient obéir à la Loi de Moïse tout en croyant en Christ.

De nos jours, nous honorons les enseignements théologiques et éthiques de nombreuses personnalités. Mais de la même manière que Christ surpasse Moïse pour les Juifs, il domine tous ceux qui sont honorés par d'autres groupes. Christ est Dieu. Il a pris nature humaine et, en tant que Dieu-homme, il a satisfait aux exigences de Dieu comme juste représentant de l'humanité. Nul autre ne peut avoir cette qualification. C'est pourquoi nous ne pouvons pas hésiter à proclamer l'unicité du Christ quand nous proclamons la bonne nouvelle du salut.

Un accord humain juridiquement contraignant ne peut être écarté et il est impensable qu'un accord divin puisse être rompu. Ainsi, il n'y a aucun moyen pour que la révélation de Dieu à Moïse puisse annuler sa promesse faite à Abraham : « [...] un testament déjà établi en bonne forme par Dieu ne peut pas être annulé par la loi survenue quatre cent trente ans plus tard, ce qui anéantirait la promesse[258] » (3.17, Colombe). Dieu n'a pas dit : « Oui, je vous ai fait une promesse, mais j'ai changé d'avis et vous devez maintenant mériter la chose que je vous ai librement promise il y a quatre cents ans. »

Paul rappelle à ses lecteurs que « si l'héritage venait de la loi, il ne viendrait plus de la promesse » (3.18a, Colombe). L'héritage vient soit par la loi, soit par la promesse. Ce n'est pas un peu de l'une et un peu de l'autre. Et les Écritures sont claires : « or, c'est par la promesse que Dieu a accordé sa grâce à Abraham » (3.18b, Colombe).

La loi est donc exclue lorsqu'il s'agit d'hériter de la bénédiction de Dieu à Abraham. Et cette bénédiction est l'acceptation en tant que membre du peuple de

Dieu, ou, en d'autres termes, une justification. C'est donc la voie de la promesse acceptée par la foi en Christ qui justifie. Nous ne devrions pas rechercher la justification à travers l'obéissance à la loi.

La loi de Dieu

L'argument de Paul ici soulève naturellement la question suivante : « Pourquoi donc la loi ? » (3.19a, Colombe). Si la loi n'est pas requise pour être justifié, pourquoi Dieu l'a-t-il donnée ? La réponse de Paul est que cela était nécessaire « à cause des transgressions » (3.19b). Cela signifie peut-être que la loi empêche les gens de pécher parce qu'ils savent ce que Dieu commande. Il peut aussi vouloir dire que la loi augmente le péché parce que ceux qui choisissent de la transgresser ne peuvent pas prétendre qu'ils ne savent pas ce que Dieu veut. Ou il se peut que la loi expose le péché en nous rendant plus conscients de nos échecs. La dernière explication semble être la plus probable, même si les trois possibilités se croisent, d'une certaine manière[259]. Quelle que soit l'interprétation que nous adoptons, le point clé de Paul est que la loi est associée au péché, et non à la justification.

La loi avait un but valable, mais elle avait également une limite de temps. Elle n'a fonctionné que « jusqu'à ce que vienne la descendance à qui la promesse avait été faite » (3.19b, Colombe). Paul a identifié cette descendance comme étant le Christ, qui est déjà venu (3.16). Par conséquent, les Galates n'ont plus besoin de se concentrer sur la loi comme fondement de l'acceptation de Dieu. La loi n'a jamais servi de base à la justification et son délai a expiré. Elle a été remplacée par la foi dans le Sauveur des Juifs et des non-Juifs.

La limite de temps imposée à la loi indique qu'elle est inférieure à la promesse illimitée de Dieu. Il en va de même du fait que la loi a été communiquée par un certain nombre d'intermédiaires. Il y a eu Moïse, qui l'a transmise aux Israélites, et il y a eu les « anges », qui, selon la tradition juive, étaient impliqués dans l'octroi de la loi[260] (3.19c). En revanche, lorsque Dieu fit la promesse à Abraham, il était le seul impliqué (3.20).

Mais si la loi est inférieure à la promesse, cela signifie-t-il qu'elles sont en concurrence ? La loi est-elle donc « contre les promesses de Dieu » ? Sont-elles hostiles l'une à l'autre ? La réponse de Paul est véhémente, « Certes non ! » (3.21a, Colombe). Il explique ensuite plus en détail la relation entre la loi et la promesse.

Premièrement, il n'y a pas de concurrence, parce que la loi et la promesse partagent le même objectif : la justice. Ce qui les différenciait résidait dans leur capacité à donner la justice. Comme le dit Paul, « s'il avait été donné une loi qui puisse procurer la vie, la justice viendrait réellement de la loi » (3.21b, Colombe).

Mais cette loi ne le pouvait pas. Tout ce que la loi pouvait faire, c'était exposer le péché, elle ne pouvait pas le supprimer. En fait, cela « a tout enfermé sous le péché » (3.22a). C'était comme si un médecin disait à un patient : « Vous êtes malade et je vois bien ce qui ne va pas chez vous, mais je n'ai aucun remède qui puisse vous guérir. »

Le remède nécessaire était la venue du Christ. L'impuissance induite par la loi (un diagnostic, mais pas de guérison) a intensifié l'importance de la guérison (foi en Christ), « afin que la promesse soit donnée par la foi en Jésus-Christ à ceux qui croient » (3.22b, Colombe)[261].

Changeant de métaphore, Paul décrit la loi comme notre geôlier. Nous étions en détention préventive, emprisonnés et soumis à des règles strictes nous empêchant de nous éloigner trop de Dieu pendant que nous attendions celui qui nous libérerait par la foi en lui (3.23).

Changeant une nouvelle fois de métaphore, Paul parle de la loi comme d'une personne qui aurait eu notre garde jusqu'à la venue du Christ (3.24). C'était une sorte de pédagogue, comme pour n'importe quel garçon grec des classes supérieures, faisant office à la fois de garde du corps et de garde d'enfant. Son travail consistait à escorter le garçon partout où il devait aller, à le discipliner au besoin et à lui apprendre les bonnes manières et la différence entre le bien et le mal[262]. « Tant que le garçon était mineur, les *payagogos* imposaient une restriction nécessaire à sa liberté jusqu'à ce qu'il soit majeur et que l'on puisse lui faire confiance pour utiliser sa liberté de façon responsable[263]. »

De la même manière, la loi nous protégeait du péché et nous enseignait la différence entre le bien et le mal, à condition que nous la respections. Tout comme un enfant aurait dépassé le besoin d'un pédagogue, la nécessité de la loi en tant que pédagogue a pris fin avec la venue du Christ. Paul pouvait ainsi dire : « La foi étant venue, nous ne sommes plus sous ce précepteur » (3.25, Colombe).

La foi en Christ est l'objectif du plan de rédemption de Dieu. Ceux qui ont exercé cette foi sont mûrs et n'ont plus besoin d'un précepteur pour les accompagner. Il n'y a pas de risque qu'ils se déchaînent et fassent ce que leur pédagogue ne leur permettrait pas de faire. Au lieu de cela, ils ont assimilé les leçons qu'il leur a données et les respecteront naturellement, sans aucune supervision extérieure.

Chaque société reconnaît qu'il y a un âge auquel une personne est encore un enfant et un âge où elle devient adulte et responsable. Dans de nombreuses sociétés africaines, certains rites d'initiation spécifiques marquent la transition du premier stade de la vie au stade suivant. Un garçon qui a passé le rite d'initiation ne vivra plus dans la même hutte que ses parents, mais cherchera à construire sa propre hutte. Il n'acceptera plus d'être considéré comme un « garçon », car il est sorti de l'enfance et est devenu un homme. Paul dit aux Galates que lorsqu'on devient croyant, on cesse d'être un enfant. Les valeurs que l'on a apprises pendant l'enfance ne sont pas pour autant devenues inutiles, elles font désormais partie de notre vision du monde. Il est dès lors possible de prendre des décisions correctes de manière autonome, sans recevoir d'instructions. On fait ce qui est juste parce que c'est bien, et non parce qu'on a peur de la punition. La loi guidait l'enfant en tant qu'instructeur. La loi guide désormais l'adulte dans sa vision du monde.

L'attitude de Paul à l'égard de la loi devrait également éduquer notre propre manière d'élever nos enfants. Nous devons nous concentrer sur les valeurs et non sur les punitions. Lorsque les valeurs cultivées dans leur vie ont mûri, nous pouvons avoir la certitude que nos enfants peuvent se trouver en Égypte comme Joseph ou à Babylone comme Daniel et continuer à dire : « J'ai un Dieu que j'aime et que je veux rendre heureux. » Pourquoi tant de nos jeunes sont-ils perdus quand ils s'installent en ville, là où ils n'ont de comptes à rendre qu'à eux-mêmes ? Est-ce parce qu'ils ont mûri physiquement et non moralement, car on leur a dit « fais ceci » ou « ne fais pas ça, sinon… » plutôt que « fais ceci parce que c'est juste » ou « ne fais pas ça parce que c'est mal » ?

En termes chrétiens, la foi en Christ montre que nous avons atteint l'âge de la maturité. Nous faisons plaisir à Dieu parce que nous l'aimons et nous l'aimons parce qu'il nous a d'abord aimés (1 Jn 4.10).

Fils et esclave

Paul utilise la métaphore de l'enfance, qui induit l'idée implicite que quelqu'un est « responsable » ou que nous sommes sous « la supervision » de quelqu'un. Mais la métaphore de l'enfance est si riche qu'il ne peut s'empêcher de l'explorer davantage.

Les bénédictions de l'appartenance à la famille de Dieu

L'une des grandes bénédictions du salut est que « vous êtes tous fils de Dieu par la foi en Christ-Jésus » (3.26a, Colombe). C'est notre statut garanti dès que nous avons rempli la condition de « foi en Christ-Jésus[264] ».

Notre statut d'« enfants de Dieu » signale à la fois l'appartenance et la relation[265]. Les justifiés appartiennent à Dieu en tant que ses enfants et il est leur Père (voir 4.7). Nous ne sommes pas nés dans cette relation, mais nous l'avons acquise en étant adoptés comme ses enfants (voir 4.5). L'adoption met l'accent sur le fait que nous n'appartenions pas auparavant à cette famille, mais que nous avons maintenant acquis les mêmes droits que ceux qui y sont nés. C'est comme si nous étions nés de nouveau, comme Jésus l'a dit à Nicodème (Jn 3.3-5).

S'il n'y avait pas eu le péché d'adam et Ève, nous serions tous nés dans la famille de Dieu et aurions joui de la communion avec Dieu pour toujours (Gn 3.6). Mais leur péché a amené le péché dans le monde (Rm 5.12), nous séparant de Dieu (Rm 3.23). Cependant, ceux qui croient voient cette relation rétablie. Ils sont purifiés spirituellement (Jn 3.5) et font désormais partie de la famille de Dieu.

En tant que membres de la famille de Dieu, nous partageons une relation de famille qui peut être décrite comme une ressemblance avec le Christ. Paul écrit : « Vous tous, qui avez été baptisés en Christ, vous avez revêtu Christ[266] » (3.27, Colombe). Dans l'Église primitive, le baptême était une marque d'entrée dans un nouveau genre de vie. Être baptisé au nom de quelqu'un signifiait que l'on s'identifiait à cette personne. Les Galates se sont identifiés au Christ. Leur relation avec lui est maintenant si étroite qu'on peut la décrire comme « revêtue » ou « habillée » par le Christ. Pour comprendre ce que cela signifie, réfléchissez au rôle que les vêtements jouent aujourd'hui. La plupart des écoliers africains doivent porter un uniforme qui indique quelle école ils fréquentent. Nous voyons aussi des « uniformes » lors des mariages. Les demoiselles d'honneur et les garçons d'honneur portent tous des robes ou des costumes similaires pour indiquer qu'ils entretiennent une relation particulière avec le couple qui se marie. De la même manière, tous les croyants ont revêtu l'uniforme de la ressemblance au Christ. Nous devons assumer « les caractéristiques, les vertus et/ou les intentions » du Christ[267].

Malheureusement, parfois, notre ressemblance au Christ n'est pas clairement visible à cause du péché. C'est comme si les participants à la noce étaient arrivés avec leurs vêtements boueux et sales. Ce n'est pas ainsi qu'ils étaient censés se présenter à la noce ! L'Église est l'épouse de Christ (Ep 5.32), et aucune épouse ne songe à arriver au mariage avec une robe sale. Mais Christ a pris des dispositions pour purifier nos péchés (1 Jn 1.9) et nos vêtements peuvent être lavés et rendus à leur état d'origine.

Notre appartenance commune à la famille de Dieu signifie que nous sommes tous unis. Paul l'exprime ainsi : « Il n'y a plus ni Juif ni Grec, il n'y a plus ni esclave ni libre, il n'y a plus ni homme ni femme, car vous tous, vous êtes un en Christ-Jésus » (3.28, Colombe). C'est ce qui a divisé les gens à l'époque de Paul. La race, la tribu, le statut social et le sexe nous divisent encore aujourd'hui – mais ces divisions devraient cesser d'exister en Christ. Ceux qui ont revêtu le Christ ne doivent plus être perçus comme Blancs ou Noirs, maîtres ou serviteurs, hommes ou femmes. Nous avons tous revêtu le Christ et nous devrions donc tous nous ressembler – ressembler au Christ.

À maintes occasions, l'Église n'a pas respecté cet enseignement. Rares sont les pays où il n'y a pas eu de discrimination envers des groupes de population, et, dans de nombreux pays, nous faisons encore la distinction entre hommes et femmes. Il y a aussi des Églises pour la classe moyenne et d'autres pour ceux qui vivent dans les bidonvilles. Tout ce qui divise les croyants en groupes n'est pas conforme au souhait de Dieu. Nous, pécheurs, nous pouvons maintenir de telles distinctions, mais Dieu nous voit tous comme ses enfants et donc comme une famille.

Puisque nous appartenons à la même famille que le Christ et qu'il est le descendant d'abraham (3.16), nous aussi sommes maintenant les descendants d'abraham. C'est ce que Paul dit lorsqu'il écrit : « Et si vous appartenez au Christ, alors vous êtes la descendance d'abraham » (3.29a, NBS)[268]. Appartenir à Abraham était une question très importante pour les Juifs (Jn 8.33, 39). Les faux docteurs disaient aux Galates qu'ils devaient être circoncis et se conformer à la loi juive pour être les descendants d'abraham, mais cela n'était pas nécessaire. Ceux qui ont foi en Christ font déjà partie de la famille d'abraham.

En Afrique, l'une des plus grosses injures consiste à dire à une personne qu'il ou elle n'est pas l'enfant de leur mère ou de leur père. La personne répondra habituellement en défendant vigoureusement son appartenance à la famille. Après tout, ce ne sont pas les paroles de colère d'un frère ou d'une sœur lésés qui déterminent si une personne fait partie de la famille, c'est la décision du parent. La volonté du parent prime sur celle des autres. Les judaïsants peuvent dire aux Galates qu'ils ne font pas partie de la famille de Dieu, mais c'est Dieu qui décide. Il a expliqué que tous ceux qui ont foi en Christ font partie de sa famille.

Ils sont non seulement membres de la famille, mais en tant que tels, ils ont également droit à un héritage, car ils sont maintenant les « héritiers selon la promesse » (3.29b, Colombe). Ils sont en droit d'hériter de toutes les bénédictions promises à Abraham et à sa postérité.

Les paroles de Paul montrent clairement que tous les croyants sont les héritiers du Christ – la seule qualification requise pour devenir héritier est l'appartenance à la famille de Dieu. Si tel est le modèle dans la famille de Dieu, ne devrait-il pas en être de même dans nos familles ? Pourquoi voyons-nous si souvent que seuls les fils sont autorisés à hériter de la propriété de leurs parents ? Une telle discrimination à l'égard des filles est injustifiée. Tout comme les croyants sont tous les héritiers des bénédictions d'abraham et de Christ, de même les fils et filles d'une famille doivent tous hériter des biens de la famille. Les croyants devraient donner l'exemple à leur culture à cet égard.

La dernière bénédiction qui découle de notre appartenance à la famille de Dieu est que « Dieu a envoyé dans nos cœurs l'Esprit de son Fils[269] » (4.6a, Colombe).

Il est intéressant de noter que ce que Paul dit ici, c'est que la fonction première du Saint-Esprit dans la vie du croyant n'est pas de produire des démonstrations de puissance, mais de conduire le croyant à appeler Dieu « Abba[270] » (4.6b). « Abba » est un mot araméen qui signifie père, mais qui suggère également une dépendance, car il est équivalent à « papa » pour un enfant. Ceux qui ne peuvent pas s'adresser à Dieu en l'appelant Abba ne sont pas devenus croyants (cf. aussi Rm 8.9b), ou pour utiliser les paroles de Jésus à Nicodème, ne sont pas nés de nouveau[271] (Jn 3.3).

Cette relation filiale est fondamentale et dès qu'elle est établie, d'autres dons et bénédictions peuvent être offerts en abondance au croyant.

La vie d'un héritier

Paul développe ce qu'être héritier signifie, s'appuyant sur la compréhension quotidienne de la façon dont un héritage impacte la vie d'un jeune enfant et d'un adulte.

Les jeunes enfants qui héritent d'une grande richesse ne bénéficient pas nécessairement d'une grande liberté. Ils ne peuvent pas dépenser la fortune comme ils le souhaitent, car leurs parents ont spécifié qu'ils doivent être soumis à des tuteurs et à des intendants jusqu'à ce qu'ils soient suffisamment matures pour utiliser leur patrimoine de manière responsable. Ainsi, bien qu'en théorie l'enfant soit le maître, il ne peut pratiquement pas donner d'ordre, mais doit obéir aux ordres des tuteurs. L'enfant se trouve donc sensiblement dans la même position qu'un esclave (4.1-2).

Dans le passé, les Galates étaient cet enfant sous surveillance. Paul l'exprime ainsi : « Nous, de même, nous étions précédemment comme des enfants, nous étions esclaves des forces spirituelles du monde » (4.3, BFC). Les termes traduits par « forces spirituelles du monde » peuvent également être traduits par « principes élémentaires du monde[272] » (Colombe). Ce sont les choses élémentaires que l'on apprend au cours des premières années d'école. Si vous pensez en termes de maths, les choses élémentaires sont les tables de multiplication que nous devions apprendre : $2 \times 2 = 4$; $2 \times 3 = 6$; etc. Une fois que nous connaissons bien ces tables, la multiplication devient facile. Si nous ne les apprenons pas, les exercices de multiplication deviennent une montagne. De même, l'alphabet est une connaissance élémentaire lorsque nous commençons à apprendre une nouvelle langue. La première étape dans l'apprentissage de l'hébreu ou du grec consiste à mémoriser l'alphabet hébreu ou grec.

Quelles étaient « les forces spirituelles » qui avaient régné sur les Galates ? Était-ce la loi juive ? Peut-être, mais la description supplémentaire de ces forces en tant que « forces du monde » rend cette interprétation improbable[273]. Il semble plus plausible que Paul parle en termes généraux des rituels du culte des non-Juifs. Par extension, ces mots s'appliquent également aux sacrifices de la religion traditionnelle africaine et d'autres religions. Ces systèmes ne représentent pas la loi telle que donnée et élaborée par Dieu, mais telle qu'interprétée et appliquée de manière erronée par les êtres humains. C'est ce qui était encouragé en Galatie.

Ces éléments ne sont ni inutiles ni contraires à l'éthique, mais ils sont insuffisants. Ils comprennent le « faites » ou « ne faites pas » et donnent une certaine connaissance de Dieu, mais ils ne fournissent aucune énergie intérieure pour nous amener à la maturité dans l'obéissance.

Souvent, dans leurs dernières volontés, les parents fixent une date à laquelle leurs enfants seront considérés comme adultes et autorisés à exercer un contrôle sur leur héritage. Ce jour-là, l'enfant qui a hérité cesse de dépendre d'autrui pour gérer son héritage (4.2). Dieu aussi avait fixé un délai pour que les humains qui vivent encore sous les principes élémentaires de la religion mûrissent par leur connaissance de son plan rédempteur. Il a développé la pensée humaine et l'histoire humaine pour s'assurer que le moment était bien choisi. L'attente du Messie parmi les Juifs, la paix et la sécurité instaurées par le gouvernement romain, l'utilisation répandue de la langue grecque promue par les conquêtes d'alexandre, l'excellent système de voies romaines, tout était prévu pour être en place « lorsque les temps furent accomplis » (4.4a). C'est à ce moment-là que « Dieu a envoyé son Fils ». Les bonnes idées au sein du système mondial gouvernaient les êtres humains tant que la Lumière du monde n'avait pas encore été révélée. Quand cela fut fait, tout le reste est devenu « matière élémentaire » dans la révélation par Dieu de son plan de rédemption.

Le Fils que Dieu a envoyé est décrit comme « né d'une femme, né sous la loi » (4.4b, Colombe). Il pouvait s'identifier avec les êtres humains parce qu'il était lui-même humain, étant « né d'une femme » (même s'il était aussi divin). Parce qu'il était également « né sous la loi », il connaissait parfaitement les obligations et les exigences de la Loi de Moïse et de la loi en général et les remplissait parfaitement. Ces caractéristiques lui permettaient « [...] de racheter ceux qui étaient sous la loi, pour que nous recevions l'adoption filiale » (4.5, NBS). C'est la foi en lui qui compte maintenant. Il donne à ceux qui croient le statut de fils et filles de Dieu.

L'appel

Ayant soutenu que les croyants sont des fils et des filles mûrs qui doivent agir selon leur maturité, Paul lance un appel aux Galates. Il leur rappelle qu'ils ne connaissaient pas Dieu par le passé et qu'ils servaient des dieux qui n'en sont pas

(4.8). Maintenant, ils connaissent Dieu (ou plutôt, Dieu les connaît à présent et les reconnaît comme membres de sa famille). Mais ils vivent comme s'ils étaient encore dans le passé ! Ils observent les rituels religieux (jours et mois spéciaux, saisons et années – 4.10) qui faisaient partie de leur savoir élémentaire, lequel ne pouvait les sauver et en faire des enfants de Dieu (4.9). Ce type de comportement suggère que les efforts de Paul pour les amener à la connaissance de Dieu par le Christ et par la foi ont été vains (4.11).

Réfléchissons à la situation en nous aidant d'un exemple africain. Dans le peuple Akamba du Kenya, les enfants avaient une bande de cuir nouée autour du bras pour les protéger de tous ceux qui pourraient vouloir leur nuire. Les Akamba avaient aussi une connaissance élémentaire de Dieu à travers ce qu'ils pouvaient voir de lui dans la création. Lorsque le message chrétien a été porté aux Akamba, ils ont acquis une connaissance plus complète de Dieu tel que révélé dans les Écritures. Ils ont appris que Dieu les aimait et qu'il avait donné son Fils, mort sur la croix pour eux. Ce Fils, ressuscité des morts, est maintenant le compagnon et l'ami de ceux qui croient. C'est lui qui les défend des forces du mal, et il n'est pas nécessaire de porter une bande de cuir pour se protéger. Un chrétien Akamba marche avec Jésus, fait des affaires avec Jésus, cultive sa ferme avec Jésus, enseigne avec Jésus, etc., et fait confiance à Jésus pour parer aux attaques malveillantes. Les Akamba ont véritablement dépassé leur connaissance « élémentaire » de Dieu. S'ils commencent maintenant à compter sur les *majini* pour les protéger, cela revient à retourner aux classes élémentaires de l'école de la foi. Plutôt que de revenir en arrière, nous devrions accroître continuellement notre connaissance de Dieu.

Questions pour la discussion

1. Avez-vous déjà été nommé à un poste intérimaire, par exemple en tant que directeur par intérim, ou doyen d'université par intérim ? Ou avez-vous déjà eu à remplacer vos parents quand ils étaient tous les deux absents ? Que se passe-t-il lorsque la personne que vous remplacez revient ou qu'un titulaire permanent est nommé ? Quel est le lien avec ce que Paul dit ici ? Comment cela s'applique-t-il aux Juifs par rapport à la loi et aux Africains par rapport à certaines croyances et pratiques traditionnelles ?

2. Comparez deux expériences, l'une dans laquelle vous avez reçu une série de choses à faire et à ne pas faire et une autre dans laquelle vous avez eu la liberté d'agir dans les limites de votre conscience.

Laquelle de ces expériences vous a le plus aidé à développer votre propre système de valeurs ? Quel est le lien avec l'argumentation de Paul ici ?

3. Avez-vous déjà connu quelqu'un d'apparenté à une personne importante – par exemple l'enfant d'un président, d'un ministre ou d'un député ? Le fait que vous connaissiez cette personne était-il important pour vous ? Comment cela met-il en lumière l'importance que nous devons attacher au fait que nous sommes enfants de Dieu ?

4. Avez-vous déjà été traité différemment (que ce soit positivement ou négativement) parce que vous étiez de sexe, de statut social, de niveau d'éducation différent ou que vous présentiez une autre caractéristique qui vous différenciait ? Un tel traitement est-il en accord avec la manière dont Dieu nous traite ? Comment devrions-nous nous traiter les uns les autres dans la famille de Dieu ?

QU'EST-CE QUI COMPTE LE PLUS ?

J'ai récemment passé plusieurs heures avec un homme dont j'ai fait la connaissance lors d'une vente de terrain. Il n'arrêtait pas de dire à quel point il était heureux de me voir. Je ne comprenais pas pourquoi il insistait, car il ne s'agissait que d'une simple connaissance.

Alors qu'il me faisait visiter sa propriété, se vantant de sa taille, je me rendis compte qu'il était en état de légère ébriété. Remarquant que j'avais relevé le fait, il mentionna que même le prêtre catholique de la région buvait. Souriant, je lui ai demandé pourquoi il disait ça. Il répondit qu'il savait que je n'approuverais pas le fait de boire puisque j'étais pasteur de l'Africa Inland Church. J'ai reconnu que je ne buvais pas et lui ai ensuite demandé : « Pourquoi pensez-vous que je n'approuve pas la boisson ? » Il a répété : « Parce que vous êtes pasteur de l'Africa Inland Church, cette Église prêche contre la consommation d'alcool. »

À ce stade de notre conversation, je lui ai demandé qui, selon lui, rendrait Dieu le plus heureux : quelqu'un qui boit, un prêtre qui boit ou moi qui ne bois pas. Il identifia immédiatement l'ordre de préférence de Dieu comme étant « d'abord vous, puisque vous ne buvez pas ; puis le prêtre, parce que même s'il boit, il prêche aussi ; et puis moi, parce que je bois et ne suis qu'un simple profane ». Comme si j'acceptais que sa réponse était correcte, je lui ai demandé : « Et pourquoi continuez-vous de dire que vous êtes heureux de me voir ? » Il a répondu : « Parce que vous m'acceptez tel que je suis. »

Je ne m'attendais pas à une réponse aussi humble, mais j'ai rendu grâce à Dieu dans mon cœur, puis j'ai ensuite montré à mon ami que Dieu nous accepte tels que nous sommes, que nous buvions ou non et quelle que soit la foi à laquelle nous appartenons. Je lui ai parlé de Galates 3.23-29, et nous avons conclu la journée par une prière pour le salut. L'argent et la terre nous avaient rapprochés, mais ce qui importait le plus, c'était que nous fussions tous deux acceptés par Dieu et que la vie éternelle nous soit donnée en son Fils. Notre statut de croyants compte beaucoup plus que notre statut de pasteur ou de laïc, de non-buveur ou de buveur. Nous sommes acceptés simplement à cause de notre foi en Christ Jésus. Le changement de caractère et la vocation pour le service suivent cette acceptation gratuite.

Chaque jour, nous sommes en contact avec des gens et leur parlons de toutes sortes de choses, y compris de l'économie, de la politique, de l'état des cultures, etc. Une telle conversation n'a rien d'inconvénient, mais il y a quelqu'un d'autre que nous devrions introduire dans notre conversation. Le Dieu des économies, de la politique et des cultures est aussi et avant tout le Dieu de la promesse. Il nous promet une justification (acceptation) à travers son Fils, Jésus-Christ. Par la grâce, par la foi en son Fils, Dieu est content de nous. En sa présence, nous pouvons apprécier l'argent, le statut, de bonnes récoltes et d'autres bénédictions matérielles. Tel est le message de Galates : la bonne vie n'est pas avant tout une vie de richesse ou de santé, mais une vie d'acceptation par Dieu.

UNITÉ 11
Galates 4.12-31

ARGUMENTS FONDÉS SUR LES RELATIONS

Les relations changent. Elles sont constamment en train de mûrir ou de mourir. Je me suis souvenu de cela lorsque ma femme est rentrée au Kenya en 2009 après un long séjour aux États-Unis. À son retour dans notre village, de nombreux parents l'ont embrassée avec enthousiasme. Mais elle était un peu surprise de se faire embrasser par une femme qu'elle ne connaissait pas et qui n'était pas un membre de sa famille. Mon frère, qui était présent, a également été surpris par ces salutations ferventes. Qui était cette femme ?

Quelque temps plus tard, mon frère a découvert qu'elle était l'une des trois femmes qui avaient confectionné des paniers africains en guise de cadeaux pour notre première fille au moment de son mariage en 2008. Ma mère nous a dit que cette femme « était tellement émue par l'amour qu'elle sentait qu'une poignée de main ne suffirait pas ». De petites choses comme la femme qui fabrique un panier pour notre fille et l'appréciation avec laquelle le panier a été reçu avaient construit une relation, même si les deux femmes ne s'étaient jamais rencontrées.

Si l'un des membres de ma famille que ma femme connaissait avait choisi de la saluer plutôt que de la serrer dans ses bras, mon frère observateur l'aurait également remarqué. Notre comportement indique toujours l'état de nos relations.

Cela était également vrai pour les Galates. Paul fait donc appel à eux en leur rappelant la relation privilégiée qu'ils ont eue avec lui dans le passé. Il utilise également l'exemple de la relation de rivalité entre Agar et Sara pour décrire les options qui s'offrent aux Galates.

La relation des Galates avec Paul

L'argumentation de Paul dans cette section n'est pas aussi claire que dans les précédentes. Cependant, il semble dire à peu près ceci : « Vous vous souvenez de la façon dont vous m'avez traité quand j'étais avec vous ? Vous devez avoir cru que ce que j'avais pour vous était un trésor à garder. Continuez à le garder. »

Il s'adresse à nouveau aux Galates en tant que « frères et sœurs » (BS) et montre le sérieux avec lequel il considère la situation en disant « je vous en supplie » (4.12b). Il utilise généralement un verbe moins fort qui signifie « je vous exhorte[274] ». Le contenu de l'appel est : « [...] devenez comme moi. Ne me suis-je pas moi-même rendu semblable à vous ? » (4.12a, BS). Que veut dire Paul ici ? En guise de réponse, il vaut peut-être mieux commencer par considérer en quoi les Galates ne lui ressemblent pas. Comme lui, c'étaient des enfants de Dieu, mais contrairement à lui, ils observaient le calendrier et les lois diététiques juives (4.10) et s'ouvraient à l'idée que la circoncision était le moyen d'être acceptés par Dieu. Paul les presse donc de faire le même changement que lui et de devenir comme lui. Lui aussi avait jadis été un strict observateur de la loi juive, mais il avait appris que la loi apportait la condamnation et non le salut, et avait sagement abandonné le chemin des œuvres pour le chemin de la foi. Il exhorte les Galates à adopter la même attitude quant à la place de la loi et de la foi dans leurs vies. Cet appel toucherait les croyants juifs. En même temps, Paul disait aux croyants non juifs : « Je ne tiens aucun compte de mon héritage juif et je me suis pleinement identifié à vous. »

Certains commentateurs pensent que ce en quoi les Galates diffèrent de Paul, c'est que lui les aimait toujours alors qu'eux-mêmes lui étaient à présent hostiles (4.16). Si tel est le cas, alors Paul est en train de dire : « Ayez pour moi la même bonne volonté et la même chaleur d'amitié que j'ai pour vous. J'ai montré mon amitié en m'identifiant à vous et j'ai toujours des sentiments chaleureux pour vous. Je vous en prie, ne nous rejetez pas, moi et mon message. » Ceux qui prennent cette position insistent sur la phrase suivante : « vous ne m'avez fait aucun tort » (4.13, Colombe). Les Galates n'ont pas offensé Paul et il ne cherche pas à les offenser non plus. Son motif d'écriture est l'amour et il écrit à des personnes qui lui sont chères.

Bien qu'il ne soit pas possible de dire de façon dogmatique quelle interprétation de ce verset est correcte, la majorité des commentateurs préfèrent la première. Dans cette interprétation, lorsque Paul dit « vous ne m'avez fait aucun tort », il veut dire que même si les Galates ne l'ont pas blessé dans le passé, ils le blessent par leur attitude présente.

La relation entre Paul et les Galates avait été très chaleureuse. Il était malade quand il était venu leur prêcher l'Évangile (4.13), mais sa maladie ne les avait pas conduits à le traiter avec « mépris ni dégoût ». Au lieu de cela, dit Paul, « vous m'avez, au contraire, accueilli comme un ange de Dieu, comme le Christ-Jésus » (4.14, Colombe). En fait, ils étaient si inquiets pour lui que « si vous l'aviez pu, vous vous seriez arraché les yeux pour me les donner » (4.15b, TOB).

Cette affirmation suggère que la maladie de Paul était un problème oculaire. De toute évidence, cela lui causa des difficultés considérables et mit les Galates en devoir de s'occuper de lui. Ils s'en étaient bien acquittés.

Le contraste entre leur attitude d'alors et leur attitude d'aujourd'hui conduit Paul à demander : « Où donc est votre joie d'alors ? » (4.15a, TOB) et « suis-je devenu votre ennemi en vous disant la vérité ? » (4.16, Colombe).

Si les Galates sont maintenant hostiles à Paul, c'est parce que certaines personnes empoisonnent la relation qui les unit : « ces gens-là déploient un grand zèle autour de vous, mais leurs intentions ne sont pas bonnes : ils veulent vous détacher de moi pour que vous soyez zélés pour eux » (BS). Ils veulent que les Galates se tournent vers eux, et non vers Paul, pour obtenir des conseils.

Paul ne condamne pas le zèle. Il y voit une bonne chose : « Il est bon d'avoir du zèle pour le bien en tout temps, et non pas seulement quand je suis présent parmi vous » (4.18, Colombe). Cependant, le but des judaïsants était égoïste, alors que Paul était soucieux du bien des Galates. C'était le cas quand il était avec eux, et c'est toujours le cas maintenant, alors qu'il leur écrit.

Les Galates, eux aussi, devraient maintenir leur zèle pour l'Évangile qu'il leur a prêché. « Loin des yeux, loin du cœur » ne devrait jamais s'appliquer dans les situations où le zèle est dédié au bien. Le zèle devrait toujours être de la partie. Nous ne devrions pas être pleins de zèle lorsque nous participons à des campagnes d'évangélisation, puis laisser notre zèle faiblir entre une campagne et l'autre. Au contraire, le zèle pour le bien devrait faire partie intégrante de nos vies. Il devrait jaillir de notre engagement personnel à vouloir atteindre les autres pour le Christ et ne devrait pas avoir besoin d'être stimulé par un enseignant ou un dirigeant d'Église.

L'exemple des judaïsants nous rappelle également que si nous ne dirigeons pas notre zèle envers les autres, quelqu'un d'autre le fera. Des groupes religieux non chrétiens ont érigé des lieux de culte dans de nombreuses villes d'Afrique. Ces lieux sont ouverts aux démunis et aux enfants et fournissent de la nourriture en temps de famine. Ce qui sous-tend ces actes de miséricorde est l'intention stratégique de convertir toute la ville à une autre religion. Certaines des villes les plus vulnérables sont des endroits où l'Église est présente depuis des décennies, mais n'a pas affecté la vie des personnes sur les plans social et matériel. Si les chrétiens ne font pas preuve de plus de zèle pour l'Évangile, ces Églises ne survivront pas et ces villes, qui étaient autrefois d'orientation chrétienne, deviendront hostiles au christianisme.

Paul est profondément préoccupé par l'attitude des Galates à son égard. Leur accueil chaleureux dans le passé confirme qu'ils l'avaient accepté ainsi que son message, et il espère qu'une nouvelle ferveur leur permettra d'entendre ce qu'il a à dire maintenant. Alors qu'il écrit pour défendre le message qu'il leur avait prêché, il est toujours rempli du même zèle qu'il avait eu pour leur bien quand il était avec eux. Son amour et sa sollicitude pour eux sont si profonds qu'il s'adresse à eux comme à : « mes enfants[275] » (4.19a). Il se sent non seulement comme un frère (4.12), mais aussi comme une mère envers eux.

Paul estime que les Galates sont tombés si bas qu'ils ont besoin de tout recommencer dans leur cheminement pour être pleinement heureux par le Christ, leur Sauveur et leur Seigneur. Ils ont besoin de réapprendre que le Christ est tout ce dont ils ont besoin (4.19b).

L'inquiétude de Paul se traduit par un désir ardent d'être avec les croyants de Galatie. S'il pouvait les voir, il saurait qu'ils sont prêts à grandir dans la foi et qu'ils l'écoutent, et il changerait son intonation de voix en conséquence (4.20).

Généralement, lorsque quelqu'un que nous aimons ne va pas bien, nous voulons être avec lui/elle pour surveiller son état et rechercher tous les signes d'amélioration. C'est ce que Paul ressent pour les Galates. Il est également déconcerté par le contraste entre leurs attitudes passées et présentes. Pourquoi ont-ils changé ? Les Galates doivent examiner la question avec attention et revenir au principe de base que Paul leur a enseigné, la justification par la foi.

La relation entre Agar et Sara

Le dernier argument de Paul s'adresse à « vous qui voulez être sous la loi » (4.21a, Colombe), c'est-à-dire tous ceux qui veulent insister sur l'obéissance à la Loi de Moïse. Cette fois, Paul fonde son argumentation sur un incident dans Genèse.

Genèse 16 raconte qu'abraham et Sara (ou Abram et Saraï en ce temps-là) n'avaient pas d'enfants. Sara suggère qu'abraham couche avec sa servante, Agar, qui conçoit et met au monde un fils nommé Ismaël. Agar était la servante égyptienne de Sara (Gn 16.3) et c'est aussi « la femme esclave » mentionnée dans Galates 4.22.

Plus tard, dans Genèse 21, nous lisons que Dieu permet à Sara, l'épouse d'abraham, de donner naissance à un fils, qu'abraham nomme Isaac. Sara est « la femme libre » mentionnée dans Galates 4.22. Sara demande ensuite qu'agar et son fils soient renvoyés. Avec la permission du Seigneur, Abraham renvoie

Agar et Ismaël, afin d'éviter de nouvelles disputes familiales. En lui donnant la permission de renvoyer Agar, Dieu dit à Abraham : « C'est par Isaac que tu auras une descendance qui porte ton nom » (Gn 21.12b, Colombe).

Paul utilise cette histoire de l'Ancien Testament pour en tirer une leçon spirituelle (4.24a). Il reconnaît qu'il utilise les deux femmes de manière figurée, non pour nier leur réalité historique, mais pour faire émerger une vérité spirituelle[276].

Ce type d'allégorie était acceptable à l'époque du Nouveau Testament. Plus tard, certains pères de l'Église sont allés trop loin, en essayant de trouver des faits liés à la rédemption dans les moindres détails des Écritures. Par exemple, en prêchant l'histoire du bon Samaritain (Luc 10.30-37), ils décrivaient l'homme en voyage comme étant un croyant abandonnant le lieu du salut (Jérusalem) et poursuivant le chemin du péché (Jéricho), et les voleurs étaient pour eux des démons qui l'ont dépouillé de toutes les grâces données par Dieu, etc.

Mais il y a une différence entre ce que Paul fait ici et une allégorisation aussi excessive. Paul reconnaît le cadre historique de l'histoire. Il sait que Sara et Agar étaient de vraies personnes et qu'il utilise un incident de leur vie pour illustrer un point de son argumentation. En revanche, certains prédicateurs allégoriques semblent totalement ignorer le contexte historique. Ainsi, dans le cas de la parabole mentionnée ci-dessus, les pères de l'Église parleraient comme si Jérusalem et Jéricho n'étaient rien de plus que deux sphères de spiritualité.

Quand nous prêchons aujourd'hui, nos auditeurs aiment rarement l'allégorie, car ils sont formés à prêter attention au contexte et se soucient que chaque détail de l'ancien contexte s'harmonise avec le nouveau. Nous n'utiliserions donc probablement pas le type d'exemple que Paul utilise ici. Mais ceux à qui Paul écrivait à l'époque du Nouveau Testament acceptèrent ce type d'argument. Ce qui importait pour eux, c'était la relation illustrée et l'acte de rédemption.

L'argument central de Paul est qu'Ismaël et Isaac représentent la différence entre la loi et la promesse dont il a parlé dans 3.16-21. Ismaël, le fils de la femme esclave, est né à la suite d'une suggestion de Sara, ou, en d'autres termes, à la suite d'une « volonté humaine » (4.23a, S21). Il a ensuite été chassé et n'a pas partagé la bénédiction (4.30). La voie de l'héritage est celle de Sara, la femme libre, dont le fils est né miraculeusement, en vertu de la promesse divine (4.23b ; cf. Gn 17.16, 19a, 21).

Paul applique cette histoire à la situation des Galates, en disant : « Nous, frères et sœurs, comme Isaac nous sommes les enfants de la promesse » (4.28, S21). Ils sont les bénéficiaires de l'œuvre de justification de Dieu, qui fait appel à la foi et non aux bonnes œuvres comme base d'acceptation par celui qui a fait la promesse.

Les mères des deux fils représentent « deux alliances » (4.24). Agar, qui a été conduite dans le désert, peut être considérée comme représentant l'ancienne alliance de la loi. C'est pourquoi Paul la décrit comme représentant le « mont Sinaï », où la loi a été donnée à Moïse (Ex 19.20-20.17) et à « la Jérusalem actuelle », centre de la foi juive (4.24b-25).

Sara, d'autre part, représente la nouvelle alliance de la grâce. Paul la décrit comme la « Jérusalem d'en haut », c'est-à-dire la future Jérusalem dans laquelle se rassembleront les peuples de toutes les nations (Ap 21.2). Sara n'est pas une esclave, mais une femme libre (4.26). Elle est « notre mère » de la même manière qu'abraham est notre père, c'est-à-dire le père de tous ceux qui croient (3.29). Parce qu'elle est libre, les Galates sont également libres. Ils n'ont pas besoin de se soumettre à l'esclavage, c'est-à-dire à la loi que les judaïsants veulent imposer.

En développant l'argumentation, Paul cite Ésaïe 54.1 qui dit que « les enfants de la délaissée [ou stérile] seront plus nombreux que ceux de la femme qui a son mari » (4.27, Colombe). Dans Ésaïe, la femme jadis inféconde représente la nouvelle Jérusalem qui émergera de la désolation stérile des ruines de la vieille Jérusalem et dépassera les villes voisines qui n'ont jamais été détruites. Elle est comme Sara, elle aussi stérile avant de recevoir de Dieu le don miraculeux d'un enfant. Elle passe d'un état de désespoir à un état de bénédiction.

Le message d'espoir et de bénédiction d'Ésaïe s'est partiellement réalisé lorsque les exilés sont revenus de Babylone et que Jérusalem a été reconstruite pour devenir la « Jérusalem actuelle », la ville de l'époque de Paul. Mais ce n'était pas le seul accomplissement de la prophétie[277]. Ésaïe prophétisait, consciemment ou non, la venue d'une autre nouvelle Jérusalem qui serait un lieu d'espoir et de bénédictions encore plus grandes. Cette ville n'était pas encore réalité à l'époque de Paul et nous attendons encore aujourd'hui la venue de la « Jérusalem d'en haut », qui appartiendra non seulement aux Juifs, mais à toutes les nations de la terre. La citoyenneté dans la Jérusalem de l'époque de Paul exigeait d'être juif ou de vivre comme tel, mais la citoyenneté dans la Jérusalem spirituelle est ouverte à tous ceux qui ont la foi.

Sara, bien sûr, avait un mari. Il y a aussi d'autres endroits où le verset cité est inconsistant avec les détails de l'histoire d'abraham, Sara et Agar. Paul ne se souciait pas de cela. Il s'est concentré sur Sara, qui est maintenant libre et bénie. Il utilisait la citation de l'Ancien Testament pour faire valoir un seul point et n'avait aucune intention de suggérer que chaque point de la citation correspondait à tous les détails de l'allégorie. Il entend se servir de cette histoire pour rappeler aux croyants de Galatie leur statut privilégié d'héritiers libres et bénis d'abraham et de Sara et la nécessité de rester sur le chemin de la foi et non des œuvres.

Chaque fois qu'ils entendent l'histoire de Sara et Agar, ils doivent se souvenir de cette vérité.

Paul reconnaît que le fils de la femme libre peut être persécuté par le fils né d'effort humain, selon le modèle d'Ismaël persécutant Isaac (Gn 21.9), mais cela ne signifie pas que celui qui est persécuté n'est pas béni. Les croyants galates peuvent s'attendre à une certaine persécution de la part de ceux qui veulent les asservir à la loi, mais cela ne leur enlève pas leur bonheur. En prolongeant l'analogie, Paul rappelle aux Galates le sort du persécuteur : il a été renvoyé, car il n'était pas l'héritier (4.30 ; citant Gn 21.10).

Paul termine son argumentation en disant aux Galates : « Ainsi, frères et sœurs, nous ne sommes pas les enfants de l'esclave, mais de la femme libre » (4.31, S21). Nous sommes acceptés par Dieu, non pas sur la base de l'obéissance à un ensemble de lois, mais en revendiquant la promesse de Dieu en la personne de Jésus-Christ.

Nous devrions être bénis par le rappel que nos difficultés actuelles ne nous privent pas du statut que Dieu nous donne. Dieu a permis au fils de la promesse (Isaac) d'être persécuté par le fils de l'effort humain (Ismaël), et il peut permettre à ceux qui croient en son Fils de faire l'expérience de la persécution. Mais notre statut d'héritiers du Christ (Rm 8.17) est enraciné dans la promesse de Dieu qui ne change jamais. Pierre et Jacques nous rappellent tous deux les choses positives que la persécution a accomplies pour nous, héritiers de la promesse de Dieu (1 P 1.3-8 ; Jc 1.2-4). Nous sommes bénis même si cela ne nous semble pas toujours évident.

Paul utilise l'allégorie d'agar et Sara pour convaincre les Galates que la justification vient par la foi et non par les œuvres ou l'effort humain. Leur mère est Sara, la femme libre, et leur modèle est Isaac, le fils de la promesse et l'héritier des bénédictions d'abraham.

Questions pour la discussion

1. Avez-vous déjà ressenti un rejet de la part de quelqu'un dont vous espériez de la gratitude ? Quelle a été votre réponse et pourquoi ? Quelles sont les attentes normales lorsque quelqu'un a bénéficié de nos efforts ou de notre soutien ? Qu'est-ce qui cause des réactions anormales ?

2. Est-il possible de donner aux gens une très mauvaise note ? Comment équilibrer entre une évaluation honnête et la nécessité de ne pas

démoraliser les personnes qui ne vont pas très bien ? Comment Paul a-t-il réussi à maintenir l'équilibre ici ?

3. Quels sont les devoirs que le royaume de Dieu exige, compte tenu du fait que nous sommes les descendants d'une promesse et avons un héritage de Dieu ?

4. Quels sont les dangers de se concentrer sur la loi sans prendre en compte le contexte de la promesse ? En vous inspirant de l'allégorie utilisée ici, que manque-t-il à une telle approche de Dieu ?

UNITÉ 12
Galates 5.1-15

TROIS CHOIX

Les contrastes sont fascinants depuis le début de la création, quand Dieu a créé la lumière et les ténèbres, le jour et la nuit. Notre corps aussi est une étude de contraste avec les différences entre hommes et femmes et entre la main gauche et la main droite. Nous décrivons les gens en termes de contrastes, en disant qu'ils sont grands ou petits, lourds ou légers, etc. Les contrastes font désormais partie de notre façon de penser dans la vie.

Alors que les choses contrastées sont souvent neutres en elles-mêmes (car elles font toutes partie de ce que Dieu a qualifié de « très bon » – Gn 1.31), nous avons tendance à les imprégner d'une signification culturelle. Ainsi, la lumière et l'obscurité sont souvent utilisées comme symboles de la confrontation morale entre le bien et le mal. Dans certaines cultures africaines, donner quelque chose de la main gauche signale une insulte.

Les contrastes sont aussi parfois utilisés pour justifier une discrimination. En Afrique, les garçons peuvent être mieux traités que les filles. Les membres d'un groupe de personnes peuvent être traités différemment que les membres d'un autre groupe. Qu'est-ce qui justifie un tel traitement ? Quelqu'un a-t-il son mot à dire sur son sexe ou le groupe dans lequel il est né ? Je n'ai pas d'autre choix que d'être un homme. Je peux prétendre être une femme et même changer d'apparence physique pour ressembler à une femme, mais dans le registre de Dieu, je reste un homme. De même, les croyants galates n'avaient pas le choix de naître juifs ou non juifs.

Il existe cependant des domaines dans lesquels les individus peuvent faire des choix. Par exemple, je peux choisir d'être bon ou méchant envers toute personne que je rencontre. Paul traite de trois choix très réels quand il écrit aux Galates. Dans chaque cas, il les encourage – ainsi que nous – à faire le bon choix, le choix approuvé par Dieu, qui nous traite tous de la même manière lorsque nous venons à lui par le Christ[278].

Le choix du statut : esclave ou libre

À la fin du chapitre quatre, Paul oppose Agar et Sara, l'esclave et la femme libre. Il a rappelé aux Galates qu'ils étaient les descendants de la femme libre et qu'ils devaient donner du prix à leur liberté. Il insiste maintenant sur ce point en déclarant : « C'est pour la liberté que Christ nous a libérés[279] » (5.1a, Colombe). Ceux d'entre nous que le Christ a libérés de l'esclavage du péché ont été mis sur la voie de la liberté et nous devrions jouir de cette liberté.

Le Christ avait libéré les non-Juifs de Galatie de leur esclavage au péché, mais ils se laissaient de nouveau asservir par un autre maître – la loi. Mais l'esclavage reste l'esclavage, quel que soit le maître. Ils retombaient dans l'état sans espoir dont le Christ les avait libérés.

Paul les exhorte ainsi : « demeurez donc fermes » (5.1b, Colombe). Il utilise le même mot dans 1 Corinthiens 16.13, quand il dit aux Corinthiens de rester fermes dans la foi, et dans Philippiens 4.1, où il dit aux Philippiens de demeurer fermes dans le Seigneur[280]. La liberté, la foi et le Seigneur représentent le fondement solide qui ne peut être ébranlé dans le plan de salut de Dieu. Le Seigneur est le seul sauveur ; la foi est le seul moyen d'acceptation devant Dieu ; nous rendre libres du péché et des réglementations légalistes est le but pour lequel le Christ est mort.

Rester ferme n'est pas une manifestation d'obstination insensée, mais un refus déterminé de quitter sa conviction. Les Galates sont déjà dans la bonne position. Ils sont libres. Ils seraient insensés de se mettre « de nouveau sous le joug de l'esclavage » (5.1b, Colombe).

Le « joug » est ce que les Africains utilisaient traditionnellement pour atteler des bœufs ou des ânes afin de cultiver les champs ou de tirer de lourdes charges. Les animaux font leur travail, mais quand le joug est enlevé à la fin de la journée, ils jouissent de leur liberté. Si le propriétaire se souvient soudainement d'un autre travail à faire et essaie de soumettre à nouveau les bêtes au joug, elles résistent, en particulier si la tâche précédente avait été exigeante. Elles refuseront de bouger, si ce n'est pour esquiver toute tentative visant à leur passer le joug sur le cou. Les lecteurs de Paul doivent agir de la même manière et faire preuve de la même détermination. Pourquoi un esclave libéré voudrait-il redevenir esclave ? Permettre que leur position sur cette question cruciale devienne fragile revient à s'exposer au danger d'être ébranlés.

Le symbole de cet esclavage à venir est la circoncision, non seulement en tant que rite culturel, mais aussi en tant que fondement de la justification[281] (5.4). Elle était considérée comme une condition préalable à l'acceptation par Dieu. Mais ce n'est pas la voie de justification fournie par le Christ. Alors, Paul avertit solennellement les Galates : « Voici : moi Paul, je vous dis que, si vous vous faites circoncire, Christ ne vous servira de rien » (5.2, Colombe). Ceux qui choisissent cette voie disent qu'ils n'ont pas besoin du Christ. La conséquence est qu'ils sont tenus « de mettre en pratique la loi tout entière » (5.3b).

Paul a souligné le même point dans 3.12, où il affirmait qu'en matière de justification, les chemins de la foi et de la loi divergeaient. Ceux qui ignorent les enseignements de Paul et veulent toujours suivre le chemin de la loi se sont « séparés de Christ et [...] déchus de la grâce » (5.4, Colombe). Paul écrit aux personnes qui sont déjà entrées en communion avec le Christ en acceptant avec foi son œuvre achevée sur la croix comme base suffisante pour la justification. Lorsque ces personnes recherchent un autre moyen de justification, elles tournent le dos au Christ et à sa grâce. Elles ont déjà été sauvées par la grâce, mais cherchent maintenant à se justifier en obéissant à la loi. Mais ceux qui suivent cette voie légaliste doivent reconnaître le contrat implicite qu'ils ont signé : si le salut est obtenu en respectant la loi, alors chacun des décrets de la loi doit être respecté, parfaitement respecté. C'est impossible ! Quel soulagement de savoir que Christ a satisfait à toutes les exigences de la loi et que tout ce que nous avons à faire, c'est d'exercer notre foi en lui !

Paul ne dit pas qu'ils vont perdre leur salut pour autant. Son attention se concentre sur la manière dont le salut est obtenu et gardé. Les Galates avaient déjà été sauvés par la grâce (1.6). On leur dit maintenant qu'ils ont pris le mauvais chemin et qu'ils doivent recommencer leur périple, avec cette fois un pied sur le chemin de la foi et l'autre sur le chemin de la loi. Ils seront comme la hyène affamée qui n'a pas pu décider quel chemin prendre quand elle est arrivée à un embranchement. Plutôt que de décider du chemin à suivre, elle a essayé de marcher sur les deux chemins en même temps, les pattes gauches sur l'un et les droites sur l'autre. Mais les chemins ont divergé. Tout ce que la hyène pouvait faire était de se séparer en deux. Il faut choisir un chemin et le suivre.

Théoriquement, la voie de la foi et celle de la loi peuvent toutes deux mener à la justification. Mais les exigences de parcours de chaque voie sont différentes. Ceux qui suivent le chemin de la foi doivent chevaucher le Christ, qui a vaincu tous les défis qui se dressaient sur son chemin. Mais ceux qui suivent la loi doivent faire face, seuls, à tous les obstacles. Ils doivent franchir chacune des lois qui se dressent sur leur chemin et ne peuvent progresser que si toutes les lois ont été parfaitement surmontées.

Cela n'a aucun sens pour quelqu'un de ne pas vouloir chevaucher le Christ, par la foi en lui, pour atteindre la justification. Pourquoi subir toutes les tortures de la loi sans aucune assurance que l'on pourra atteindre son objectif ? C'est pourquoi Paul n'hésite pas à qualifier d'« insensés » les Galates qui choisissent de suivre le chemin de la loi. Il leur demande de rester fermes dans le chemin de la grâce, le chemin qui les libère des exigences de la loi.

Le « vous » auquel Paul s'adresse dans 5.1-6 ne doit pas être interprété comme « vous tous les Galates », pas plus que le « nous » dans 5.5 ne doit être compris comme ne désignant que Paul et son équipe. Il est juste de dire que la majorité des Galates ont pu appartenir au groupe « vous », mais certains en Galatie, qui s'identifiaient aux enseignements de Paul, appartenaient au groupe « nous ». Ce sont les deux groupes, aux deux idéologies différentes, qui sont mis en opposition.

En opposant le groupe « vous » au groupe « nous », en 5.5, Paul utilise un pronom personnel emphatique (quant à nous[282]). Le groupe auquel il appartient opère par la foi et non par la loi. Il peut donc affirmer que « c'est de la foi que nous attendons, par l'Esprit, l'espérance de la justice » (5.5, Colombe). Cette « espérance » est une attente impatiente, pas simplement une vague attente que quelque chose peut ou peut ne pas se produire. La justice est un voyage ascendant avec un point culminant. Il y a la justice au tout début (justification), la justice tout au long du chemin (sanctification) et la justice au sommet (glorification). La justice que Paul a en tête ici est la justice de sanctification au bout de l'ascension. Le groupe « vous » fait demi-tour avant d'atteindre le sommet de cette voie de justice et revient au début du parcours pour poursuivre une autre voie.

Paul et l'ensemble du groupe « nous » ne faiblissent pas lorsqu'ils attendent avec impatience la justice du sommet. Ils peuvent le faire parce qu'ils ne font pas le voyage par leur propre pouvoir, mais comptent sur le Saint-Esprit[283]. Pour poursuivre l'analogie précédente, même si nous suivons la route de la foi sur le dos de Jésus, des vents forts pourraient nous faire tomber de son dos. Mais le Saint-Esprit nous aide à nous accrocher. Il nous permet de rester en Jésus en toutes circonstances, produisant en nous ce que Paul désignera plus tard comme le fruit de l'Esprit (5.22).

Après avoir ouvert cette section avec un rappel de la liberté que le Christ nous a procurée, Paul termine par une déclaration sur ce qui a de la valeur dans cette sphère du Christ. « Ni la circoncision ni l'incirconcision » ne comptent, mais « la foi qui opère par l'amour[284] » (5.6, NBS). Paul évoquera cela de nouveau dans 6.15 (cf. aussi 1 Co 7, 19).

Il y a une grande différence entre une relation maintenue par obéissance à la loi, qui dit « fais ceci et cela », et une relation fondée sur l'amour exprimé par celui qui dit « voyez ce que j'ai fait pour vous. Dans la foi, acceptez que cela est suffisant et attendez avec foi que je vienne et achève le processus de salut que j'ai déjà commencé en vous ». Cette dernière relation est fondée sur un acte d'amour (ce que j'ai fait pour vous), repose sur une réponse d'amour (je vous aime aussi) et sera scellée dans l'amour (je viens compléter le processus de salut). Tout ici est partie d'un contexte d'amour. Dans un tel contexte, l'obéissance à la volonté de celui qui « a tout fait pour moi » est une chose naturelle. Elle n'est pas perçue comme un moyen d'obtenir quelque chose, mais comme une réponse à l'amour qui a été donné. Ce moyen de justification par la foi est ouvert à la fois aux Juifs (qui sont physiquement circoncis) et aux non-Juifs (qui sont physiquement incirconcis).

Chez les chrétiens, le rite équivalent à la pratique de la circoncision juive est le baptême. Bien que nous différions sur le point de savoir si cela doit être fait par aspersion ou par immersion, nous convenons que cela symbolise une personne mourant avec le Christ et vivant pour lui plaire. Mais il nous faut faire attention à ne pas laisser entendre que quelqu'un qui n'a pas été baptisé est inacceptable devant Dieu. Il n'est pas nécessaire de se précipiter pour baptiser les personnes qui sont sur leur lit de mort. Nous sommes justifiés par la foi, pas par le baptême. Nous devrions éviter de faire quoi que ce soit qui porte atteinte à ce message. Le baptême est simplement la façon par laquelle nous témoignons personnellement que nous appartenons au Christ, mais nous nous faisons accepter par Dieu simplement en croyant en Christ.

Le choix du chef : cohérent ou déroutant

Paul aime utiliser la course comme métaphore de la vie chrétienne (cf. Ac 20.24 ; 1 Co 9.26 ; 2 Tm 4.7). Le type de course auquel il pense est un marathon, pas une course de vitesse. Il peut donc dire aux Galates qu'ils ont bien couru au début (5.7a)[285], comme Paul, leur exemple et leur entraîneur. Ils couraient peut-être à des vitesses différentes, mais dans un marathon, ce n'est pas la vitesse qui compte, c'est la détermination. Il est préférable de courir lentement tout en restant concentré, que de courir vite au début puis de se laisser distraire, ralentir et regarder autour de soi. Moi-même, je n'ai jamais remporté de médaille en athlétisme, mais mes professeurs au lycée disaient que je n'abandonnais jamais une course avant d'avoir fini.

Il en va de même dans la course chrétienne. Nous n'allons peut-être pas tous à la même vitesse, mais nous devons tous continuer à courir sur la même piste. C'est ma prière dans ma marche avec le Seigneur. Je veux rester dans la course jusqu'à la fin et prier pour que tous mes lecteurs qui ont expérimenté la joie de devenir enfants de Dieu fassent de même.

Paul aurait eu la même prière pour les Galates. Il est donc horrifié de voir que quelqu'un a interféré dans la course et « vous a barré la route et vous empêche d'obéir à la vérité » (5.7b, PDV). Le terme traduit par « barrer la route » signifie également « arrêter » (Colombe) ou « empêcher » (BFC)[286]. Les coureurs se débrouillaient bien, jusqu'à ce que quelqu'un brise leur course et les détourne du chemin de la vérité[287]. C'est la pire chose que quiconque puisse faire à un athlète. Cela le ralentit et certains risquent même de trébucher et de tomber. C'est exactement ce qui s'était passé en Galatie. Paul leur avait clairement enseigné que la justification reposait sur la foi en Christ, mais certains avaient été distraits de la course par la suggestion de suivre plutôt la voie des œuvres.

Paul demande qui était le fauteur de troubles, sans attendre de réponse à sa question rhétorique, mais en essayant de forcer les Galates à réfléchir à ce qu'il se passe (5.7b ; comparer 3.1). Il pose cette question comme s'il avait quelqu'un en tête, mais cela ne signifie pas qu'il ne pense qu'à une seule personne. Les judaïsants en général étaient responsables d'interférer dans la croissance des Galates sur le chemin de la grâce. Derrière eux se trouvait l'influence de Satan. Mais il est tout à fait possible que l'un des judaïsants ait émergé en tant que chef du groupe et qu'il ait été l'instrument principal de Satan pour empêcher la croissance des Galates.

Ce que Paul sait de ceux qui les troublent, c'est que « cette persuasion-là ne vient pas de celui qui vous appelle » (5.8, NBS). Les paroles de Paul en 1.6 indiquent que « celui qui vous appelle » est Dieu. Ainsi, quelle que soit cette personne ou ce groupe, il ne vient pas de Dieu et, par conséquent, ses tentatives de les persuader de courir la course différemment ne viennent pas de Dieu.

En utilisant une métaphore commune, Paul compare les enseignements de cette personne à « un peu de levain » (5.9). Une petite quantité de levain mélangée à un lot entier de pâte suffit à faire lever le lot tout entier. De la même manière, les faux enseignements se répandront parmi les chrétiens de Galatie et égareront de nombreuses personnes. C'est pourquoi Paul leur écrit de toute urgence.

Plus tard dans la lettre, Paul décrit les personnes qui diffusent de tels enseignements comme semant « le trouble » (5.12a). C'est le genre de personnes qui aiment semer désordre et confusion dans l'esprit des autres (5.10b, cf. aussi 1.7). Pour comprendre ce que cela signifie, pensez à un nid de fourmis. Les fourmis ne sont pas seulement organisées et assidues (Pr 6.6), mais elles excellent également dans la répartition des tâches, chacune remplissant fidèlement son rôle. Si vous jetez quelque chose au milieu d'un groupe de fourmis, elles se dispersent dans la confusion et leur travail est perturbé. C'est exactement ce qui se produit lorsqu'un faux prédicateur ou enseignant se rend dans une congrégation. Il commence à semer la confusion chez les membres. Celui qui fait cela en Galatie n'a pas été envoyé par Dieu, ni par Paul ni par aucun des autres apôtres. C'est juste quelqu'un de mécontent qui veut contredire l'enseignement apostolique.

L'une des stratégies de Satan est de guetter un moment où tout semble bien se passer dans notre vie personnelle ou dans une Église, puis d'introduire quelque chose qui peut nous désorienter et nous détourner de notre appel. Il peut alors profiter de nos actions (ou réactions). Il peut, par exemple, perturber un groupe d'étude biblique en présentant une personne qui veut toujours discuter de ses propres problèmes, ou une personne qui veut toujours développer une question controversée, non parce qu'elle veut apprendre, mais parce qu'elle aime le débat. Bien qu'il ne soit pas mauvais de soulever des problèmes, ces personnes deviennent perturbatrices, car elles dominent tellement le groupe qu'elles ne laissent aucune chance aux autres de continuer à apprendre et à grandir dans le Seigneur. Satan peut utiliser ces personnes pour contrecarrer le ministère d'une Église locale et empêcher les autres de développer une relation plus profonde avec Dieu.

Avant d'accuser les autres d'agir de la sorte, nous devrions nous arrêter et nous demander s'il nous arrive de nous laisser prendre dans une situation où nous représentons une force perturbatrice. Aidons-nous à la croissance spirituelle des autres ou la compromettons-nous ? La question est sérieuse, car Paul prévient que si nous la compromettons, il nous faudra en supporter « la condamnation » (5.10b).

Paul ne nous dit pas ce que sera cette condamnation, mais il prévient qu'elle tombera sur celui qui sème la confusion parmi les Galates, « quel qu'il soit » (5.10b). Cette expression suggère que Paul pourrait avoir quelqu'un en tête, probablement une personne influente et en bonne position parmi les Galates. Si tel est le cas, il n'est pas étonnant que beaucoup se soient égarés.

Bien que les Galates ne soient pas absous de leur responsabilité personnelle de rester fidèles à la foi, Paul tient le faux enseignant pour responsable. Sa colère contre de telles personnes devient claire quand il parle des agitateurs et dit : « Puissent-ils même se castrer » (5.12, S21). Si ces personnes pensent que le fait de retirer leur prépuce par la circoncision les justifiera, alors pourquoi en rester là ? Pourquoi ne pas enlever toute cette partie du corps ? Cela n'apporterait-il pas un degré de justification encore plus élevé ? S'ils étaient prêts à aller aussi loin, Paul pourrait se convaincre qu'ils enseignaient ce en quoi ils croyaient vraiment et qu'ils n'essayaient pas juste de semer la confusion et de saper son enseignement.

Les paroles dures de Paul peuvent être motivées par sa conscience de ce qu'il a souffert pour l'Évangile. Il a été persécuté et sait ce que c'est que de souffrir pour sa foi. Est-ce que ses adversaires seraient prêts à supporter ce qu'il a enduré ? Sont-ils prêts à faire de sérieux sacrifices ? (5.12).

L'une des raisons pour lesquelles il souffre est que, dans son propre enseignement, il prêche la croix et non la circoncision. S'il prêchait la circoncision[288], les Juifs ne le persécuteraient pas. Mais ce qu'il est appelé à prêcher, c'est « le scandale de la croix » (5.11, Colombe). Ce « scandale » est la vérité selon laquelle le salut et la justification découlent de la mort de Christ pour nous[289]. Cette vérité est une folie pour les non-Juifs et une pierre d'achoppement pour les Juifs qui veulent s'accrocher à la circoncision et à la loi comme chemins du salut (cf. aussi 1 Co 1.22).

Paul reconnaît que les Galates sont menacés par la ruse du faux enseignant, mais il leur donne quand même son vote de confiance : « Pour moi, j'ai cette confiance en vous, dans le Seigneur, que vous ne penserez pas autrement » (5.10a, Colombe). Ils n'accepteront pas d'opinion s'écartant de la vérité que Paul leur a enseignée et dans laquelle ils ont marché jusqu'à présent.

Quelle manière intéressante d'encourager une congrégation qui a été réprimandée encore et encore ! Oui, les réprimandes peuvent être justifiées et données, mais Paul place toujours de grands espoirs en ces personnes. Il donne le bon exemple aux pasteurs qui doivent parfois traiter avec des personnes qui s'engagent dans une mauvaise voie. Bien qu'elles aient besoin d'être remises sur le droit chemin et même d'être réprimandées, elles doivent également être assurées que nous croyons qu'elles choisiront ce qui est juste.

Paul a exprimé la même confiance en écrivant à l'Église de Thessalonique (2 Th 3.4). C'est une excellente pratique pastorale. Le même principe est également applicable pour élever les enfants. Lorsque les enfants savent que, quoi qu'ils aient fait de mal, papa et maman sont sûrs qu'ils peuvent faire mieux, cela les encourage à poursuivre dans la bonne voie. Lorsqu'un employeur réprimande un employé, mais en même temps exprime sa confiance en lui, on peut espérer une meilleure performance. Nous devrions toujours transmettre la réprimande et l'encouragement en même temps.

Le choix du mode de vie : l'auto-indulgence ou le service

Paul insiste pour que les croyants soient « appelés à la liberté » (5.13a, Colombe ; cf. aussi 5.1). Ils ne doivent pas être légalistes et vivre en esclavage. Mais il n'existe que deux approches pour que les croyants puissent adopter cette liberté. L'une a tort et l'autre a raison. L'un des groupes dira « Vive la liberté » et continuera à vivre comme s'il était libre de faire ce qu'il voulait, sans rendre de comptes à personne. Au cas où l'un des Galates serait tenté d'agir ainsi, Paul prend les devants : « [...] que cette liberté ne devienne pas un prétexte pour la chair » (5.13b, NBS).

L'autre groupe utilisera sa liberté pour être « serviteurs les uns des autres » (5.13c, Colombe). Cette approche christique de la liberté est la bonne, non seulement parce que Paul le dit, mais aussi parce qu'elle est conforme à la loi de l'amour qui résume ce qui dans la Loi de Moïse se concentre sur les relations humaines (Mt 22.37-39 ; Mc 12.30-31 ; Lc 10.27). Paul peut donc dire que « la loi se trouve accomplie tout entière par l'obéissance à cette seule parole : "Tu aimeras ton prochain comme toi-même" » (5.14, BS).

L'absence d'un esprit de service et d'amour les uns envers les autres conduit à l'égoïsme qui se manifeste de la manière suivante : « vous vous mordez et vous dévorez les uns les autres » (5.15). Le bon sens nous dit qu'un tel comportement est destructeur pour les deux parties. A mord B, et B en retour mord A. En fin de compte, leurs morsures continues les amènent à se dévorer, ils sont détruits non par un ennemi extérieur, mais par eux-mêmes. La situation aurait été bien différente s'ils avaient réglé leur différend dans un esprit d'amour.

L'Église en Afrique n'a pas été épargnée par ce genre de morsures et d'annihilations (surtout en temps d'élections). Mais ce n'est pas cela l'esprit du Christ, qui est l'exemple suprême du service (Mc 10.45) et de l'amour (Jn 10.11, 14, 17-18). Nous sommes appelés à ne pas penser que nous sommes plus méritants que les autres, mais à nous donner pour que les autres soient bénis.

Nous ne sommes pas parfaits et nous n'allons pas toujours aimer et servir comme nous le devrions. Mais la situation ne dégénérera pas en destruction si l'une des parties est suffisamment mûre pour renvoyer l'amour face à la haine, donner une tape dans le dos en réponse à une gifle et répondre à l'égoïsme par le service. Le Malin découragera activement un tel comportement, car il souhaite avoir deux parties belligérantes à son service. Mais ne lui cédez pas ! Si vous êtes dans une relation stressante, prenez courage et apportez de l'amour à celui dont vous estimez qu'il ne le mérite pas. Si nous pouvions tous aimer un peu plus nos ennemis, le monde changerait. Au lieu d'être un endroit où la guerre nous entoure, ce serait un endroit où personne ne meurt de faim.

Questions pour la discussion

1. Comment évalueriez-vous votre propre réponse aux choix présentés dans ce passage ? Vivez-vous une vie de foi en Christ, ou une vie dans laquelle vous devez faire certaines choses pour que Dieu vous accepte ? Les prédicateurs que vous aimez écouter prêchent-ils le salut en Christ ou vous éloignent-ils de lui ? Vivez-vous pour le Christ et pour servir les autres ou ne vivez-vous que pour vous-même ?

2. Avez-vous des exemples de personnes ou de groupes contemporains qui ressemblent à ceux qui conseillaient aux Galates de faire de mauvais choix ? Expliquez pourquoi vous pensez que ces personnes ou groupes entraînent les gens dans la mauvaise voie.

UNITÉ 13
Galates 5.16-26

TROIS MODES DE VIE

Les maladies peuvent avoir des causes externes ou internes. Une éruption cutanée, par exemple, peut n'indiquer rien de plus qu'une réaction à un composant de crème pour la peau ou à un détergent. Cependant, elle pourrait également indiquer que votre corps tout entier a été infecté par la rougeole, la varicelle ou une maladie grave.

Un processus similaire s'applique en matière de comportement. Certaines de nos bonnes et de nos mauvaises actions peuvent être des manifestations superficielles de vertus ou de vices et ont peu à voir avec ce que nous sommes réellement. Cependant, d'autres peuvent provenir du plus profond de notre personnalité.

Dans cette section de Galates, Paul présente une liste des vertus qui devraient caractériser ceux qui vivent dans l'obéissance au Saint-Esprit et dans sa puissance, ainsi qu'une liste des vices qui ne devraient pas les caractériser. Il ne suggère pas qu'un croyant ne sera jamais coupable de certains de ces vices, ou qu'un incroyant ne fera jamais preuve de certaines des vertus énumérées ici. Ce qui est important, cependant, c'est le type de comportement qui nous caractérise au plus profond de nous-mêmes et qui est produit non pas par nos propres efforts désespérés pour être bons, mais par l'habilitation du Saint-Esprit qui vit en nous en tant que croyants.

Dans 5.13, Paul avait exhorté les croyants à ne pas utiliser leur liberté comme une excuse pour « la chair ». Il y revient dans 5.16 et discute de trois modes de vie : 1) la vie sous la loi, 2) la vie suivant les désirs de la nature pécheresse, et 3) la vie conduite par l'Esprit[290].

La vie sous le régime de la loi

Paul ne discute pas longtemps de la vie sous la loi, car il a déjà traité cette question en profondeur plus tôt dans la lettre. Cependant, il fait référence à ce type de vie à deux reprises. Il oppose la vie dirigée par l'Esprit à la vie légaliste lorsqu'il écrit aux Galates : « si vous êtes conduits par l'Esprit, vous n'êtes pas sous la loi » (5.18, Colombe). Après avoir énuméré les fruits de l'Esprit, il déclare : « contre de telles choses, il n'y a pas de loi » (5.23b, DBY). Son argument est que la loi, définie comme la volonté de Dieu, se réalise naturellement chez ceux qui sont conduits par l'Esprit, parce que l'Esprit ne les conduira pas à agir d'une manière contraire à la volonté de Dieu. Bien que la loi ne produise pas de justification, elle fait vraiment partie du mode de vie défini comme la vie sous l'Esprit.

La vie guidée par la nature pécheresse

Notre « nature propre » (5.16, S21) ou « chair » (Colombe) est la partie de nous qui n'est pas en harmonie avec le Saint-Esprit et nous conduit à désirer des choses qui sont contre la volonté de Dieu[291]. Paul énumère les types de vices que ce désir produit. Certains des vices qu'il mentionne auraient pu faire partie intégrante de la vie de nombreux non-Juifs avant leur conversion au christianisme (certains d'entre eux étaient déjà répertoriés comme des vices par les philosophes grecs vivant trois siècles et demi avant Paul[292]). D'autres, en particulier ceux qui concernent les relations sociales, ont facilement pu être déclenchés par des divergences d'opinions résultant de la confusion apportée par les faux enseignants.

La liste de Paul peut être décrite comme « désordonnée, chaotique et incomplète, correspondant au caractère aléatoire et compulsif du péché lui-même[293] ». Cependant, il est possible de regrouper les vices en quatre catégories, à savoir les péchés sexuels, les péchés religieux, les péchés affectant les relations et les péchés d'excès.

Les péchés sexuels

- *L'immoralité sexuelle.* Les cultures grecque et romaine étaient plutôt tolérantes envers les relations sexuelles hors mariage. Mais pour les chrétiens, comme pour les croyants de l'Ancien Testament, le sexe n'est moral que dans le cadre du mariage. C'est l'expression physique d'une intimité qui peut être comparée aux relations entre Dieu et Israël (Os 2) et entre Christ et l'Église (Ep 5.32)[294].

- *L'impureté.* Paul ne fait pas référence à l'impureté en général, mais à l'impureté sexuelle (par ex. Rm 1.24 ; 6.19[295]). Bien que le terme couvre les relations sexuelles hors mariage, sa portée est suffisamment large pour inclure toutes sortes de perversions sexuelles, y compris l'homosexualité.
- *La débauche.* La débauche implique de mener une vie caractérisée par la sensualité, la licence et la promiscuité, avec un mépris total pour Dieu et les autres. Quelqu'un qui est débauché n'a aucun sens de la décence et ne se soucie pas de savoir quand, où et comment les actes sexuels sont commis.

Les péchés religieux

- *L'idolâtrie.* L'idolâtrie consiste à avoir dans sa vie quelque chose qui prend le pas sur le vrai Dieu de la Bible. Cela peut être une image taillée, mais ce peut aussi être un bien, car la cupidité est une forme d'idolâtrie (Col 3.5). Tout comme l'est le fait de valoriser une relation humaine plus que la relation avec Dieu.
- *La sorcellerie.* Le mot grec *pharmakeia* était autrefois neutre et faisait référence à la délivrance de médicaments (c'est la source du terme français « pharmacie »). Cependant, à l'époque de Paul, cela signifiait utiliser le poison ou la sorcellerie pour nuire à autrui.

Les péchés affectant la relation

- *La haine.* La haine peut être exprimée en actes comme elle peut juste consister en une hostilité sous-jacente « entre individus ou entre communautés sur des bases politiques, raciales ou religieuses[296] ». C'est le contraire de l'amour.
- *La discorde.* La discorde est le contraire de la paix. C'est l'expression extérieure de la haine, la tentative de détruire ceux que nous n'aimons pas, comme le montre clairement le fait que le terme grec que Paul utilise provient de l'ancien nom de la déesse de la guerre et de la destruction[297]. Paul mentionne souvent ce mal dans le Nouveau Testament et rappelle aux croyants que même si cela faisait partie de leur vie dans le passé, cela n'a plus sa place dans leur vie présente. Si ce mal se retrouve encore parmi eux, il est évident qu'ils ne sont pas gouvernés par l'Esprit d'amour de Dieu. Si leur énergie se consume dans les querelles, ils ne pourront pas avancer dans la foi.

- *La jalousie.* Une personne jalouse est « quelqu'un qui veut ce que les autres ont », parce qu'elle a « une posture élémentaire d'ingratitude envers Dieu, une incapacité à accepter sa vie comme un cadeau de Dieu[298] ». Être satisfait de la manière dont Dieu nous a créés et de ce qu'il nous a donné est essentiel pour vivre en paix avec les autres. Bien que la plupart d'entre nous nient avoir jamais été jaloux, il nous suffit de tester notre réaction lorsqu'un autre étudiant obtient une meilleure note que nous, lorsque la congrégation d'un autre pasteur grandit plus vite que la nôtre, lorsqu'un autre enseignant est plus apprécié des étudiants que nous ne le sommes, lorsque les affaires ou la carrière d'une autre personne prospèrent plus que les nôtres, etc. Si nous adoptons une attitude semblable à celle du Christ, d'un point de vue humain, nous nous réjouirons honnêtement pour ceux qui réussissent mieux que nous. Tout ce que nous recevons de Dieu est ce que nous pouvons attendre de meilleur pour le moment à vivre, et nos cœurs devraient être remplis de gratitude plutôt que de jalousie.
- *Les accès de colère.* Le type de comportement auquel Paul fait référence ici est « un déchaînement de passion colérique et d'hostilité[299] ». C'est le type de comportement conduisant à attaquer d'autres personnes ou à se livrer à la violence domestique, dans laquelle les hommes battent leur femme et leurs enfants. Dans sa forme extrême, il en résulte de tristes nouvelles selon lesquelles des pères tuent leurs enfants et des fils tuent leurs parents et tous sont ensuite submergés par le remords.
- *L'ambition égoïste.* Le terme grec traduit par « ambition égoïste » désignait à l'origine le fait d'essayer d'amener les autres à nous élire à un poste politique. Finalement, ce terme a fini par avoir la connotation négative de dévotion égoïste à ses propres intérêts[300]. Les personnes ayant cette attitude se servent des autres comme tremplins pour atteindre leur objectif et manipulent les faits pour en tirer profit. Ce qui était vrai des anciens hommes politiques grecs est toujours vrai aujourd'hui ! Mais un chrétien (y compris un politicien chrétien – car il y en a) doit faire preuve d'amour et de souci de la vérité.
- *Les dissensions.* Comme le mot précédent, celui-ci trouve également son origine dans le contexte de la politique, faisant référence à des désaccords entre partis politiques. Mais s'il est sain d'avoir des opinions différentes et d'en débattre, il y a un réel problème lorsque ces divergences d'opinions affectent les relations. Dans l'Église chrétienne, les croyants sont appelés à fraterniser en tant qu'un seul corps en Christ et à travailler ensemble pour promouvoir le royaume

de Dieu. Lorsqu'il y a division sur des bases ethniques, économiques ou idéologiques, cela devient un vice. Il en résulte ce qu'un commentateur décrit comme « la prise de position décidée et violente pour des motifs égoïstes et inflexibles[301] ».

- *Les clans.* Ils apparaissent lorsque les divisions se formalisent et que les gens font « des choix intentionnels de prendre le chemin de la fierté égoïste, de l'envie et des querelles plutôt que la voie royale de l'amour, du pardon et de la magnanimité[302] ». Paul utilise le même mot en référence à l'esprit de sectes dans Corinthe (1 Co 11.19, DBY). Les clans nous empêchent de présenter un front uni lorsque nous recherchons la vérité de Dieu et sa volonté et prions les uns pour les autres.
- *L'envie.* Il existe un lien étroit entre l'envie et la jalousie[303]. Les envieux se réjouissent des malheurs des autres parce qu'ils ne supportent pas de voir les autres mieux lotis qu'eux. Ils vont même tenter de détruire ce que les autres ont s'ils ne peuvent pas l'avoir pour eux-mêmes. Nous constatons les effets de l'envie lorsque nous observons que bien des personnes en Afrique ont peur de réussir et de s'enrichir. Ils savent que ceux qui réussissent se heurtent souvent à l'hostilité de leur prochain et deviennent la cible des voleurs et des meurtriers. Le résultat en est que le continent reste pauvre dans son ensemble. C'est peut-être ce lien entre l'envie et la violence qui a conduit certains manuscrits à inclure le « meurtre » dans la liste entre « l'envie » et « l'ivresse », bien que ce mot ne figure pas dans les manuscrits plus anciens du Nouveau Testament.

Les péchés d'excès

- *L'ivrognerie.* L'excès de vin est semblable à la gourmandise, terme désignant l'excès de nourriture. Mais l'ivresse fait plus de mal, car elle « affaiblit le contrôle rationnel et moral des gens sur leurs paroles et leurs actes[304] ». Elle prend possession de toute la personne et contrôle son comportement. Il est impossible d'être à la fois plein d'alcool et rempli du Saint-Esprit (Ep 5.18).
- *Les orgies.* Paul utilise toujours le terme traduit par « orgies » dans le même contexte qu'« ivrognerie » (Rm 13.13 ; Ga 5.21 ; 1 P 4.3). Il fait référence au type de comportement résultant de ripailles, y compris « l'infidélité conjugale, les abus envers les enfants et les conjoints, l'érosion de la vie familiale et le chaos moral dans la société[305] ». Quand on est contrôlé par le vin, la décence et la considération s'évaporent.

Cette liste de quinze vices ne se veut pas exhaustive. Les mots de conclusion, ainsi que d'autres (5.21a), nous disent qu'il y en a beaucoup plus. L'important est qu'aucun de ces vices ne fasse partie de la vie d'un croyant. Les croyants peuvent parfois trébucher et tomber dans le péché, mais il ne faut jamais que l'on puisse dire que c'est notre mode de vie. Si c'est le cas, nous devrions sérieusement questionner notre salut, car « ceux qui se livrent à de telles pratiques n'hériteront pas du royaume de Dieu[306] » (5.21b, Colombe).

Ces vices n'auraient pas dû être présents dans l'Église de Galatie, et ils ne devraient pas l'être dans nos Églises aujourd'hui. Certes, ils sont toujours présents dans la société qui nous entoure : la moralité est toujours aussi basse, les conflits sont fréquents et le respect pour Dieu diminue. La situation met l'Église au défi d'être encore plus vigoureuse dans son témoignage.

La vie guidée par l'Esprit

Contrairement au mode de vie contrôlé par notre nature pécheresse, nous devrions choisir le mode de vie que Paul recommande en 5.16a, lorsqu'il dit aux Galates « marchez par l'Esprit » (c'est-à-dire prenez l'habitude de vivre sous le contrôle de l'Esprit)[307]. En 3.2 et 3.5, il dit que les Galates ont déjà reçu le Saint-Esprit, il ne les exhorte donc pas à faire quelque chose de nouveau, mais à continuer de faire ce qu'ils ont fait auparavant.

Ceux qui « sont conduits par l'Esprit » ne sont plus obligés d'obéir à la loi de l'Ancien Testament pour plaire à Dieu (5.18, Colombe), et ils ne sont pas pour autant livrés à l'auto-indulgence. Ils sont libérés du joug de la loi et du péché. Ils suivent le chemin de l'amour et leurs actions ne sont pas dictées par des forces extérieures, mais par la pression intérieure de l'Esprit. C'est sa grâce qui permet d'aimer son prochain comme soi-même (Mt 22.39) et d'aimer ses ennemis (Mt 5.44 ; Lc 6.27-29), tout comme c'est sa grâce qui a tout d'abord amené le croyant au privilège d'être en Christ.

Paul accompagne cette exhortation en promettant fermement que, s'ils marchent dans l'Esprit, « [ils] n'accomplir[ont] point les désirs de la chair[308] » (5.16b, Colombe). Pour souligner la certitude avec laquelle il dit cela, il utilise un double négatif, ce qui veut dire : « En aucune façon vous ne ferez cela. » L'Esprit expulse nos désirs pécheurs. Là où l'Esprit est présent, notre nature pécheresse ne l'est pas !

Paul ne dit pas que nous pouvons atteindre la perfection dès à présent. Il y a toujours une tension en nous quand notre nature pécheresse mène un combat d'arrière-garde contre l'invasion par l'Esprit (5.17). Et quand il y aura des domaines où nous réussirons à vivre selon l'Esprit, notre nature pécheresse sera impatiente de nous féliciter et de nous tenter de prendre nous-mêmes le crédit de notre succès plutôt que de reconnaître que c'est l'œuvre de Dieu. Elle nous encouragera également à établir des règles pour assurer notre succès continu et ainsi nous ramener au légalisme. Tant que ma nature pécheresse reste en moi, je ne peux pas être parfait. Je ne peux que continuer à céder de plus en plus de ma vie au contrôle du Saint-Esprit jusqu'au jour où je serai glorifié et où ma nature pécheresse sera totalement éradiquée.

La deuxième exhortation de Paul souligne l'idée que vivre (« marcher ») par l'Esprit n'est pas une chose que nous pouvons décider de faire une fois pour toutes et que nous continuons ensuite sans problème. « Si nous vivons par l'Esprit, marchons aussi par l'Esprit[309] » (5.25, Colombe). Nous devons continuer à rester en phase avec lui, ne pas courir plus vite au risque d'avoir des ennuis ni rester à la traîne et taquiner le péché[310].

À mesure que quelqu'un marche en accord avec l'Esprit, l'Esprit travaille dans sa vie pour façonner un caractère que l'on peut décrire comme le fruit de l'Esprit[311]. Notez que Paul ne parle pas des « fruits » (au pluriel) du Saint-Esprit, mais seulement d'un fruit – un caractère saint. Ce caractère se manifestera dans les vertus spécifiques que Paul énumère dans 5.22-23.

Par souci de commodité, ces neuf vertus sont divisées en trois groupes[312]. Il est inévitable que certains groupes se chevauchent, car « les neuf qualités se mêlent, enrichissant mutuellement le processus de sanctification dans la vie du croyant[313] ».

Habitudes d'esprit

- *L'amour*. Il est naturel que l'amour figure en tête de liste des vertus. Paul en a déjà parlé trois fois dans ce chapitre. En 5.6 (NBS), il a déclaré que ce qui importait n'était pas la circoncision ou l'incirconcision, mais « la foi qui opère par l'amour » (un amour qui transcende toutes les frontières personnelles et ethniques) ; en 5.13 (Colombe), il nous a exhortés ainsi : « par amour, soyez serviteurs les uns des autres » (en nous concentrant sur la manière dont nous nous servons les uns les autres), et dans 5.14, il a cité les mots « tu aimeras ton prochain comme toi-même » pour résumer la loi. On peut dire qu'à « en juger par l'accent mis sur l'amour dans Galates 5, ainsi que dans 1 Corinthiens 13, Paul a probablement vu toutes les autres vertus de cette liste incluses dans cette première vertu énumérée et découlant d'elle[314] ». Le type d'amour auquel il fait référence est *agapē*, l'amour qui n'est pas dirigé vers soi-même, mais se met en quatre pour servir

les autres[315]. C'est le type d'amour que Dieu nous démontre, et que nous devrions, à notre tour, démontrer aux autres. Cela dit : « Vous méritez la haine, mais je vous donnerai de l'amour. Vous m'avez privé, mais je vais vous nourrir ; vous m'avez attaqué, mais je vais vous défendre. » C'est totalement contraire aux philosophies du monde, mais c'est la volonté de Dieu[316].
- *La joie.* En dehors de la foi chrétienne, la joie est étroitement liée au bonheur et provient de circonstances agréables. Pour les chrétiens, cependant, elle est plus associée à l'espérance qu'aux circonstances. Oui, il est vrai que le Christ nous a libérés de la servitude et de la condamnation du péché, ce qui nous réjouit (Rm 5.11). Cependant, notre joie se tourne aussi vers l'avenir, dans l'espoir qu'un jour il viendra nous rendre comme lui (1 Jn 3.2). Ainsi, même lorsque nous nous trouvons dans des circonstances désagréables, nous sommes en mesure de regarder au-delà, vers ce que nous anticipons, et nous conservons donc la joie dans le présent. Les croyants peuvent se réjouir même durant les moments de tribulation, en vue de la victoire ultime qui est la nôtre en Christ.
- *La paix.* Pour les Grecs, la paix impliquait la santé physique et un esprit tranquille. Pour les Juifs, cependant, le mot « paix » est associé au mot *shalom* et signifie une condition de « plénitude et de bien-être qui inclut à la fois une relation juste avec Dieu et une harmonie d'amour avec les autres êtres humains[317] ». La paix de Dieu signifie donc être libéré de toute angoisse due aux incertitudes de la vie (Ph 4.7), avoir une relation harmonieuse avec Dieu (5.1) et avec les autres êtres humains chez soi (1 Co 7.15), dans l'Église (Ep 4.3) et dans la société en général (Rm 12.18).

Habitudes dans les relations

- *La patience.* Le mot grec traduit par le terme « patience » peut également être traduit par « ténacité » ou « longanimité ». Il fait référence à une personne qui endure longtemps ou qui « a un caractère trempé » (à l'opposé du caractère irascible). Lorsque nous avons de la patience, nous pouvons accepter les autres, même lorsque leurs actions ou leurs paroles cherchent délibérément à provoquer notre colère ou à nous faire du mal[318]. Nous prendrons le temps de bien réfléchir avant de demander des excuses ou une compensation pour un tort que nous avons subi. Dieu est patient (« lent à la colère » – Ex 34.6 ;

Ps 103.8) et ses enfants doivent lui ressembler (Ep 4.2 ; Col 1.11 ; 3.12). Nous avons besoin du Saint-Esprit pour nous donner la maîtrise de soi qui relève de la patience, car c'est une vertu que nous devons souvent mettre en pratique. Même lorsque nous sommes avec des chrétiens, certains mettront notre patience à l'épreuve.

- *La bonté.* Dieu est bon, car il bénit même ceux qui ne le méritent pas (Rm 2.4 ; 11.22 ; Tt 3.4). Sa bonté se combine à sa patience lorsqu'il donne aux pécheurs le temps de se repentir et entraîne les croyants sur le chemin de la croissance spirituelle, sans les détruire au premier signe de péché. Les enfants de Dieu devraient manifester une bonté semblable (2 Co 6.6 ; Ep 4.32 ; Col 3.12). Nous devons être bons non seulement avec les gens que nous aimons, mais aussi avec ceux qui nous agacent. Par exemple, nombre de personnes dans nos rues implorent l'aide financière. Quand elles nous dérangent de manière insistante, nous pouvons être tentés de leur répondre avec mauvaise humeur. Mais quelqu'un de bon et patient dira un mot pour bénir le mendiant, même s'il ne lui donne pas d'argent chaque fois qu'il le demande. La bonté ne se mesure pas à la quantité que nous donnons aux autres, mais à notre attitude envers les autres. Une personne peut donner des milliers et ne pas être bonne ; une autre peut donner très peu, mais le faire avec beaucoup de bonté.

- *La bienveillance.* Bonté et bienveillance s'entrecroisent considérablement[319]. La bonté implique « la bienveillance et la générosité envers quelqu'un d'autre, au point de faire un deuxième kilomètre, même lorsqu'une telle magnanimité n'est pas requise[320] ». Une personne au bon cœur aidera, même si elle a des excuses légitimes pour ne pas le faire. Par exemple, dans certaines villes d'Afrique, il existe de graves problèmes de transport, en particulier lors des saisons spéciales comme Noël ou les vacances. Alors que nous passons dans nos voitures, nous pouvons voir des gens faire la queue aux arrêts de bus et de taxis, ou même partir à pied sur de longues distances. Nous ne sommes pas obligés d'aider ces personnes, mais le faire serait une marque de bienveillance. De toute évidence, cette vertu doit être pratiquée avec soin. Il serait irresponsable d'offrir, sans distinction, des promenades à des voleurs ou à des pirates de l'air. Mais parfois nous connaissons les personnes qui marchent et nous ne nous arrêtons pas pour les aider. Même lorsque nous savons qu'offrir de l'aide serait risqué et qu'il vaudrait mieux passer notre chemin, nous devrions le faire avec un sentiment de réticence.

Principes de comportement

- La fidélité. Le fait que la fidélité soit un fruit de l'Esprit n'a rien d'arbitraire. Dieu est fidèle (Rm 3.3 ; 1 Co 1.9 ; 1 Th 5, 24) et il attend de ses enfants qu'ils aient la même qualité : « être vrais, dignes de confiance et fiables dans toutes leurs relations avec les autres[321] ». Malheureusement, nous ne connaissons que trop bien ce qu'être infidèle signifie. Quelqu'un a découvert que les dirigeants de la société à laquelle il appartenait s'étaient d'abord enrichis, avant de distribuer de maigres bénéfices à d'autres personnes, et a posé une question désespérée : « Trouverons-nous jamais quelqu'un en Afrique en qui nous pouvons avoir confiance pour gérer nos investissements ? » Ce profond désir pour des personnes qui font preuve de fidélité résonne à travers l'Afrique. C'est un appel qui doit être entendu par les dirigeants de l'Église, qui doivent eux-mêmes faire preuve de fidélité et encourager les autres croyants à faire de même. Bien que cela puisse être difficile à réaliser par la seule force humaine, le Saint-Esprit peut permettre aux croyants de manifester leur fidélité dans tous les aspects de leur vie.
- *La douceur.* Ceux qui sont doux sont humbles et attentionnés envers les autres. Pourtant, ils ne se laissent pas utiliser comme des paillassons, comme s'ils n'avaient pas de convictions, d'objectifs et de principes personnels. La compréhension correcte de cette vertu, telle que présente dans le Nouveau Testament, est « une force sous contrôle, une puissance mobilisée dans un service aimant et des actions respectueuses[322] ». C'est le contraire d'« un esprit arrogant et plein d'affirmation de soi[323] ». Le philosophe grec Aristote a défini cette qualité comme un compromis entre colère excessive et « incapacité de se mettre en colère[324] ». Ceux qui sont dans une colère excessive cherchent à détruire, et ceux qui sont incapables de se mettre en colère se laissent détruire. La personne douce équilibre les deux impulsions et ne cherche pas à détruire, tout comme elle n'accepte pas de se laisser détruire. Pour trouver un exemple de ce type de comportement, observons Jésus lorsqu'il a chassé les commerçants du temple. Il était en colère et prenait des mesures énergiques, mais pouvait toujours être décrit comme « doux et humble de cœur » (Mt 11.29, Colombe) par sa manière d'agir et sa motivation. Sa motivation était la gloire de Dieu, et non sa promotion personnelle. Et sa manière d'agir n'a pas détruit les moyens de subsistance du peuple. Les commerçants pouvaient revenir chercher leurs marchandises sur le sol ou reprendre

leurs animaux (notez qu'il n'a pas laissé les colombes sortir de leurs cages – Jn 2.16). Il était certes en colère – mais pour la bonne raison, avec considération et avec discernement. Nous avons besoin de ce genre de douceur pour traiter avec les nombreuses personnes corrompues dans la fonction publique, les nombreux vices de nos propres vies et tous les maux qui empêchent l'Afrique de progresser. Nous avons besoin de personnes qui associent énergie motrice et bon jugement. Elles ne devraient pas être du genre à tirer sur tout ce qui bouge, car il n'y aurait plus rien à gouverner une fois que tout aura été détruit. Mais elles doivent veiller à ce que tout ce qui bouge pour le mal se heurte à un pouvoir restrictif considérable, parfois grâce aux armes à feu, mais de préférence grâce aux tribunaux, là où chaque cas peut être examiné avec soin. Les dirigeants qui sont si doux qu'ils laissent les mauvaises gens faire ce que bon leur semble ne sont pas doux au sens du Nouveau Testament. Mais un dirigeant qui détruit à première vue toute personne mauvaise a besoin d'apprendre ce que signifie être doux. L'énergie et la considération pour les autres sont toutes deux nécessaires.

- *La maîtrise de soi.* Le sens fondamental de « maîtrise de soi » est la maîtrise de ses désirs, passions, souhaits, envies et impulsions[325]. En d'autres termes, une personne qui se maîtrise contrôle la situation, plutôt que de se laisser guider par ses désirs. Ces désirs peuvent être sexuels (1 Co 7.9), mais le concept ne devrait pas être limité au désir sexuel. La maîtrise de soi est également nécessaire pour gérer les émotions de cupidité ou de colère, comme pour éviter de figurer parmi le million de mineurs kényans dépendants au tabac qui fument jusqu'à leur mort prématurée[326]. Il faut de la maîtrise de soi pour dire « non » à la première cigarette, puis à la suivante. Il faut encore plus de maîtrise de soi pour dire « non » une fois que l'on est devenu dépendant. Le fait de ne pas faire de la maîtrise de soi une vertu a causé beaucoup de tort et continue de le faire. Les croyants, habilités par le Saint-Esprit, devraient gouverner leurs vies, quelles que soient les tentations ou les situations qui se présentent à eux.

En regardant cette longue liste de vertus, les avoir toutes peut sembler impossible. Dieu merci, nous ne devons pas les cultiver par notre propre force. Elles sont le fruit que le Saint-Esprit produit dans nos vies lorsque nous lui cédons. Si seulement la moitié de ceux qui se déclarent chrétiens présentaient ces qualités, les guerres, affrontements et échanges de paroles amères dont nous avons été témoins en Afrique diminueraient considérablement. Si tous ceux qui se disent chrétiens avaient ces vertus, l'Afrique serait un continent béni.

Mais il est inutile de parler des problèmes de l'Afrique, comme si l'Afrique était « quelque part, là-bas ». L'Afrique, c'est nous, individuellement et collectivement, et c'est nous qui changerons d'orientation pour le meilleur. Portez ces vertus, pratiquez-les et vous verrez la différence dans la région où vous vivez !

La tension et le remède

Pourquoi voyons-nous si peu du fruit de l'Esprit chez les croyants ? L'une des raisons est le bras de fer qui existe entre notre nature pécheresse et l'Esprit : « Car la chair a des désirs contraires à l'Esprit, et l'Esprit en a de contraires à la chair ; ils sont opposés l'un à l'autre » (5.17a, Colombe). Tous deux tirent dans des directions opposées et, par conséquent, Paul dit aux lecteurs : « afin que vous ne fassiez pas ce que vous voudriez [327] » (5.17b, Colombe). Les croyants qui veulent vivre selon l'Esprit sont tirés dans la direction opposée par la nature pécheresse. Ceux qui veulent s'adonner au péché ressentent l'attraction du Saint-Esprit, cherchant à les convaincre que c'est un péché[328].

La seule solution à cette tension est d'éliminer l'une des parties adverses. Paul rappelle donc aux croyants que « ceux qui appartiennent à Jésus-Christ ont crucifié la chair avec ses passions et ses désirs » (5.24, NBS). Certes, la crucifixion est une mort lente et notre nature pécheresse ne mourra pas complètement avant le jour de la glorification. Cependant, la crucifixion l'affaiblit. Chaque fois que notre chair veut prendre la relève, il faut lui rappeler qu'elle a été crucifiée.

Toutefois, cela ne suffit pas pour produire une vie pieuse. Il faut cultiver la vie selon l'Esprit pour lui permettre de contrôler de plus en plus notre nature. En d'autres termes, il devrait y avoir de plus en plus de retrait de la nature pécheresse et de plus en plus d'ajout de vie sous l'Esprit, dans un processus qui ne sera complété que lorsque nous aurons atteint le point de glorification.

Nous aspirons à voir les nations africaines manifester justice, droiture, intégrité et amour les unes pour les autres. Mais si nous n'acceptons que la perfection, nous sommes condamnés au désespoir. Chercher à réduire les vices chaque jour tout en encourageant la pratique des vertus est une approche bien plus utile.

Le changement commence avec une personne à la fois. Ça commence avec vous. Et pas demain, mais maintenant !

Questions pour la discussion

1. Quels sont les vices qui ressortent dans les endroits où vous vivez et travaillez ? Quelles en sont les vertus ? Quelle est votre contribution à ces vices et vertus ?

2. Comment pouvons-nous, individuellement ou collectivement, réduire la liste des vices et maximiser la liste des vertus que vous avez identifiées à la question précédente ? Donnez des exemples spécifiques de la façon dont cela a été fait.

3. Avez-vous déjà eu à choisir entre deux possibilités et expérimenté le type de tension dont Paul parle ici ? Comment avez-vous géré la situation à l'époque et comment évaluez-vous votre réponse maintenant ?

ÉQUILIBRER LE FARDEAU ET LA CHARGE

Un pasteur a été invité à fournir des fonds pour permettre à un jeune homme d'aller au lycée. La personne qui demandait ces fonds était une mère célibataire aux ressources très limitées. Elle habitait chez ses parents et venait d'accoucher de son cinquième enfant.

Le pasteur ne savait pas quelle était la meilleure façon de réagir. D'une part, sa pratique habituelle était d'aider quand il le pouvait et il reconnaissait la valeur de l'éducation. D'autre part, bien qu'il puisse sympathiser avec une mère célibataire qui avait deux ou trois enfants, il lui semblait inacceptable pour une mère d'avoir cinq enfants alors qu'elle n'avait pratiquement pas de revenus. Les frais de scolarité constituaient-ils un fardeau qu'il devait l'aider à porter, ou étaient-ils une charge qu'elle devait porter elle-même ?

Les instructions de Paul dans Galates 6 n'apportent pas une réponse facile. Les pensées du pasteur l'amenèrent vers un cas précédent, où un homme qui avait six enfants et des ressources limitées affirmait que l'un de ses cousins, père de seulement deux enfants et disposant d'un bon travail, devait l'aider. Cet homme avait-il été irresponsable d'avoir six enfants alors qu'il savait qu'il ne pourrait pas se permettre de les éduquer et de les vêtir ? Plus largement, cette situation n'est-elle pas similaire à celle des pays pauvres demandant une aide financière aux pays riches, alors même que leur pauvreté résulte d'une mauvaise gouvernance ? À quel moment le plus riche doit-il dire : « Laissons l'enfant récolter le fruit de son parent irresponsable » ? Quand les pays plus riches peuvent-ils fermer les yeux et dire à ceux qui sont appauvris par des dirigeants corrompus : « Portez votre propre fardeau » ?

Dans toutes ces situations, trois parties sont impliquées : le soutien potentiel, le parent ou chef irresponsable et la victime. La souffrance est-elle un poids que l'enfant devrait porter ou un fardeau que l'Église devrait partager ? La charge que doit porter un citoyen de pays pauvre devrait-elle être partagée par le reste du monde ? Quelle est la pertinence de l'enseignement de Paul dans de telles situations ?

En fin de compte, le pasteur a fait deux choses. Il a d'abord fait venir la mère de l'enfant. Il lui a longuement parlé de son irresponsabilité et a souligné qu'elle ne devait plus avoir d'enfants. Il a ensuite fait tout ce qui était en son pouvoir pour aider à couvrir les frais dont l'enfant avait besoin pour aller au lycée.

Le pasteur considérait le soutien des cinq enfants comme un fardeau que la mère devait être aidée à porter, et le besoin d'éducation comme un fardeau que l'enfant devait être aidé à porter. L'histoire ne dit pas si la mère a bien compris la leçon. Mais concernant le pasteur, il n'a pas négligé la victime. Il a équilibré le fardeau et la charge.

De la même manière, les pays africains devraient écouter les pays plus riches qui les appellent à rendre des comptes. Le fardeau que nous imposons au monde ne devrait pas être dû à un leadership irresponsable, mais uniquement à des choses sur lesquelles nous n'avons aucun contrôle, comme le tremblement de terre à Haïti. Dans de telles circonstances, « leur charge » devient « notre charge » et un fardeau écrasant n'écrase ni l'un ni l'autre. C'est le message de Galates 6.

UNITÉ 14
Galates 6.1-10

TROIS RELATIONS CLÉS

Il y a quelques années, je fus surpris lorsqu'une dame plus âgée que ma mère me demanda de la saluer avec le *wakya* (une salutation kikamba dont j'avais toujours pensé qu'elle était réservée aux plus jeunes que l'hôte). On m'expliqua qu'en raison d'une relation lointaine dans notre clan, j'étais techniquement défini comme son père et que j'étais donc qualifié pour utiliser ce message de bienvenue quand je m'adressais à elle.

Les sociétés africaines ont toujours porté une attention particulière aux relations, même les plus lointaines. Mais la génération moderne accorde moins d'attention aux relations autres que celles des oncles et des cousins. En d'autres termes, les temps changent. Il existe cependant, dans les relations, des principes de base qui ne sont pas affectés par le temps. C'est ce que Paul examine dans nos relations avec les autres, avec nous-mêmes et avec Dieu.

La relation aux autres

Nos relations avec les autres sont multidimensionnelles et Paul présente donc plusieurs scénarios dans lesquels il nous faut manifester le fruit de l'Esprit aux autres.

Relation avec des personnes prises dans un péché

Nous essayons peut-être de « vivre selon l'Esprit » et de suivre la cadence de l'Esprit, mais Satan a toujours hâte de briser notre élan. Il ne nous laissera pas tranquilles. Il est donc toujours possible que certains d'entre nous tombent dans le péché. C'est réconfortant que Paul le reconnaisse lorsqu'il dit : « Si un homme vient à être surpris en quelque faute[329] » (6.1a, Colombe). Le but de l'Écriture est que les croyants ne pèchent pas (1 Jn 2.1), mais la réalité est que jusqu'à la glorification, même les croyants les plus saints peuvent se retrouver dans des situations où ils ont péché, et c'est d'ailleurs ce qu'ils font. Un acte isolé de péché ne devrait pas nous amener à désespérer de vivre la vie chrétienne, mais à être encore plus déterminés, avec le soutien de ceux qui nous entourent.

La principale préoccupation de Paul est de savoir comment nous devrions agir lorsque quelqu'un d'autre tombe et a besoin de notre soutien. L'auteur de l'infraction peut avoir été pris en flagrant délit de péché, comme il peut avoir été entraîné par des circonstances propices à le rendre vulnérable, de sorte qu'il ou elle a glissé dans le péché[330]. Ce dernier point de vue convient mieux au contexte. Paul ne semble pas faire référence à un pécheur récidiviste qui aurait été assez intelligent pour cacher ses péchés jusqu'à ce que quelqu'un s'en rende compte. Au contraire, il exprime sa sollicitude pour les croyants engagés dont la nature pécheresse les a entraînés dans le péché[331].

Ce qu'il faut à cette personne est une restauration ou une réhabilitation aimante et non une condamnation. Les redresseurs doivent afficher le fruit de l'Esprit en l'aidant à « se rétablir avec un esprit de douceur » (6.1b, NBS). Le but est d'aider un soldat tombé au combat, et non de donner d'autres coups.

Paul ne nous dit pas quels événements ont eu lieu avant que nous n'en arrivions à ce stade. Il est possible que la personne qui a péché ait été convaincue de son péché par le Saint-Esprit et l'ait confessé à la communauté. Ou encore, le péché peut avoir été détecté par quelqu'un d'autre et la communauté peut avoir approché le pécheur. Si tel est le cas, cela a dû être fait conformément aux principes énoncés par Jésus dans Matthieu 18.15-17 (avertissements personnels et privés, avertissements en présence de deux ou trois témoins, pour ensuite porter l'affaire à la connaissance de toute la communauté, et finir par l'exclusion si le problème ne peut être résolu). La situation que Paul semble ici avoir à l'esprit concerne la troisième étape du processus (bien que ses mots s'appliquent également aux étapes une et deux). Mais, quelle que soit la manière dont le problème a été révélé, ce qui importe, c'est qu'un camarade croyant a péché et a besoin d'aide.

Notre réponse devrait être imprégnée d'humilité, car ce n'est que par la grâce de Dieu que nous ne sommes pas assis dans le siège du pécheur. Dans le passé, c'était réellement un « siège du pécheur » dans lequel certains missionnaires au Kenya installaient ceux qui avaient péché. Bien que la pratique ait pu provenir de bonnes intentions, elle a donné une impression fausse à ceux qui étaient assis sur les sièges ordinaires. Étaient-ils moins pécheurs ? Pas aux yeux de Dieu. (Il est également intéressant – et peut-être révélateur d'un manque d'humilité – de noter qu'aucun missionnaire n'a jamais été considéré comme qualifié pour s'asseoir sur le siège des pécheurs !)

Quand Paul parle de ceux qui « [vivent] selon l'Esprit » (BS) ou des « spirituels » (Colombe), il ne fait pas référence à une classe permanente de personnes au sein d'une congrégation[332]. Il se réfère simplement à ceux qui vivent par l'Esprit à l'heure présente. Le pécheur qui est restauré aujourd'hui peut être le spirituel de demain, rétablissant quelqu'un d'autre. Cela fait partie de ce que signifie « [porter] le fardeau les uns des autres » (6.2a, Colombe). Aujourd'hui, j'aide quelqu'un d'autre à porter son fardeau, et demain, il m'aide à porter le mien. Nous sommes mutuellement pécheurs et pasteurs les uns des autres.

La personne qui condamne les autres quand ils trébuchent ne se connaît pas bien. Le potentiel de chute est en chacun de nous jusqu'à ce que nous atteignions le point de glorification. C'est pourquoi Paul a exhorté les Corinthiens : « Ainsi donc, que celui qui pense être debout prenne garde de tomber ! » (1 Co 10.12, Colombe.) Ce n'est pas une excuse pour continuer à pécher, mais une acceptation de la réalité, afin que nous puissions nous pardonner une fois que nous nous sommes confessés et que le sang de Jésus nous a purifiés (1 Jn 1.9), et pour que nous puissions soutenir ceux qui tombent. Nous les accompagnerons tout au long du processus de culpabilité, de pardon, de discipline et de rétablissement. Même si le péché était scandaleux, nous ne dirons pas : « Comment avez-vous pu ? » Nous n'imposerons pas non plus une discipline si stricte qu'elle pourrait détruire le moral du pécheur.

Dans le contexte de Galates, le « fardeau » que nous devons aider les autres à supporter est le fardeau du péché. Mais nous aurions tort de penser que Paul en limiterait le sens au seul péché. Le mot qu'il utilise fait référence, au sens littéral, à une lourde charge ou à une pierre que quelqu'un devrait porter sur une longue distance, alors qu'au sens figuré il désigne toute épreuve ou difficulté difficile à surmonter.

> Le terme « fardeaux » peut désigner toutes sortes de charges physiques, émotionnelles, mentales, morales ou spirituelles : par exemple, les charges financières, les conséquences d'un cancer ou les conséquences d'un divorce. La liste des fardeaux qui écrasent les confrères chrétiens pourrait bien s'allonger indéfiniment. Et il ne fait aucun doute que le commandement de porter les fardeaux les uns des autres couvre tous les types de fardeau imaginables et nous demande d'être suffisamment sensibles pour percevoir même les fardeaux invisibles que nos frères et sœurs tentent de dissimuler[333].

L'un des poids que certains doivent porter aujourd'hui est d'être séropositif au VIH. Nous devons répondre à ceux qui portent ce fardeau avec amour et compréhension. Les personnes atteintes du sida ou contaminées n'ont pas toutes contracté la maladie en raison de leurs mœurs relâchées. Et même dans les cas où la maladie est clairement associée à une vie de débauche sexuelle, nous ne devrions jamais avoir une attitude qui communique : « Vous n'avez que ce que vous méritez. »

Porter le fardeau les uns des autres est une façon « [d'accomplir] […] la loi du Christ » (6.2b, Colombe). En d'autres termes, c'est une façon de suivre l'enseignement du Christ et son exemple. Il a exposé les principes que ses disciples devaient suivre dans le sermon sur la Montagne (Mt 5-7) et nous a dit d'aimer notre prochain, ainsi que Paul vient de le rappeler aux Galates (5.14). Bien que la « loi du Christ » englobe bien plus que de simplement aimer notre prochain, ce commandement figure en tête de liste de ce que le Christ demande à ses disciples. Venir aux côtés de ceux qui sont dans le besoin et leur fournir, au nom du Christ, le soutien dont ils ont besoin revient à le faire pour le Christ lui-même (Mt 25.45).

La directive de porter les fardeaux les uns des autres est ensuite pondérée par la déclaration que « chacun portera sa propre charge[334] » (6.5, Colombe). Aider quelqu'un, ce n'est pas la même chose que de tout faire pour lui. Celui ou celle qui a péché a besoin de se lever, porter son fardeau et marcher.

Dans certaines situations, la communauté se doit de nous entourer de soutien, et dans d'autres, elle serait en train de nous gâter si elle ne nous permettait pas de porter notre propre fardeau. Si nous réfléchissons à la façon dont nous traitons les jeunes enfants, cela peut nous aider à faire la distinction. Nous les formons à s'occuper de leurs propres chambres, mais nous ne nous attendons pas à ce qu'ils puissent déplacer les meubles.

Nous avons besoin de la sagesse du Seigneur pour comprendre quel est le « fardeau » que nous devrions aider à soulever et quelles sont les « charges » que la personne devrait elle-même porter. L'Église qui réussit à tracer cette ligne de démarcation aura beaucoup fait pour aider ses membres à traverser les épreuves sans se faire écraser, tout en ne les relevant pas de leur responsabilité personnelle. Toutefois, bien souvent, le problème est le cas inverse. Les croyants sont laissés à eux-mêmes, portant des fardeaux écrasants, parce que personne ne les remarque. Même lorsque le porteur du fardeau finit par s'exprimer, tout le monde est trop occupé pour l'écouter.

Demandez-vous : quelle est la dernière fois où vous avez remarqué quelqu'un ayant l'air déprimé et avez essayé de le prendre à part pour savoir si quelque chose n'allait pas ? Il est vrai que nous n'avons pas à être indiscrets, mais nous devons tendre la main aux autres avec plus de sollicitude que cela ne semble être le cas pour le moment. Après tout, alors même que le sens traditionnel de la communauté propre à l'Afrique s'estompe en raison de l'urbanisation, l'Église devient la nouvelle communauté des croyants. Chaque croyant doit sentir qu'il est un membre précieux de cette communauté.

Les relations entre enseignants et enseignés

Nous ne savons pas ce qui a poussé Paul à passer d'une discussion sur les relations en général à une focalisation sur la relation entre les instructeurs et les personnes recevant l'enseignement. Il se passait probablement quelque chose en Galatie dont Paul et ses lecteurs étaient au courant, mais que nous ignorons. Paul a peut-être senti que sa déclaration « chacun portera sa propre charge » en 6.5 pouvait signifier que les prédicateurs de la Parole devaient porter leur propre fardeau pour satisfaire leurs besoins financiers personnels. Cela aurait alimenté les réticences éventuelles des croyants de Galatie à soutenir ceux qui leur enseignent la Parole. Ainsi, Paul insiste : « Que celui à qui l'on enseigne la parole fasse participer à tous ses biens celui qui l'enseigne[335] » (6.6, Colombe).

Les « biens » à partager peuvent être des « biens spirituels[336] », mais il est plus logique de les interpréter comme des biens matériels. L'enseignant partage des biens spirituels, et la personne qui reçoit l'enseignement fournit des biens matériels, afin que l'enseignant ait l'énergie requise et l'esprit clair pour être en mesure de l'instruire « de la parole », signifiant ici les Écritures. Les instructeurs ne doivent pas être distraits par des inquiétudes quant à la manière dont ils vont subvenir à leurs besoins fondamentaux.

Dans d'autres endroits où Paul aborde ce sujet, il insiste sur le droit de l'instructeur de réclamer le soutien de la personne qu'il éduque (1 Co 9.3-14 ; 1 Tm 5.17-18). Cependant, il précise également que son propre principe est de renoncer à ce droit (1 Co 9.11-18 ; 1 Th 2.9) afin d'éviter toute dépendance qui pourrait le conduire à avoir moins de courage pour s'exprimer et se confronter aux gens quand cela devient nécessaire. Il est donc probable que les paroles de Paul au sujet du partage ne soient pas prononcées pour son profit personnel, mais au nom de ceux qui enseignent ses convertis dans les Églises de Galatie. Paul était prêt à renoncer à son droit au soutien matériel, sans toutefois impliquer que tout le monde devait faire de même, ou que c'était répréhensible d'être soutenu. Il pouvait dire au nom des autres ce qu'il ne dirait pas pour lui-même.

Chacun de nous devrait prendre ces paroles à cœur. Comment avons-nous soutenu nos pasteurs et nos enseignants de la Bible ? Avons-nous simplement accepté que ceux qui font l'œuvre de l'Évangile (missionnaires, pasteurs, évangélistes, etc.) soient mal payés ? Je crains que cela n'ait été vrai dans le passé, comme le prouve le dicton « aussi vide que la poche du prédicateur ». Que le Seigneur nous aide à donner davantage pour que nos pasteurs soient mieux soutenus ! (Naturellement, je parle ici de ces pasteurs qui sont fidèles en déclarant tout le conseil de Dieu et qui sont toujours dans le besoin ; pas des pasteurs qui s'enrichissent aux dépens des croyants qu'ils exhortent constamment à donner encore plus.)

Des relations avec tous

Paul parle en termes inclusifs quand il dit : « [...] pratiquons le bien envers tous » (6.10a, Colombe). Aucune frontière d'aucune sorte ne doit être placée entre celui qui est dans le besoin et celui qui a la capacité d'aider. Ces mots interdisent toute « distinction ethnique, nationale, culturelle, sociale, sexuelle et même religieuse au sein de la communauté humaine[337] ».

Cependant, Paul parle aussi d'un groupe particulier quand il dit : « et surtout envers les frères en la foi » (6.10b, Colombe). Le point de départ est dans l'Église. Les personnes de foi doivent entretenir des relations étroites et se soutenir mutuellement. Paul est tout à fait logique quand il dit cela. Nous ne payons pas les frais de scolarité de l'enfant de notre prochain si notre propre enfant reste à la maison faute de moyens. Cependant, s'il nous reste de l'argent après avoir payé les frais de scolarité de notre enfant, nous devrions aller de l'avant et payer ceux de l'enfant de notre prochain. Ce faisant, nous obéirons à la loi du Christ. De même, nous pouvons utiliser une moitié de pain pour garder notre enfant en vie et l'autre moitié pour sauver la vie de l'enfant de notre prochain. Ces types de situations appellent un discernement spécial et une direction claire à partir des Écritures. Bien que nos amis croyants reçoivent notre attention première, nous ne devrions pas fermer les yeux sur les besoins des autres personnes en dehors de l'Église.

Nous devons faire cela quand l'occasion se présente. Nous devrions être prêts à aider à tout moment, en reconnaissant le « caractère divin et stratégique des opportunités offertes au chrétien pour un bon travail[338] ». Prenons, par exemple, l'aide matérielle aux personnes dans le besoin. Nous n'avons pas toujours les moyens financiers pour aider les autres. Lorsque nous prenons conscience de leurs besoins matériels, nous pouvons prier pour eux, mais nous ne pouvons pas donner ce que nous n'avons pas. Mais si nous prenons conscience de leurs besoins à un moment où nous avons de l'argent, nous avons alors la possibilité de fournir une assistance. Le Seigneur de toutes les vies et de tous les événements sait comment coordonner les choses. Ainsi, lorsqu'une personne manque de quelque chose, il y a quelqu'un ailleurs qui a cette chose et peut aider.

La raison pour laquelle certains manquent des produits de première nécessité ne réside pas dans un manque de providence de Dieu, mais dans notre accumulation égoïste de ce que Dieu nous a donné à partager. Nous devrions nous demander : « Suis-je en train d'accumuler compulsivement ce que Dieu m'a donné, au lieu de le transmettre à quelqu'un dans le besoin ? » Il n'est pas facile de répondre à cette question, car nous devons économiser pour demain et pour nos enfants. Dans ces domaines de la vie, nous devons chercher à marcher étroitement avec l'Esprit, afin de discerner clairement la volonté du Seigneur. Si nous appliquions ces principes de vie, nous verrions le fossé qui se creuse entre les personnes les plus riches et les plus pauvres d'Afrique commencer à se combler.

Parfois, on entend le riche dire : « J'ai travaillé dur pour acquérir tout ce que j'ai. Pourquoi devrais-je le donner à des gens qui n'ont pas travaillé assez dur pour se sortir de la pauvreté ? » Une telle réponse entraîne la question suivante : « Et qui vous a donné la force et la bonne santé pour pouvoir travailler dur et être riche ? » C'est le Seigneur, et il nous a demandé de faire du bien aux autres à mesure que nous prenons conscience de leurs besoins réels.

Nous entendons parfois des dirigeants africains demander à l'Occident de restituer ce qu'il a « volé » à l'Afrique en termes de minéraux et d'autres matières. Bien entendu, l'Occident ne répondra jamais positivement à une telle demande. Cependant, il y a une exigence plus forte dans ce passage : le Seigneur, qui a béni l'Occident, appelle les Occidentaux à faire du bien aux autres chaque fois que Dieu leur en donne l'occasion. Bien qu'il soit faux de nier que certains Occidentaux font déjà des dons, il est également important de noter la manière dont un cadeau est donné. Les croyants ne devraient pas donner tel un riche jetant l'aumône à un mendiant, ils devraient plutôt obéir à la loi du Christ. Puisse le Seigneur nous aider, nous les croyants, où que nous vivions et quelles que soient nos origines, à nous considérer comme une seule communauté, nous entraidant pour subvenir aux besoins les uns des autres, puis à aider tous les autres dans la mesure de nos ressources.

La relation à soi-même

Il est très important que nous ayons une estimation précise de nos propres forces. C'est pourquoi Paul met en garde ceux qui sont spirituels : « Prends garde à toi-même, de peur que toi aussi, tu ne sois tenté » (6.1b, Colombe). Nous sommes tous vulnérables, en particulier lorsque nous surestimons notre force. L'orgueil offre au Malin toutes les chances de nous attaquer. Reconnaître que nous sommes exposés à ces mêmes péchés que nous voyons chez les autres nous maintient humbles devant le Seigneur, le remerciant pour la grâce qui nous a aidés à résister jusqu'ici.

Paul ajoute : « Si quelqu'un pense être quelque chose, alors qu'il n'est rien, il s'illusionne lui-même » (6.3, Colombe). Nous n'avons aucun motif de fierté spirituelle. Nous sommes ce que nous sommes non à cause de ce que nous avons fait, mais par la grâce de Dieu. C'est uniquement en voyant nos succès et nos échecs à la lumière de la grâce que nous pourrons conseiller les autres lorsqu'ils échoueront, et nous relever à nouveau lorsque nous tomberons.

Nous devons également nous garder d'évaluer notre succès par rapport à ce que les autres font. « Que chacun examine son œuvre propre, et alors il trouvera en lui seul, et non dans les autres, le sujet de se glorifier » (6.4, Colombe). Lorsque nous réussissons là où d'autres ont échoué, nous pouvons en conclure que nous sommes meilleurs qu'ils ne le sont. Ce n'est pas le cas. Si nous réfléchissons à nos propres actions, nous verrons les imperfections qui font partie de notre vie. Seule la grâce de Dieu nous a permis de réussir.

En 6.2, Paul nous a dit de « [porter] les fardeaux les uns des autres », c'est-à-dire de nous entraider lorsque certains problèmes sont trop lourds pour être portés par une seule personne. Mais, comme mentionné plus haut, chacun de nous est appelé à porter sa propre charge, c'est-à-dire son propre bagage, ou sac à dos métaphorique (6.5). Lorsque nous nous comparons aux autres, c'est comme si nous ne parvenions pas à voir le contenu de notre propre sac à dos, car nous examinons ce qui se trouve dans le sac de quelqu'un d'autre. Chacun de nous a son sac de faiblesses humaines et d'échecs. J'ai besoin de savoir et de gérer ce qui est dans mon propre sac ; je ne devrais pas examiner celui de mon voisin comme si c'était celui-là que je devais porter.

Même s'il est parfois nécessaire de confronter ceux qui tombent dans le péché (6.1), nous ne devrions pas agir par esprit de supériorité, mais plutôt avec douceur, pour les rétablir, en restant pleinement conscients de notre propre vulnérabilité. Et nous devons aussi savoir que même après avoir aidé le pécheur en essayant de partager le fardeau qui l'a conduit à pécher, le pécheur demeure avec sa charge personnelle de responsabilité. Par exemple, une personne qui avoue avoir volé des fonds publics et qui est restaurée avec douceur par ceux qui vivent selon l'Esprit demeure responsable du remboursement de ces fonds. Zachée, le percepteur d'impôts, est notre exemple ici. Il vit son péché, Jésus le restaura doucement et Zachée assuma sa propre responsabilité en disant : « [...] et si j'ai fait tort de quelque chose à quelqu'un, je lui rends le quadruple » (Lc 19.8, Colombe).

Nous, en Afrique, devons constamment nous demander ce qui constitue notre « charge » et ce qu'est un « fardeau » pour lequel les pays riches doivent nous aider. Quand nous recevons des subventions de développement, pourquoi est-ce que les autres doivent surveiller par-dessus nos épaules pour s'assurer que nous les utilisons à bon escient ? Nous devons assumer notre propre charge de responsabilités en nous attaquant à des problèmes tels que la corruption, la violence, le manque d'intégrité, la fierté tribale, les divisions fondées sur l'appartenance ethnique, etc.

La relation à Dieu

Paul introduit le sujet de notre relation avec Dieu par des paroles solennelles : « Ne vous y trompez pas » (6.7a, Colombe). Cette expression semble être une formule introduisant une déclaration d'avertissement (comparez 1 Co 6. 9 ; 15.33 ; Jc 1.16). Il nous met en garde à la fois contre un faux sentiment de sécurité et la prétention d'être dans l'Esprit alors même que nous nous laissons aller, en supposant que Dieu ne le remarquera pas. Mais « on ne se moque pas de Dieu » (6.7b, Colombe), et il jugera la désobéissance délibérée. Que ce soit maintenant ou dans l'avenir, il récompensera chaque personne en fonction de la manière dont elle a choisi de vivre (6.7b-8). Ceux qui choisissent de s'adonner à leur nature pécheresse récolteront la destruction, tandis que ceux qui choisiront de plaire à l'Esprit récolteront la vie éternelle (6.8).

Paul exhorte les Galates à choisir de continuer à semer afin de récolter la vie éternelle : « Ne nous lassons pas de faire le bien ; car nous moissonnerons au temps convenable, si nous ne nous relâchons pas » (6.9, Colombe). Il craint que les Galates, qui ont bien commencé (3.2-5 ; 5.7), n'aient perdu l'enthousiasme qui marquait leurs débuts. Ils doivent s'accrocher jusqu'au bout et ne pas se laisser entraîner dans le légalisme ou le libertinage. Le légalisme est prompt à la critique et le libertinage est égocentrique. Ni l'un ni l'autre n'ouvre la voie à se soucier des autres. Mais les Galates doivent s'accrocher au bon chemin qui mène au salut (la justification par la foi) et aux bonnes attitudes envers les autres (l'amour régissant les relations).

Il est possible que l'exhortation à ne pas « se lasser de faire le bien » soit liée à la perte d'enthousiasme des Galates pour la collecte financière destinée aux croyants dans le besoin à Jérusalem[339]. Mais le principe va plus loin que cela. Celui qui sème et ne se lasse pas de s'occuper des cultures finit par récolter. C'est ainsi que Dieu a fait fonctionner les choses : semer, nourrir, récolter. Quiconque néglige les cultures, prétendant être trop fatigué pour enlever les mauvaises herbes, ne peut s'attendre à une récolte complète. Les Galates veulent une récolte ? Ils doivent donc travailler dur. Voulons-nous une récolte ? Alors nous ne devrions jamais nous lasser. Au moment opportun, déterminé par Dieu, nous recevrons notre récompense. Cela peut arriver ici sur terre ou seulement lorsque nous serons au paradis. Mais nous pouvons être certains que cela viendra.

Questions pour la discussion

1. À quand remonte la dernière fois que vous avez vu quelqu'un qui était tombé dans le péché être redressé ? Décrivez comment cela a été fait et évaluez ce qui a été fait à la lumière des paroles de Paul aux Galates.
2. Avez-vous déjà connu une situation où vous sentiez que vous aviez fait tout votre possible, mais que l'on attendait encore plus de vous ? Décrivez la situation et la manière dont vous avez réagi.
3. Citez quelques motifs qui poussent à faire du bien aux autres. Le fait que nous pourrions dans l'avenir avoir besoin que quelqu'un nous fasse du bien est-il un motif acceptable ?

UNITÉ 15
Galates 6.11-18

L'ESSENCE DU CHRISTIANISME

Dans le passé, quand un vieil homme africain voulait rencontrer toute sa famille, il demandait à son fils aîné de convoquer tout le monde à une réunion à une date donnée. Le fils pouvait parfois communiquer l'objet de la réunion, mais une fois la famille rassemblée, le fils n'était plus en charge. Le vieil homme conduisait la réunion. Non pas qu'il était nécessairement celui qui parlait tout le temps. Il ne faisait peut-être pas grand-chose s'il était fragile ou sur son lit de mort. Mais même si c'était le fils aîné qui parlait le plus, ses paroles n'exerçaient aucune autorité tant que le vieil homme ne les avait pas endossées en disant : « Fais ce que ton frère t'a dit », ou en faisant un geste en ce sens.

Très souvent, les derniers mots du père résument ce qui a été dit lors de la réunion, de sorte que, lorsque tous les participants repartent et retrouvent leur routine, ils ont retenu l'essentiel. En pratique, le père dit : « Beaucoup de choses ont été dites et il y a eu des désaccords entre vous, mais ceci est le point essentiel que vous devez retenir. »

Cette pratique n'est pas propre au seul contexte africain, car c'est exactement ce que Paul fait ici. De nombreux faits, arguments et exhortations ont été donnés, mais voici maintenant la déclaration finale, écrite de la propre main de Paul (6.11). Ces derniers paragraphes n'ont pas été dictés à un scribe ou à un secrétaire, mais ont été écrits par Paul lui-même. (La raison pour laquelle il préfère que quelqu'un d'autre écrive le reste se révèle clairement par sa référence aux « grandes lettres » qu'il j'utilise, ce qui suggère qu'il avait des problèmes de vue – cf. aussi 4.15).

Les remarques qu'il veut faire sur l'essence du christianisme sont tellement importantes qu'il veut les écrire lui-même, afin de s'assurer que les Galates tiennent dûment compte de ses paroles.

L'Évangile

Paul réitère l'essentiel de toute cette lettre : l'Évangile est intérieur et non extérieur, il commence dans l'œuvre de Dieu pour nous et non dans nos bonnes actions pour lui plaire.

Les judaïsants n'ont pas compris ce point. Ils veulent « se faire bien voir selon la chair vous [contraignant] [vous, croyants de Galatie] à vous faire circoncire » (6.12a, Colombe). Mais, insiste Paul, « ce qui compte, ce n'est ni la circoncision ni l'incirconcision » (6.15a). En ce qui concerne notre relation avec Christ, le fait que nous soyons ou non circoncis ne fait aucune différence. C'est ce que Paul a expliqué en détail dans les chapitres 3 et 4 et qu'il a résumé en 5.6.

Ce qui compte, c'est « une création nouvelle » (6.15b, NBS). Dans cette nouvelle création, peu importe que l'on soit juif (circoncis) ou non juif (incirconcis). Les anciens groupes ethniques ont été abolis, comme le disait Paul aux Corinthiens : « Si quelqu'un est dans le Christ, c'est une création nouvelle. Ce qui est ancien est passé, il y a là du nouveau » (2 Co 5.17, NBS). Lorsque nous venons à Christ par la foi, ce ne sont pas seulement nos anciennes pratiques pécheresses qui changent, mais également nos anciennes priorités. Avant la conversion de Paul, sa priorité était de défendre ce qu'être juif signifiait. Maintenant qu'il sait que cela ne signifie rien, sa priorité numéro un est de prêcher Christ, qui supprime toutes les barrières.

C'est une vérité avec laquelle certains d'entre nous luttent encore. De nombreux groupes de personnes sont identifiés comme Américains, ou Tutsi, ou Yoruba, ou Kikuyu avant d'être identifiés comme chrétiens. Ces personnes ont beaucoup de difficulté à franchir leurs frontières ethniques et tribales et à s'associer avec d'autres dans une fraternité ou une sororité sincère en Christ. Mais ce que nous sommes par la naissance biologique est sans importance quand nous sommes en Christ. Être américain, britannique, européen, asiatique ou africain, Igbo, Kamba, Yorouba, Kikuyu, Tutsi, Luo, Luyha ou appartenir à tout autre groupe ne signifie rien pour le royaume de Dieu. En Christ, il y a une nouvelle race dans laquelle nous sommes tous frères et sœurs.

Cela ne signifie pas que nous ne pouvons pas exprimer notre foi dans le culte de manière adaptée à nos cultures particulières. Ce type de contextualisation est nécessaire. Mais, quelle que soit la manière dont nous adorons Dieu, nous devons maintenir le lien de l'unité en Christ.

Paul prononce une prière spéciale de bénédictions pour ceux qui vivent cette vérité : « Sur tous ceux qui suivront cette règle, paix et miséricorde, ainsi que sur l'Israël de Dieu ! » (6.16, Colombe). Son choix de l'expression « l'Israël de Dieu » (c'est-à-dire ici les Juifs qui croient en Jésus[340]) implique qu'il reconnaît combien il est difficile pour les Juifs de franchir leurs frontières ethniques et de se rapprocher des non-Juifs en tant qu'égaux, et que ceux qui l'ont fait jusqu'ici méritent d'être reconnus pour cela. Oui, les Juifs avaient des privilèges spéciaux (la loi donnée à Moïse et le soin attentif de Dieu), mais ceux-ci les préparaient à la nouvelle création par le Messie, qui est mort sur la croix pour nous réconcilier avec Dieu, quel que soit le groupe de personnes auquel nous appartenons. Ceux qui appartenaient au groupe autrefois privilégié et qui ont cru en Christ ne sont certainement pas exclus de cette bénédiction !

La mention de « paix » et de « miséricorde » de Paul a peut-être été déclenchée par sa propre réflexion sur ce que cela signifie de vivre le genre de vie dont il parle. Les indices physiques de la circoncision ou de l'incirconcision sont réels et peuvent pousser les gens à ne pas vivre en harmonie. Le dicton « qui se ressemble s'assemble » s'applique non seulement aux oiseaux, mais aussi aux humains. Nous trouvons plus facile d'être proches de personnes qui nous ressemblent parce qu'elles appartiennent à une race ou à un clan semblable au nôtre, ou qu'elles ont un statut ou une éducation similaire. Comme il y aura toujours des différences comme celles-ci, la paix est quelque chose que nous devons cultiver délibérément en vue de notre unité en Christ. Les croyants devraient montrer que si la diversité est réelle, l'unité demeure notre mode de vie. La meilleure façon d'atteindre cet objectif est de constamment nous rappeler que nous sommes ce que nous sommes uniquement grâce à la miséricorde de Dieu. Si le millionnaire croit que tout ce qu'il possède est un don de Dieu, une fraternité avec les mendiants et les gens de la rue devient alors possible.

Puisse la prière de Paul pour les croyants de Galatie s'appliquer à notre époque. Puissions-nous vivre en paix et garder devant nous la réalité de la miséricorde de Dieu, tout en lui demandant de multiplier ses bénédictions dans nos vies.

Le prédicateur

Paul termine en rappelant à nouveau aux Galates qu'il est important pour eux de déterminer à qui ils peuvent faire confiance. Il oppose sa propre position de vrai prédicateur à la prédication trompeuse des judaïsants.

Les judaïsants

Les judaïsants avaient des intentions cachées. Ils savaient qu'ils seraient mieux acceptés par les autres Juifs s'ils faisaient circoncire les croyants non juifs, car c'était la voie habituelle pour les prosélytes païens qui souhaitaient se convertir au judaïsme. Même les Juifs conservateurs féliciteraient les judaïsants d'avoir gagné des convertis au judaïsme, et leur éviteraient ainsi d'être « persécutés pour la croix de Christ » (6.12b, Colombe).

Paul rappelle aux Galates que les judaïsants insistent sur l'obéissance extérieure à une loi à laquelle ils ne peuvent même pas obéir eux-mêmes (6.13a). Bien qu'ils puissent effectuer des rituels comme la circoncision, cela n'impressionne pas Dieu, qui sait ce qui se passe dans le cœur des hommes et des femmes et qui sait aussi qu'il est impossible de respecter parfaitement la loi (5.3 ; 3.10). Dieu sait que les judaïsants n'agissent pas avec amour envers les non-Juifs, mais font preuve d'égoïsme : « ils veulent que vous vous fassiez circoncire pour se glorifier dans votre chair » (6.13b, Colombe). Ils ne se souciaient pas du bien des Galates, mais des éloges qu'ils recevraient de leurs camarades juifs.

Nous pouvons être d'accord avec Paul et nous associer à lui pour condamner les judaïsants. Mais avons-nous des motifs similaires aux leurs ? Comment définissons-nous le succès ? Est-ce par le nombre de personnes que nous pouvons nous vanter d'avoir converties ? Aussi importantes que soient les conversions, la question cruciale devant Dieu est de savoir combien de personnes ont réellement changé leur vie et placé leur foi dans le Seigneur Jésus-Christ. De même, dans le ministère pastoral, attachons-nous plus d'importance au nombre de personnes fréquentant nos églises qu'à la manière dont la vie des personnes change pour devenir davantage semblable au Christ ? Un pasteur qui évite de prêcher toutes les recommandations de Dieu afin de ne pas offenser certains peut contribuer à la croissance numérique de l'Église, mais pas à l'édification de la foi et à la transformation de ses membres. C'est ce que l'évangile de prospérité a eu tendance à faire, car il a encouragé beaucoup de personnes à rechercher le Christ pour acquérir des biens matériels plutôt qu'une vie transformée.

Le vrai prédicateur de l'Évangile

Contrairement aux judaïsants, Paul ne cherche pas à impressionner les autres ni à se vanter de ses convertis. Au lieu de cela, dit-il, « [...] je ne me glorifierai de rien d'autre que de la croix de notre Seigneur Jésus-Christ, par qui le monde est crucifié pour moi, comme je le suis pour le monde ! » (6.14, Colombe). « Le monde » est la sphère que Satan contrôle. Pour Paul, il ne compte plus. Il n'a pas de communion avec le monde et le monde n'a pas de communion avec lui. Il opère dans la sphère de la croix du Christ et de ses valeurs, pas dans la sphère qui s'oppose au Christ.

Lorsque nous considérons tout ce que nous avons ou que Dieu nous donne, cela élimine toute raison de nous vanter. C'est Dieu qui a déterminé la race ou le clan dans lequel nous allions naître ; il a créé les choses que nous utilisons pour nous classer comme riches ou pauvres ; il a fourni les frais pour notre éducation ; il nous a offert les dons de beauté ou de force. Si Dieu est la source de tout, alors il est le seul à pouvoir se vanter. Tout ce dont nous nous vantons est le moyen par lequel nous sommes devenus ce que nous sommes. Comme Paul, je peux me vanter en Christ, dont la croix m'a rendu complet et m'a amené à la communion avec Dieu, mon Créateur. Une réflexion attentive sur ces questions devrait amener même les incroyants à dire « Merci, mon Dieu », sans parler des croyants qui ont connu Dieu, non seulement en tant que Créateur et Providence, mais aussi en tant que Père.

Paul dit ensuite : « Du reste, que personne ne me fasse de la peine, car je porte sur mon corps les marques de Jésus » (6.17, Colombe). Paul sait bien d'où il vient et où il va. Il a été chargé par Jésus de le servir et c'est tout ce qu'il va faire. Les judaïsants voudraient peut-être que les croyants non juifs soient circoncis et marquent leur allégeance dans leur chair, mais Paul n'en a pas besoin. Il porte les marques de Jésus sur son corps.

La nature exacte de ces marques fait débat. Il y a trois possibilités principales[341] :

- Les marques sont métaphoriques. Paul dit que, alors que d'autres se concentrent sur la marque de la circoncision sur leur corps, lui-même n'en a pas besoin, car il est marqué par le Christ. La même ligne de pensée se trouve dans 2 Corinthiens 4.10a, où il dit « nous portons toujours avec nous dans notre corps la mort de Jésus ».
- La marque était une sorte de tatouage ou de signe. Le mot traduit par « marque » a également été utilisé pour la marque imprimée au fer rouge sur un animal ou un esclave afin d'indiquer à qui ils appartenaient. À l'époque de Paul, il n'était pas rare de marquer des personnes à des fins religieuses, pour montrer qu'elles appartenaient à un dieu. Les soldats pouvaient également se faire marquer le nom du général sous lequel ils servaient. Il est donc possible que Paul ait choisi d'être marqué par un symbole comme un C (la première lettre du mot « Christ » en grec) pour montrer qu'il appartenait au Christ.
- Les marques étaient les cicatrices de la persécution. Paul avait acquis des cicatrices physiques et émotionnelles au cours des années où il prêchait le Christ. Certains des Galates ont peut-être été témoins de cela lorsque Paul a été lapidé et laissé pour mort à Lystres, dans le sud de la Galatie (Ac 14.19). Et ce n'est pas la seule fois où il a subi des violences physiques (2 Co 6.4-6 ; 11.23-30).

Cette dernière possibilité semble être la plus plausible. Le corps de Paul porte les cicatrices de la persécution et chacune atteste que Jésus règne sur lui et que Paul s'est donné pour le servir, quel qu'en soit le prix. D'autres peuvent chercher à gagner la faveur de l'homme ou se tourner vers les marques de la circoncision pour indiquer qu'ils sont le peuple de Dieu, mais Paul n'en a pas besoin. Il est inutile de l'ennuyer en lui disant le contraire.

Voici quelqu'un qui a personnellement expérimenté ce dont il parle. Paul est comme Jean l'apôtre, qui a écrit pour témoigner de ce qu'il avait entendu, vu et touché (1 Jn 1.1).

La foi personnelle soutenue par l'expérience personnelle est une arme qui peut faire face à n'importe quel obstacle. Job est quelqu'un qui a vraiment souffert, mais il s'est accroché à Dieu à cause de ce qu'il savait personnellement au sujet de Dieu. Il a perdu tout ce qu'il avait, mais il pouvait toujours dire : « L'Éternel a donné, et l'Éternel a ôté » (Jb 1.21, Colombe). Une telle foi dépasse les merveilleuses vérités intellectuelles que nous apprenons sur Dieu et devient une croyance en Dieu semblable à celle d'un enfant, même lorsque nous ne pouvons pas expliquer ce qui se passe autour de nous.

Si Job avait vécu de nos jours, il aurait été tenté d'aller voir le plus célèbre « sorcier guérisseur » afin de découvrir la cause de sa calamité. On lui aurait probablement dit que cela avait été causé par son prochain, et il aurait alors commencé à le détester. Quelle est la profondeur de votre foi ? Pouvez-vous dire à l'athée : « Laissez-moi tranquille, je sais que Dieu existe » ? Pouvez-vous dire à ceux qui se moquent de votre foi en Christ : « Occupez-vous de vos affaires, je sais ce que Jésus signifie pour moi » ? Pouvez-vous dire à quiconque préconise des bénédictions provenant de sources autres qu'une vie menée selon l'Esprit : « Je sais quelles vertus il a apportées à ma vie et je suis satisfait » ? Paul le pouvait. Il connaissait le Christ personnellement et toutes les marques de ses souffrances pour la cause du Christ parlaient haut et clair.

Ce n'est pas parce que Paul était physiquement apte sur tous les plans qu'il s'est mis totalement au service de Jésus. Il a eu ses difficultés physiques, comme il l'a mentionné dans 4.13-15. Il n'a pas attendu que Dieu lui ait assuré des circonstances parfaites avant de se consacrer à un service dévoué. Nous ne le devrions pas non plus. Certains d'entre nous peuvent avoir des problèmes dans le domaine de la santé, d'autres dans le domaine des finances et d'autres dans le domaine des relations, comme c'était le cas pour Paul avec les Galates. Mais nous devrions pouvoir oublier nos épreuves et nous concentrer sur la joie que donne l'Évangile à ceux qui l'acceptent.

Cela ne signifie pas que nous ne voulons assumer aucune responsabilité liée à notre situation personnelle. Nous sommes appelés à avoir une alimentation équilibrée, à faire de l'exercice pour notre santé, à planifier et à respecter un budget qui reste à la mesure de nos moyens, et à faire de notre mieux pour passer du temps avec les autres. Mais quand nous avons réellement fait de notre mieux et manquons encore de santé, de finances et de relations, nous devrions être satisfaits de notre état et continuer à servir Dieu avec joie.

Prière de conclusion

Paul termine la lettre par une prière : « Frères et sœurs, que la grâce de notre Seigneur Jésus-Christ soit avec votre esprit ! Amen ! » (6.18, S21). Il a parfois été dur envers les Galates, mais ils sont toujours ses frères et sœurs.

Il fait ici référence à « l'esprit » du croyant, comme dans Philippiens 4.23, 2 Timothée 4.22 et Philémon 1.25. Dans chacun de ces cas, il ne fait pas référence à un esprit désincarné, mais à la personne tout entière. La prière a la même signification que l'expression « grâce soit avec vous » qu'il utilise dans Romains 15.33 ; 1 Corinthiens 16.23 ; 2 Corinthiens 13.11, 14 ; et 1 Thessaloniciens 5.28. Paul leur souhaite le meilleur, avec la grâce de Dieu, fournie dans et par Jésus-Christ[342], foisonnant dans leur vie.

C'est une belle conclusion à une lettre qui était très directe, dans la mesure où Paul y a désapprouvé et réprimandé les Galates.

Nous avons une leçon à apprendre de Paul. Même lorsque nous traversons des conflits dans nos relations, l'amour du Christ devrait toujours être évident. Il est bien facile pour les pasteurs qui sont en conflit avec leurs congrégations d'oublier cette dimension de l'amour dans leurs paroles et leurs actes. Un mot sévère dit avec amour peut avoir un effet positif, mais quand il est dit sans amour, cela éloigne d'autant l'auditeur. Que le Seigneur nous aide quand nous servons les autres. Certes, il y aura des conflits, mais l'amour ne cessera jamais.

Questions pour la discussion

1. Qu'est-ce que les autres voient dans votre vie ? Est-ce qu'ils voient le Christ ? Ou se voient-ils eux-mêmes ? Quelles sont les qualités qui impactent ce qu'ils voient ? Quel est votre but ? Demandez aux autres de vous soutenir dans la prière alors que vous vous efforcez d'atteindre cet objectif.

2. Quel type de relation entretenez-vous avec d'autres personnes différentes de vous dans leurs goûts, leur passé et même leur foi ?

3. Qu'est-ce qui, dans le livre des Galates, vous a interpellé de manière personnelle ? Comment comptez-vous l'intégrer dans votre vie ?

NOTES

1. Martin Luther a écrit un remarquable commentaire sur Galates, dans lequel il expose en détail la centralité de la foi dans le salut. F. C. Baur, chercheur libéral de l'Université de Tübingen au XIXe siècle, considérait Galates comme l'une des quatre lettres (avec Romains et 1-2 Corinthiens) qui représentent l'essence de l'enseignement de Paul et constituent la pierre de touche par laquelle toutes les autres lettres portant la signature de Paul doivent être testées.
2. Pour plus d'informations sur la théorie de la Galatie du Nord, cf. Alan Cole, *The Letter of Paul to the Galatians*, Tyndale New Testament Commentaries, Grand Rapids, Eerdmans, 1965, p. 15-18.
3. Pour plus d'informations sur la théorie de la Galatie du Sud, cf. F. F. Bruce, *Commentary on Galatians*, New International Greek Testament Commentary, Grand Rapids, Eerdmans, 1982, p. 3-18 ; Timothy George, *Galatians. An Exegetical and Theological Exposition of Holy Scripture – NIV Text*, New American Commentary, Nashville, Broadman & Holman, 1994, p. 38-46 ; Richard N. Longenecker, *Galatians*, Word Biblical Commentary, Dallas, Word, 1990, p. lxiii–lxx.
4. Longenecker (*Galatians*, p. lviii) répertorie les rares personnes qui contestent cette attribution.
5. Il semble que Paul ne se présente par le titre « d'apôtre » que dans les cas où certains de ses lecteurs pourraient contester son autorité (cf. 2 Co, Ép, Col, 1 et 2 Tm). Il se présente également comme « Paul, un prisonnier » dans Phm 1.1.
6. La racine *apostellō* (envoyer) est utilisée 131 fois en tant que verbe et 79 fois en tant que substantif dans le NT.
7. Donald Guthrie décrit le statut de *shaliach* comme « clairement conditionné par le statut de celui qui l'a envoyé » (*Galatians*, New Century Bible, Londres, Oliphants, 1969, p. 56). En tant qu'apôtre de Jésus-Christ, Paul parle avec l'autorité du Christ.
8. Paul utilise *ap' anthrōpōn*, le pluriel « hommes », et non le singulier *ap' anthrōpou*. Dans la phrase qui suit, il utilise le singulier *anthrōpou*. La Bible à la Colombe rend bien compte de ce changement avec sa traduction « non de la part des hommes, ni par un homme ». Cependant, le terme est générique et inclut à la fois les hommes et les femmes, ce qui signifie que « non par des humains, ni par l'entremise d'un être humain » est une traduction acceptable (NBS). La préposition *apo* communique « venant du côté » ou « en provenance de » et se concentre sur la source qui détermine son autorité.
9. La première préposition est *apo* (de) et la seconde est *dia*. Lorsque *dia* est suivi d'un accusatif, il signifie « parce que » ; suivi d'un génitif, il signifie « à travers ». Lorsqu'il est utilisé à proximité d'*apo*, comme ici, *dia* communique l'idée que la source ultime a utilisé un agent. La traduction de la Bible à la Colombe, « par », résume assez bien cette idée, mais « par l'intermédiaire », qui est utilisé dans la Bible du Semeur, ne laisse aucune ambiguïté quant à l'accent mis sur l'agent (canal, support ou instrument) par lequel Paul est devenu apôtre.
10. Paul introduit cette déclaration avec le mot *alla*. Il aurait pu choisir d'utiliser *de*, mais ce mot pourrait aussi être traduit par « et » ou « même ». *Alla* signifie seulement « mais ». Paul veut être sûr qu'il n'y a pas d'ambiguïté sur le contraste.
11. Il est possible que Paul ait été, à l'origine, connu sous le nom hébraïque Saul et qu'il ait reçu le nom latin Paul après sa conversion. Cependant, il est plus probable qu'il ait eu les deux noms dès son enfance. Quand être juif était au centre de sa vie, il s'appelait Saul. Mais quand le Seigneur a changé sa vie et qu'il a été appelé à tendre la main aux non-Juifs, il a préféré utiliser le nom de Paul, qu'ils connaissaient mieux.

[12] Le même incident est décrit dans Ac 9.5-20. Là, l'appel à l'apostolat n'est pas mentionné, mais Jésus donne à Saul des instructions spécifiques auxquelles il obéit. Immédiatement après, il commence à prêcher que Jésus est le Fils de Dieu. Paul fut ainsi appelé au salut et envoyé au ministère par sa rencontre avec Jésus.

[13] Il utilise une seule préposition, « par » (Jésus-Christ) ou « par » (Dieu), pour établir que Jésus-Christ et Dieu le Père sont un seul et même mandataire.

[14] Le terme « frères » englobe tous ceux qui travaillent aux côtés de Paul à cette époque. Leur identité diffère selon si la lettre aux Galates s'adressait aux Églises du Sud après le premier voyage missionnaire ou aux Églises du Nord à une date ultérieure. Si elle s'adressait aux Églises du Sud, alors quelqu'un comme Barnabé aurait probablement été l'un des frères. Certains commentateurs insistent sur le fait que Paul s'écarte ici de sa pratique habituelle consistant à identifier ses compagnons par leur nom (1 Co 1.1 ; 2 Co 1.1 ; Ph 1.1 ; Col 1.1 ; 1 Th 1.1 ; Phm 1). Ils suggèrent qu'il utilise le terme général « frères » dans Galates pour masquer le fait que personne d'autre ne soutient sa position. Mais cette hypothèse semble hautement improbable. Paul écrivait pour défendre sa crédibilité, et toute tromperie de sa part aurait fourni à ses critiques une arme à utiliser contre lui.

[15] *Eirēnē* est simplement une traduction littérale du *shalom* hébreu. Paul utilise la même combinaison dans Rm 1.7 ; 1 Co 1.3 ; 2 Co 1.2 ; Ep 1.2 ; et Phm 1.2.

[16] Prenant l'aoriste *dontos* (donné) dans l'expression *tou dontos* comme constatif.

[17] Le verset utilise le nom commun pour le péché dans le NT, *harmatia*, qui porte l'idée de manquer la cible. Les formes du mot *harmatia* sont utilisées 227 fois dans le NT. Ce mot est plus inclusif que *parabasis* (Ga 3.19), qui signifie traverser une ligne ou transgresser, et *paraptōma* (Ga 6.1), qui signifie tomber de l'endroit où l'on est supposé se tenir.

[18] En 1.4, toutefois, le sens de « pour » est probablement limité à « concernant » ou « en référence à ».

[19] Le verbe *exelētai* est un aoriste subjonctif moyen provenant de *exaireō*. Dans Galates, il n'est utilisé que dans 1.4, mais on le trouve également dans Mt 5.29 ; 18.9 et Ac 7.10, 34 ; 12.11 ; 23.27 ; 26.17. Dans la voix moyenne, comme ici, cela signifie libérer, délivrer, sauver et écarter un danger imminent. Lorsqu'il est utilisé dans un contexte de sauvetage du péché, il porte l'idée de justification.

[20] John Eadie, *Galatians*, John Eadie Greek Text Commentaries, Grand Rapids, Baker, 1979, p. 4.

[21] Rm 6.23.

[22] Cette construction est un exemple de la théorie de Granville Sharp : *theou* et *patros*, tous deux génitifs, sont reliés par *kai* et ont un seul article, qui est rattaché à *theou*. Ainsi, ils se réfèrent tous les deux à la même personne.

[23] Cf. également la discussion sur les destinataires dans l'introduction.

[24] Ici, le verbe est *euēngelisametha*, la première personne du pluriel de *euangelizō* (je prêche). C'est un aoriste constatif au mode indicatif et à la voix moyenne.

[25] Le passé simple *parelabete* (de *paralambanō* – je reçois) se concentre sur les résultats de l'acte d'acceptation. L'idée serait que les Galates avaient entendu, apprécié et accepté l'Évangile. Bien que le passé simple ne limite pas nécessairement leur acceptation de l'Évangile au passé, le contexte suggère que Paul fait référence à la période spécifique où lui et d'autres l'ont prêché.

[26] Le verbe *thaumazō* est un présent descriptif que Paul utilise pour décrire son étonnement.

[27] En supposant que cette lettre ait été écrite aux Églises du sud de la Galatie en l'an 49, peu de temps après le premier voyage missionnaire de Paul, deux ans est le maximum possible (cf. Introduction à Galates pour plus de détails).

[28] Le mot grec est *metatithesthe*, de *metatithēmi* (je me détourne).

[29] En prenant le verbe au temps présent, *métatith*, comme un présent duratif.

[30] Nous avons ici une condition de première classe.

[31] La forme du verbe grec est *tarassontes*, de *tarassō* (j'agite, je trouble). En plus des utilisations citées dans le texte, ce verbe est également utilisé pour les turbulences de l'eau dans le bassin de Bethesda (Jn 5.4).

32 Le verbe aoriste *metastrepsai* est supposé tendanciel/conatif, indiquant qu'il s'agit d'une tentative et non d'une réalisation.
33 Prenant *tou Christou* comme génitif subjectif, impliquant également la notion de génitif de source.
34 Prenant *tou Christou* comme génitif de contenu.
35 Le grec lit *en chariti Christou*. Lorsque la préposition *en* est suivie d'un datif, cela peut signifier « par » ou « dans ». Si nous prenons cela pour un datif de moyens, le terme « par grâce » fait référence aux moyens par lesquels Dieu a appelé les Galates, auquel cas la « grâce » représente l'ensemble de l'œuvre du Christ décrite par Paul en termes de Christ se donnant lui-même « pour nos péchés » (1.4). Alternativement, cela peut être datif de sphère, en référence à la sphère de grâce dans laquelle Dieu a appelé les Galates. En d'autres termes, le contexte de l'appel de Dieu est la grâce et non les œuvres comme le leur enseignaient les judaïsants. La traduction correcte de cette phrase serait alors « en grâce ». Enfin, si nous prenons la phrase comme un datif de manière, elle fait référence à la manière dont Dieu a appelé les Galates. Cette interprétation chevauche le datif des moyens ci-dessus, mais va au-delà. Cela inclut à la fois ce que le Christ a fait et l'état des Galates. Ils ne méritaient aucune bonté, mais Dieu, dans sa généreuse miséricorde, les a appelés à sortir de leur situation d'impuissance. Si nous adoptons cette traduction, la phrase pourrait être traduite par « gracieusement ». Bien que ces trois idées ne s'excluent pas les unes les autres, il semble que l'accent soit mis davantage sur la dernière. Le génitif « du Christ », qui qualifie la grâce, est probablement subjectif, indiquant que c'est le Christ qui exerce la grâce.
36 Nous sommes censés nous efforcer d'être semblables à Dieu en ce qui concerne sa sainteté et sa justice (connues sous le nom d'attributs communicables). Cependant, nous ne pouvons pas partager des attributs qui lui sont propres, comme être partout à la fois (omniprésence) et tout savoir (omniscience).
37 Les deux mots grecs sont *heteros* et *allos*. Pour débattre à ce sujet, cf. J. W. Wenham, *The Elements of the New Greek Testament,* d'après un ouvrage antérieur de H. P. V. Nunn, Cambridge, Cambridge University Press, 1965, p. 62.
38 La combinaison en 1.8 d'*ean* et d'un subjonctif présent, *euangelizētai*, représente une déclaration conditionnelle de troisième classe dans laquelle la prémisse est probable, mais n'est pas établie.
39 Longenecker, *Galatians,* p. 18.
40 Dans cette déclaration conditionnelle, Paul utilise *ei* plus *euangelizetai* (un présent de l'indicatif). Il s'agit d'une condition de premier ordre et suppose que la prémisse est un fait.
41 Cette interprétation du sens de l'anathème dans le NT est corroborée par Ac 23.14, Rm 9.3, 1 Co 12.3 et 16.22.
42 Henry George Liddell et Robert Scott, *A Greek-English Lexicon,* nouvelle édition, Oxford, Clarendon, 1940, p. 1354.
43 L'utilisation de l'imparfait dans les clauses de prémisse et de conclusion (*ēreskon* et *ēmēn*, respectivement) renforce le point que Paul pense au présent. Cf. H. E. Dana et Julius R. Mantey, *A Manual of the Greek New Testament,* Toronto, Macmillan, 1927, p. 289 ; Daniel B. Wallace, *Greek Grammar Beyond the Basics : An Exegetical Syntax of the New Testament with Scripture, Subject, and Greek Word Indexes,* Grand Rapids, Zondervan, 1996, p. 695.
44 Paul utilise ici une construction conditionnelle de seconde classe (avec *ei* dans la protase et *an* dans l'apodose) qui signifie littéralement « Si j'étais, et je ne suis pas ». La clause de prémisse suppose que ce qu'elle représente n'est pas un fait. Paul n'essaie pas de plaire à l'homme. La NBS fournit à juste titre le mot « essayer » et la BS et la PDV : « chercher à », étant donné que les verbes au présent *peithō* (gagner l'approbation) et *areskein* (plaire) sont tendancieux, de même que l'imparfait *ēreskon*.
45 La combinaison de l'article défini avant Évangile et de la conjonction avant le verbe « J'ai prêché » a pour fonction d'accentuer. Cf. Dana et Mantey, *A Manual of the Greek New Testament,* p. 148.

46 Bruce, *Commentary on Galatians*, p. 88.
47 Longenecker, *Galatians*, p. 23.
48 Le débat porte sur la question de savoir si le génitif *Iēsou Christou* dans l'expression *di' apokalupseōs Iēsou Christou* est un génitif subjectif, auquel cas Jésus est la source qui a révélé le contenu de l'Évangile à Paul (comparer 1.1), ou s'il s'agit d'un génitif objectif, auquel cas Jésus est celui révélé par quelqu'un d'autre, vraisemblablement Dieu le Père (cf. 1.16). Les partisans du génitif subjectif comprennent J. B. Lightfoot (*The Epistle of Paul to the Galatians*, p. 80), Eadie (*Galatians*, p. 36), William Hendriksen (*Galatians and Ephesians, The New Testament Commentary*, Grand Rapids, Baker Book House, 1968, p. 48), Longenecker (*Galatians*, p. 24). Les partisans du génitif objectif comprennent Ernest De Witt Burton (*The Epistle to the Galatians 1920, International Critical Commentary*, Edinburgh, T & T Clark, réédité en 1980, p. 43), Bruce (*Commentary on Galatians*, p. 89), James G. Dunn (*The Epistle to the Galatians*, Black New Testament Commentaries, Peabody, Hendrickson, 1995, p. 55).
49 En grec, *en to Ioudaismo* est une expression dative à prendre comme datif de sphère.
50 La traduction de la plupart des versions bibliques françaises de l'aoriste *ēkousate* « avez entendu » (et non simplement « entendiez ») est ici appropriée. C'est un aoriste résultant, axé sur l'état actuel des Galates. Ils sont bien informés à ce sujet.
51 Certains pourraient préférer le terme « guérisseur traditionnel », mais j'ai utilisé à dessein le terme « sorcier » pour faire comprendre que de telles personnes utilisent la sphère spirituelle pour susciter la « guérison », faire des « prédictions », etc. Je ne m'attaque pas à tous les éléments de la religion traditionnelle africaine. Certains de ses aspects ne contredisent pas les Écritures et peuvent être conservés, mais ceux qui les contredisent doivent être écartés.
52 Le temps imparfait du verbe *ediōkon* est compris comme itératif, représentant une action constamment répétée dans le passé. L'intensité de l'action est exprimée par *kath 'huperbolēn*, qui comporte la notion « au-delà de toute mesure et de toute proportion » (comparer son utilisation dans Rm 7.13 ; 1 Co 12.31 ; 2 Co 1.8 ; 4.17).
53 Dans les mots *ekklēsian tou theou*, les mots *tou theou* doivent être compris comme génitifs possessifs.
54 Le temps imparfait *eporthoun* (de *portheō* – « je détruis ») doit être traité comme tendanciel.
55 Le verbe à l'imparfait *proekopton* (de *prokopto*) se comprend comme imparfait duratif.
56 Dunn, *The Epistle to the Galatians*, p. 60.
57 Longenecker, *Galatians*, p. 29 ; cf. également Dunn, *The Epistle to the Galatians*, p. 60. Burton (*The Epistle to the Galatians*, p. 47) et Lightfoot (*The Epistle of St. Paul to the Galatians*, p. 81) soutiennent le fait que Paul se compare à tous les autres hommes de son âge.
58 À cette époque-là, dans le judaïsme, il y avait au moins quatre partis principaux : les pharisiens, les sadducéens, les esséniens et les zélotes. Lightfoot (*The Epistle of St. Paul to the Galatians*, p. 81-82) dit que « St Paul semble avoir appartenu au parti extrémiste des pharisiens [...] qui se faisaient une fierté de se décrire comme zélés pour la loi, zélés pour Dieu. Simon, l'un des Douze, surnommé ainsi le Zélote, avait également appartenu à ce groupe [...]. Une partie de ces partisans extrémistes, qui formaient une secte séparée sous Judas de Galilée, a pris le nom de zélote par excellence et s'est distinguée par son opposition furieuse aux Romains ». Cependant, Burton (*The Epistle to the Galatians*, p. 47), Eadie (*Galatians*, p. 40), Bruce (*Commentary on Galatians*, p. 91) et Longenecker (*Galatians*, p. 30) plaident tous pour un usage plus générique du terme zélote.
59 Le zèle de Josué se révèle à deux reprises : dans l'intensité de sa souffrance après la défaite des Israélites face à Aï et dans sa confrontation avec Akân, dont le péché avait provoqué le mécontentement du Seigneur et, par conséquent, la défaite.
60 1 M 2.19-27 ; Josèphe, *Antiquités* XII, p. 270-271.
61 Bruce, *Commentary on Galatians*, p. 91.
62 Dunn, *The Epistle to the Galatians*, p. 61.
63 Les interprètes juifs des Écritures ont compilé le Talmud, dont une partie, la Mishna, traitait de la *halakha* (les concepts légalistes), tandis que l'autre partie, appelée Guemara, traitait de la *haggada* (les questions non légalistes). Compte tenu du contexte des Galates, c'est à

la partie légaliste que Paul vouait un zèle d'obéissance. Il était déterminé à vivre à la lettre selon la loi.

64   Le grec *ho aphorisas* (« qui m'a mis à part ») implique l'utilisation adjectivale d'un participe, pris ici comme substantif, sujet de l'action. Le pronom « m' », c'est-à-dire Paul, en est l'objet.

65   George, *Galatians*, p. 117.

66   Eadie, *Galatians*, p. 43.

67   Guthrie, *Galatians*, p. 68. Cependant, voir ce passage dans le contexte de la prédestination éternelle (George, *Galatians*, p. 117) peut aller dans le sens d'une interprétation trop poussée des paroles de Paul, même si théologiquement cela est correct si l'on s'appuie sur d'autres passages tels qu'Éphésiens 1.4 « En lui [Christ], il [Dieu] nous a choisis avant la fondation du monde » (NBS).

68   Le texte grec est *dia tēs charitos autou*. Pour la traduction de *dia* avec un génitif comme « par », voir Dana et Mantey, *A Manual of the Greek New Testament*, p. 102. Il s'agit ici de l'équivalent d'un datif de moyens, indiquant le moyen par lequel Dieu agit pour mettre à part et appeler (bien qu'il soit préférable de se rapporter uniquement à l'appel). La mise à part est qualifiée par un indicateur de temps (dès la naissance) et l'appel est qualifié par la définition de l'instrument divin qui a permis sa réalisation (la grâce de Dieu).

69   La frontière entre la conversion de Paul et le début de son mandat est très étroite. Les deux événements se sont produits en même temps, lorsque Paul est devenu à la fois croyant et apôtre. Dunn (*The Epistle to the Galatians*, p. 63) dit à juste titre : « Paul parle toujours de son entrée dans le christianisme comme d'un appel ou d'un mandat ; il n'en parle jamais comme d'une conversion. » Mais Dunn exagère quand il continue en disant que Paul « aurait sans doute contesté l'utilisation de ce mot (au sens moderne) pour décrire son expérience sur la route de Damas, puisqu'il ne la voyait pas comme une conversion d'une religion à une autre, mais comme un rappel d'une bonne compréhension du caractère de grâce du mandat d'Israël ». Si Paul ne parle pas de sa conversion, c'est parce qu'elle est inhérente à son appel, elle en fait partie intégrante. Ainsi, Bruce (*Commentary on Galatians*, p. 93) a raison de dire : « Le but de la révélation, à savoir que Paul devrait proclamer l'Évangile de Christ parmi les non-Juifs, faisait partie de la révélation elle-même : la conversion et la vocation s'étaient réunies. »

70   Bruce, *Commentary on Galatians*, p. 92 ; Burton, *The Epistle to the Galatians*, p. 51 ; Longenecker, *Galatians*, p. 31 ; Dunn, *The Epistle to the Galatians*, p. 64.

71   Les termes, en grec, sont *apokalupsai ton huion autou en emoi* (littéralement, « révéler son fils en moi »). Le *en emoi* est un datif, que quelques commentateurs considèrent comme un simple datif permettant des possibilités telles que « à moi » ou « pour moi ». Cependant, cette approche ignore la présence de la préposition *en* dont le sens est « en » ou « par ». Pour un débat plus large sur ce point, cf. Eadie, *Galatians*, p. 43-44.

72   Cette approche considère que le terme grec *en emoi* est un simple datif de sphère, de sorte que la traduction puisse être « en moi » (c'est-à-dire une révélation subjective). Bruce (*Commentary on Galatians*, p. 93) dit que la phrase « indique probablement l'intériorité de l'expérience... Pour Paul, la vision extérieure et l'illumination intérieure coïncidaient : Jésus, qu'il a persécuté, a été révélé comme le Fils de Dieu et la révélation a été l'acte de Dieu lui-même ». Selon cette ligne de pensée, la portée de la révélation n'était pas tant « la transformation de la personne, mais plutôt celle du but et de l'engagement » (Dunn, *The Epistle to the Galatians*, p. 64).

73   Cette approche considère *en emoi* comme un datif d'agent, faisant référence à une manifestation objective plutôt que subjective du Christ. L'accent est mis sur la révélation que Paul a transmise à d'autres. George (*Galatians*, p. 120), par exemple, a déclaré : « Dans l'ensemble, il semble préférable d'interpréter *en emoi* comme « à travers moi », en liant la révélation de Christ en Paul au but et au mandat divins que Dieu avait prévus pour lui, de prêcher l'Évangile aux non-Juifs, plutôt que de se rétracter quant à sa conversion et son appel, ce qui a déjà été évoqué. Cf. aussi Lightfoot, *The Epistle of St. Paul to the Galatians*, p. 83.

[74] Daniel C. Arichea, Jr. et Eugene A. Nida, *A Translator's Handbook on Paul's Letter to the Galatians*, New York, United Bible Societies, 1975, p. 22.

[75] Parmi les commentateurs qui pensent que Jésus lui-même a été révélé, notons Longenecker, *Galatians*, p. 31 ; Eadie, *Galatians*, p. 44 ; John R. W. Stott, *The Message of Galatians,* The Bible Speaks Today, London, InterVarsity Press, 1968, p. 32-33 ; et Bruce, *Commentary on Galatians*, p. 93.

[76] George, *Galatians*, p. 120.

[77] *Ibid*, p. 122.

[78] Longenecker, *Galatians*, p. 22 ; cf. aussi Bruce, *Commentary on Galatians*, p. 93.

[79] Les temps de l'aoriste dans le terme *aphorisas* (mis à part) et *kalesas* (appelé) se concentrent sur l'action définie dans le passé. Par la suite, cependant, il utilise *euangelizomai*, un subjonctif moyen présent de *euangelizō* (je prêche). Au présent, le mieux est de le prendre comme duratif, ce qui indique qu'il s'agit là d'une tâche continue de Paul.

[80] Le terme grec *ethnē* (singulier, *ethnos*) est utilisé dans la Septante pour traduire le terme hébreu *goyim*, qui fait référence à des nations autres qu'Israël. C'est un usage fréquent dans le NT, dans des passages tels qu'Ac 14.5 ; 21.11, 21 ; Rm 3.29 ; 9.24 ; 1 Co 1.23 ; et Ga 2.15. Bien que le ministère de Paul se soit concentré sur les non-Juifs (Rm 1.5, 13 ; 11.13 ; 15.16 ; Ep 3.8 ; 1 Tm 2.7), il ne devrait pas être considéré comme excluant les Juifs, mais plutôt comme libérant l'Évangile des limitations précédentes. Cf. Dunn, *The Epistle to the Galatians*, p. 66.

[81] Guthrie, *Galatians*, p. 65 ; cf. Bruce, *Commentary on Galatians*, p. 88 ; Longenecker, *Galatians*, p. 23.

[82] En énonçant l'origine non humaine de son évangile, Paul utilise la préposition *para* (usage générique d'*anthroïpos*). Comprendre s'il y a une différence entre cette préposition et *apo*, l'autre préposition qu'il aurait pu utiliser, fait l'objet de nombreux débats, certains arguant que *apo* désigne la source ultime et *para* la source la plus immédiate. Cependant, je suis d'accord avec Longenecker (*Galatians*, p. 23) pour dire que « la préposition *para* est souvent utilisée dans le Nouveau Testament dans le sens de source ultime, *apo* et *para* apparaissant sans distinction dans des récits parallèles ». Pour plus d'informations sur ce débat, cf. Burton, *The Epistle to the Galatians*, p. 39-40 ; Eadie, *Galatians*, p. 35 ; Lightfoot, *The Epistle of St. Paul to the Galatians*, p. 80.

[83] L'expression *sarki kai haimati* est un exemple de métonymie. Cette expression était couramment utilisée pour marquer que les êtres humains sont distincts de Dieu (Guthrie, *Galatians*, p. 69). Longenecker (*Galatians*, p. 33) dit que le terme désigne « "l'humanité dans sa finitude et sa faiblesse" ou "l'humanité conditionnée temporairement et corporellement" par opposition aux êtres d'un ordre supérieur, en particulier à Dieu ». Jésus a utilisé les mêmes mots dans Mt 16.17 lorsqu'il a dit à Pierre que ce n'étaient pas la chair et le sang qui lui avaient révélé la véritable identité de Jésus.

[84] Dunn, *The Epistle to the Galatians*, p. 67. Cf. aussi Eadie, *Galatians*, p. 46. Notons qu'il existe des divergences d'opinion quant au sujet auquel se rapporte le mot traduit par « aussitôt » en 1.16. La Colombe, Darby, NBS et la TOB le rapportent à la possible consultation d'un être humain, alors que la Segond 21 dit : « je suis *aussitôt* parti pour l'Arabie ». Cela montre clairement que Paul n'est pas allé immédiatement à Jérusalem, où il aurait pu rencontrer des apôtres tels que Pierre et Jean.

[85] Littéralement « et j'étais toujours, ou restais, (notez l'imparfait périphrastique – soulignant la continuité de l'action) inconnu des Églises de Judée qui sont en Christ ».

[86] Lightfoot, *The Epistle of St. Paul to the Galatians*, p. 88.

[87] Arétas IV a gouverné cette région de l'an 9 av. J.-C. à l'an 40 apr. J.-C. (2 Co 11.32). Hérode Antipas a épousé la fille d'Arétas et en a ensuite divorcé pour épouser Hérodiade, ce qui a entraîné une inimitié entre les deux rois. Cf. Bo Reicke, *The New Testament Era: The World of the Bible from 500 BC to AD 100*, Philadelphia, Fortress Press, 1964, p. 192-193 ; Emil Schürer, *A History of the Jewish People in the Time of Jesus Christ,* Partie 1, vol. 2, Peabody, Hendriksen, 1994, p. 356-359.

[88] Cf. Longenecker, *Galatians*, p. 34. Si la conversion de Paul date de l'an 36 apr. J.-C., l'incident de Damas aurait eu lieu environ trois ans plus tard, donc vers l'an 39 apr. J.-C. C'était dix ans avant que la lettre aux Galates ne soit écrite en 49 apr. J.-C., et, au cours de cette période, certains changements de frontières politiques ont pu se produire.

[89] Dunn, *The Epistle to the Galatians*, p. 70. Selon Bruce (*Commentary on Galatians*, p. 96), « il est possible qu'en Arabie » Paul ait été en communion avec Dieu dans le désert où Moïse et Élie avaient eux-mêmes été en communion avec lui des siècles auparavant ; mais dans le contexte actuel, le but premier de sa visite en Arabie semble avoir été l'accomplissement immédiat de sa mission consistant à prêcher le Fils de Dieu « parmi les non-Juifs ».

[90] Arichea et Nida, *A Translator's Handbook on Paul's Letter to the Galatians*, p. 23. Cf. aussi Hendriksen (*Galatians and Ephesians*, p. 56) qui dit que Paul a utilisé ce temps pour « le repos, la prière et la méditation » ; Eadie (*Galatians*, p. 49) déclare qu'il s'était mis en tête « de profiter de la réflexion et de la préparation solitaires, de sonder la profondeur de sa conviction, de prévoir ses possibilités, de recevoir des révélations et des leçons » ; Lightfoot (*The Epistle of St. Paul to the Galatians*, p. 90), dit qu'il y est allé « pour communier avec Dieu et avec sa propre âme […] afin de rassembler ses forces dans la solitude en vue de son action ».

[91] Burton, *The Epistle to the Galatians*, p. 55.

[92] Paul semble se concentrer sur la façon dont sa conversion/son appel était séparé de Jérusalem à la fois en termes de distance et de temps. Il y a donc lieu de considérer son utilisation de « […] années plus tard » (1.18 ; 2.1) comme prenant pour point de départ la conversion. Voir la discussion à ce sujet plus tôt dans cette unité.

[93] Le verbe *historēsai* (la forme infinitive aoriste de *historeō*) n'apparaît que dans le NT et se traduit dans la plupart des versions bibliques françaises par : « faire la connaissance de » (Colombe, BS, TOB, DBY, S21, PDV, NBS, BFC). Bruce (*Commentary on Galatians*, p. 98) le traduit par « avoir un entretien », Dunn (*The Epistle to the Galatians*, p. 73), « apprendre à connaître », Burton (*The Epistle to the Galatians*, p. 59), « rendre visite », Eadie (*Galatians*, p. 50) et Longenecker (*Galatians*, p. 37), « faire connaissance ». Ces interprétations sont fondées sur l'utilisation de ce mot dans la littérature extrabiblique, en particulier les écrits de Josèphe, qui, comme Paul, l'utilise lorsqu'il parle de personnes. La plupart des autres utilisations (chez Hérodote, Aristote, Plutarque et d'autres) sont en référence à des lieux.

[94] Bruce, *Commentary on Galatians*, p. 98.

[95] Eadie, *Galatians*, p. 50.

[96] Dunn, *The Epistle to the Galatians*, p. 74.

[97] Si nous comprenons ce bref séjour à Jérusalem comme étant celui décrit dans Ac 9.26-29, Pierre et Jacques sont les apôtres auxquels Barnabé a présenté Paul (Ac 9.27).

[98] Bien que *grapho* (j'écris) puisse être un présent aoristique (cf. TOB), il peut également s'agir d'un présent duratif, faisant référence à ce que Paul a écrit précédemment, à savoir dans les premiers versets, et à ce qu'il écrit maintenant.

[99] Longenecker, *Galatians*, p. 40.

[100] La fonction *idou* (« voici » est une interjection impérative, qui tient lieu ici, probablement, de supplication) signifie que Paul les prie de prêter attention à la question et de ne pas l'ignorer.

[101] De l'an 25 av. J.-C. à l'an 72 apr. J.-C., la Syrie et la Cilicie étaient réunies en une seule province romaine et administrées comme telle.

[102] Le livre des Actes implique que Paul a fait cinq visites à Jérusalem :
- Ac 9.26-28, visite après sa conversion ;
- Ac 11.27-30 ; 12.25, visite associée à la lutte contre la famine ;
- Ac 15.1-31, visite sur le thème de la circoncision des non-Juifs ;
- Ac 18.22, visite impliquée par « il est venu (de Césarée) et a salué l'Église » ;
- Ac 21.17-25.12, visite finale au cours de laquelle il a été arrêté.

Galates ne mentionne que deux de ces visites. Dans 1.18, Paul fait référence à une visite trois ans après sa conversion, et dans 2.1, il mentionne une autre visite « quatorze ans plus tard ». Il comptait probablement à partir de sa conversion, et non à partir de sa visite précédente (bien que Dunn, *The Epistle to the Galatians*, p. 87, ne soit pas de cet avis). Étant donné que Paul insistait sur le fait qu'il n'avait pas séjourné à Jérusalem (1.17), il semble probable que la visite mentionnée en 1.18 soit sa première visite, celle mentionnée dans Ac 9.26-28. Il est difficile de savoir exactement à quelle visite il fait référence en 2.1. Les spécialistes sont divisés sur la question de savoir s'il s'agissait de la visite associée à la lutte contre la famine (Ac 11) ou à la réunion du concile de Jérusalem (Ac 15). Étant donné que la circoncision ne semble pas avoir été le sujet principal à l'ordre du jour, contrairement à Ac 15, la visite est probablement celle mentionnée dans Ac 11. Son but principal était de verser des fonds amassés pour soulager la famine. Mais la présence de Tite parmi les compagnons de Paul signifiait que la question de la circoncision fut abordée. Pour un débat plus ample, cf. R. H. Stein, « Jerusalem », dans *Dictionary of Paul and His Letters*, sous dir. Gerald F. Hawthorne, Ralph P. Martin et Daniel G. Reid, Downers Grove, InterVarsity Press, 1993, p. 463-474.

[103] C'est la première fois que Barnabé est mentionné dans les lettres de Paul. Plus tard, Paul fait référence à lui dans sa lettre aux Corinthiens (1 Co 9.6).

[104] L'utilisation continue de la première personne du singulier indique que Paul était responsable et que Barnabé l'accompagnait.

[105] Ceux qui interprètent ces mots comme affirmant que Tite n'était pas circoncis mettent l'accent sur le mot *oude* et le relient à « Tite », en rendant le sens « pas même Tite » (Lightfoot, *The Epistle of St. Paul to the Galatians*, p. 105 ; Burton, *The Epistle to the Galatians*, p. 76 ; Bruce, *Commentary on Galatians*, p. 112 ; Eadie, *Galatians*, p. 111-112). Ceux qui lisent ces mots comme impliquant que Tite a volontairement accepté d'être circoncis lient le mot *oude* au terme « contraint », donnant la lecture suivante : « Tite n'a même pas été contraint ». J. N. Sanders, « Galatians », dans *Peake's Commentary on the Bible*, sous dir. Matthew Black et H. H. Rowley, Londres, Nelson, 1962, p. 975.

[106] Longenecker, *Galatians*, p. 47 ; Cole, *The Epistle of Paul to the Galatians*, p. 62.

[107] Bruce, *Commentary on Galatians*, p. 108 ; Dunn, *The Epistle to the Galatians*, p. 91.

[108] Eadie, *Galatians*, p. 105 ; Dunn, *The Epistle to the Galatians*, p. 91.

[109] Cette interprétation est approuvée par Bruce, *Commentary on Galatians*, p. 109 ; Dunn, *The Epistle to the Galatians*, p. 93.

[110] Longenecker, *Galatians*, p. 47 ; Eadie, *Galatians*, p. 105.

[111] Le texte grec suggère qu'il est vraisemblable qu'il y ait eu deux réunions distinctes. Le complément d'objet indirect du verbe « exposer » *(anethemēn* – 2.2b) est *autois* (« leur » – 2.2b) et est lié au fait d'aller à Jérusalem. Après cela, Paul dit « en privé aux gens les plus considérés » (2.2c). Les termes « leur » et « les gens les plus considérés » semblent désigner deux groupes, l'un plus grand et l'autre plus petit.

[112] Le mot grec *dia* est traduit par « à cause de », ce qui implique que ce sont les faux frères qui ont fait la demande. Cependant, lorsque *dia* est utilisé avec un accusatif, comme ici, il peut signifier « pour le bien de ». Si cela se traduit de la sorte, Paul dit que les faux frères sont les bénéficiaires d'une demande formulée par une autre partie soucieuse de ne pas les offenser. L'autre partie aurait pu être les apôtres. Cependant, le contexte semble exiger que les faux frères soient la cause, et non les bénéficiaires.

[113] L'adjectif *pareisaktos* signifie « clandestin, secrètement introduit, glissé en secret, furtivement entré » et le verbe *pareiserchoma* décrit l'action consistant à apporter quelque chose « avec une connotation d'intention secrète ou avec malveillance ». Walter Bauer, William F. Arndt et F. Wilbur Gingrich, *Greek–English Lexicon of the New Testament and Other Early Christian Literature*, Chicago, University of Chicago Press, 1957, p. 630.

[114] Ceux qui choisissent Antioche soutiennent soit que des habitants de Jérusalem ont été envoyés à Antioche pour s'immiscer dans le travail de Paul dans ce pays, soit que des habitants d'antioche (ou d'une autre ville non juive) ont suivi Paul à Jérusalem pour saper son rapport aux dirigeants (Bruce, *Commentary on Galatians*, p. 115-117). ; Burton, *The Epistle to the Galatians*, p. 78-79 ; Albert Barnes, « Galatians », dans *Barnes' Notes on the New Testament: Complete and unabridged in one volume*, Grand Rapids, Kregel, 1962, p. 927.

Le mouvement aurait pu être dans les deux sens ; la réponse dépend en partie du nombre de personnes qui savaient que Paul irait à Jérusalem.
[115] Dunn, *The Epistle to the Galatians*, p. 99.
[116] Le mot *kataskopeō* (ou *kataskopeuō*) est utilisé seulement ici dans le NT. Dans la LXX, il est également utilisé dans un sens positif pour faire référence à la façon dont Miriam veillait sur le bébé Moïse (Ex 2.4). Cependant, ailleurs, il est utilisé avec la signification négative trouvée dans Galates 2.4.
[117] Ici, les deux nuances du datif (« moyens » et « sphère ») s'appliquent simultanément.
[118] Les mots traduits « un instant » signifient littéralement « une heure », indiquant un laps de temps très court.
[119] Burton (*The Epistle to the Galatians*, p. 86) convient que ce que nous avons ici est un génitif de possession (c'est-à-dire que la vérité appartenait à l'Évangile). Lightfoot, cependant, le prend comme un génitif qualitatif (*The Epistle of St. Paul to the Galatians*, p. 107).
[120] Le passage dans Actes est le seul autre endroit où ce verbe se trouve dans le NT. Cependant, on le trouve également dans la traduction de la LXX de passages tels que Mi 7.5 et 2 M 3.9. Le verbe peut être utilisé pour la communication entre amis, celle d'un supérieur à un subordonné ou d'un subordonné à un supérieur. En soi, cela ne révèle pas la relation entre les deux parties. Cela doit être déterminé à partir du contexte.
[121] Le verbe *kērusso* est un temps présent duratif.
[122] Paul utilise le temps présent *trechō*, qui peut être indicatif, ce qui signifie « je cours, j'ai couru », ou subjonctif, ce qui signifie « je courusse », ainsi que l'*edramon* aoriste qui peut être rendu sous la forme « je courais » ou « j'eusse couru », sur la base du fait que c'est un aoriste résultant. Il pense donc à la fois à ce qu'il fait maintenant et à ce qu'il a fait auparavant.
[123] Par exemple, Longenecker cite H. Schlier (*Der Brief an die Galater*, Göttingen, Vandenhoeck & Ruprecht, 1965, p. 67-69), affirmant que ce passage montre que Paul reconnaît « l'autorité décisive du précédent apostolat à Jérusalem et souhaitait valider l'authenticité de sa mission par leur reconnaissance » (Longenecker, *Galatians*, p. 49).
[124] Bauer, Arndt, Gingrich, *Greek-English Lexicon*, p. 201.
[125] En 2.2, nous avons *tois dokousin* (ceux qui paraissent), en 2.6, nous avons *tōn dokountōn einai ti*, et en 2.9, nous avons *hoi dokountes stuloi einai*. Le verbe *dokeō* peut simplement signifier « reconnu » et donc, utilisé comme participe ayant fonction de substantif, il peut signifier « celui (ceux) reconnu(s) ». Traduit par « semble », cependant, il comporte l'idée de paraître important.
[126] Burton (*The Epistle to the Galatians*, p. 71) dit : « Ceux qui sont ici (2.2) désignés comme *tois dokousin* sont évidemment les mêmes qui, dans le v. 6, sont appelés *hoi dokountes* et *hoi dokountes einai ti*, et dans le v. 9 *hoi dokountes stuloi einai*, et sont également identifiés comme Jacques, Céphas et Jean dans le v. 9. » C'est également l'opinion de Bruce (*Commentary on Galatians*, p. 109), Guthrie (*Galatians*, p. 77), Cole (*The Epistle of Paul to the Galatians*, p. 67), George (*Galatians*, p. 138), Stott (*The Message of Galatians*, p. 44) et Longenecker (*Galatians*, p. 48). Je suis d'accord avec cette position, mais Dunn (*The Epistle to the Galatians*, p. 92) argumenterait que même si ces trois personnes étaient présentes, le groupe pourrait quand même être plus grand.
[127] Bruce, *Commentary on Galatians*, p. 117.
[128] Cette interprétation est étayée par l'utilisation de l'imparfait *ēsan* (ils étaient), qui « signale une période passée particulière », ainsi que *pote* (à l'époque), qui « renvoie le lecteur à une époque antérieure » (Longenecker, *Galatians*, p. 53). Si Paul avait en tête ce qu'ils étaient au moment de la visite, nous nous attendrions à trouver le terme *tote* (à ce moment-là) plutôt que *pote* (cf. aussi Dunn, *The Epistle to the Galatians*, p. 102 ; Bruce, *Commentary on Galatians*, p. 117 ; Lightfoot, *The Epistle of St. Paul to the Galatians*, p. 108).
[129] Le présent *diapherei* peut être considéré comme un présent duratif. Telle est la position de Paul au moment où il écrit aux Galates, tout comme c'était sa position dans le passé.

130 Une traduction littérale du grec est « Dieu n'accepte pas la face d'un homme ». Longenecker (*Galatians*, p. 54) l'identifie comme un proverbe. Plusieurs passages de la Septante en éclaircissent le sens (cf. les traductions de la LXX pour Lv 19.15 ; Dt 1.17 ; 16.19 ; 2 Ch 19.7 ; Jb 13.10 ; Ps 81.2 ; Pr 18.5 ; Ml 2.9).

131 Burton, *The Epistle to the Galatians*, p. 88 ; cf. aussi Dunn, *The Epistle to the Galatians*, p. 102.

132 Bruce, *Commentary on Galatians*, p. 118.

133 Le texte grec dit simplement « rien pour moi », avec le « pour moi » dans la position emphatique en début de déclaration. L'ajout des mots « mon message » est défendable, car ce dont parle Paul, c'est son évangile et son autorité, qu'il a défendus avec tant de vigueur au chapitre 1.

134 L'idée de réfuter certaines exigences correspond mieux au contexte à la lumière de la forte particule adversative traduite « au contraire » en début de 2.7. Cependant, les notions d'instruction et de demande ne s'excluent pas mutuellement. Burton (*The Epistle to the Galatians*, p. 89) a peut-être raison lorsqu'il le formule ainsi : « Les apôtres de Jérusalem ne lui ont imposé aucune charge (de doctrine ou de pratique), ou ne lui ont rien transmis de plus que ce qu'il savait déjà. »

135 Eadie, *Galatians*, p. 127.

136 Dunn, *The Epistle to the Galatians*, p. 110.

137 *Ibid*, p. 106.

138 Le temps aoriste des participes de « voir » et « reconnaître » indique que ces perceptions théologiques ont précédé l'action du verbe principal, à savoir « a donné […] la main droite de la communion » en 2.9 (Dunn, *The Epistle to the Galatians*, p. 106). On peut débattre sur la question de savoir s'il s'agit simplement de l'indication d'une séquence dans le temps (de sorte que l'accueil a eu lieu après la reconnaissance) ou s'il existe une relation de cause à effet (de sorte que l'accueil a eu lieu en raison de la reconnaissance). Les deux facteurs sont probablement présents. C'est à la fois parce qu'ils ont vu et reconnu que les trois leaders ont tendu leur main fraternelle.

139 Les deux termes *akrobustias* (de l'incirconcision) et *tēs peritomēs* (de la circoncision) sont des génitifs objectifs (c'est-à-dire qu'ils désignent les destinataires de l'action de proclamation de l'Évangile). C'est un exemple de métonymie, une figure de style dans laquelle on identifie une chose en nommant l'un de ses attributs.

140 Les verbes au passé *energēsas* et *enērgēsen* en 2.8, que la BS traduit par « a agi », sont des aoristes ingressifs qui mettent l'accent sur la manière dont les missions de Pierre et de Paul ont commencé et sur leur continuité. La façon dont les tâches sont effectuées est le résultat naturel de la manière dont elles ont été attribuées.

141 La *hina* ici est l'équivalent de l'*éphi hote* classique qui comporte l'idée de « à condition que », « étant entendu que » (Longenecker, *Galatians*, p. 58 ; Bruce, *Commentary on Galatians*, p. 124).

142 En grec, cette déclaration d'entente est elliptique dans la mesure où le verbe est omis. Mais le contexte indique clairement que le verbe requis est soit « nous pourrions aller », soit « nous pourrions prêcher ».

143 La déclaration n'a pas de verbe, mais la version « ils ont demandé » (BS) peut être justifiée par le contexte. Il semble que cette demande provenait de Jacques, Pierre et Jean.

144 Burton (*The Epistle to the Galatians*, p. 99), prenant le temps présent de « se souvenir » comme duratif.

145 Dunn, *The Epistle to the Galatians*, p. 112.

146 Bruce, *Commentary on Galatians*, p. 126 ; Dunn, *The Epistle to the Galatians*, p. 112.

147 Longenecker, *Galatians*, p. 60.

148 Cf. le commentaire en 1.2.

149 Longenecker, *Galatians*, p. 61.

150 Le temps aoriste *ēlthen* (vint) en 2.11 est déterminant, l'accent étant mis sur le fait que l'événement a eu lieu après l'arrivée de Pierre à Antioche.

151 Le verbe *sunōsthien* (mangeait avec) en 2.12 est un imparfait itératif, ce qui implique que Pierre le faisait régulièrement.

[152] La clause infinitive adverbiale, *pros* (avant) et *elthein* (littéralement, « à venir ») : ici, l'article signifie « la venue » et nous dit que l'action du verbe principal (*sunēsthein* – « mangeait ») a eu lieu avant l'arrivée de ces personnes.
[153] Longenecker, *Galatians*, p. 72.
[154] Les verbes *hupestellen* et *aphōrizen* sont également à l'imparfait traduit par « avait l'habitude de manger ». Ici, cependant, l'aspect n'est pas itératif, mais initial, se concentrant sur le début du retrait et de la séparation.
[155] Le terme *phoboumenos* est au participe présent pour indiquer le lien étroit qui existe entre la crainte de Pierre et son retrait et sa séparation. Le participe est circonstanciel, mettant l'accent sur la cause de l'action du verbe principal.
[156] Le datif *autō* est ici un datif d'association, tandis que le mot traduit par « s'associer » signifie « prendre part à » (Eadie, *Galatians*, p. 154).
[157] Prendre *tē hupokrisei* comme un datif instrumental, faisant référence à l'instrument qui l'emporte.
[158] En supposant que cet incident se soit produit après le premier voyage missionnaire de Paul, au cours duquel il était accompagné de Barnabé.
[159] L'utilisation de *kategnōsmenos ēn*, une construction périphrastique au plus-que-parfait, souligne l'état actuel des choses.
[160] Longenecker, *Galatians*, p. 76.
[161] Liddel et Scott, *A Greek-English Lexicon*, p. 1249.
[162] Prenant *tou euangeliou* comme un génitif qualitatif, attribuant une qualité à la vérité et faisant de l'Évangile le facteur déterminant de ce qu'est la vérité.
[163] Prenant *tou euangeliou* en tant que génitif de contenu. Eadie (*Galatians*, p. 56) dit : « "La vérité de l'Évangile" ne signifie pas le véritable Évangile, mais la vérité qu'il contient ou incarne – évidemment la grande doctrine de la justification par la foi, impliquant la non-obligation de la loi cérémonielle sur les convertis non juifs et la cessation de cette exclusivité que le peuple élu chérissait depuis si longtemps. »
[164] Burton (*The Epistle to the Galatians*, p. 110) considère cette utilisation du présent en *orthopodousin* comme « le présent de la forme directe retenue dans le discours indirect ». Il soutient que Paul cite ces mots exacts à Pierre et à ses disciples : « Vous ne marchez pas droit. » Cependant, Burton n'explique pas pourquoi Paul utilise le temps présent ici, tout en utilisant le passé pour tous les autres verbes (sauf lorsque Paul a clairement l'intention de citer le discours direct en 2.14). Il semble plus simple d'interpréter le verbe ici comme un exemple du temps présent narratif, qui rapporte une action passée comme si elle se passait encore au moment de la rédaction. Il ne doit clairement pas être lu comme un présent duratif, indiquant que Pierre et ses disciples agissaient toujours de cette manière.
[165] L'idiome grec signifie littéralement « à la face ». Cela comporte l'idée d'une rencontre directe, comme dans Ac 25.16 et 2 Co 10.1.
[166] Liddle et Scott, *A Greek-English Lexicon*, p. 140.
[167] George (*Galatians*, p. 179) suppose qu'une réunion privée a eu lieu. La plupart des commentateurs ne sont pas d'accord. Ils soutiennent que si une telle réunion avait eu lieu, une confrontation publique n'aurait pas été nécessaire, à moins que Pierre n'ait refusé d'écouter Paul. Cette alternative semble moins plausible que de supposer qu'il s'agissait de leur première discussion sur cette question.
[168] La position anarthreuse de *pantōn* soutient ce point (cf. Burton, *The Epistle to the Galatians*, p. 111).
[169] Dunn (*The Epistle to the Galatians*, p. 127) le décrit comme « l'un des plus grands rassemblements (représentatifs ?) de croyants juifs et non juifs à Antioche » et Longenecker (*Galatians*, p. 77) affirme qu'il a très probablement impliqué « tous les membres de l'Église d'antioche en séance publique ».
[170] Le verbe *anankazeis* peut être pris comme un présent conatif, c'est-à-dire « vous essayez de forcer ».

[171] Il manque un verbe dans le verset 2.15 et les traducteurs doivent en fournir un. Certains suggèrent un verbe indicatif, donnant la traduction : « Nous qui, de nature, sommes juifs et non point pécheurs d'entre les nations » (DBY). Ce rendu avec « sommes » est approuvé par Dunn (*The Epistle to the Galatians*, p. 131), Bruce (*Commentary on Galatians*, p. 136), George (*Galatians*, p. 186), Longenecker (*Galatians*, p. 83) et Eadie (*esmen* – *Galatians*, p. 162), et se trouve dans la plupart des versions françaises (Colombe, S21, BS, PDV, NBS, BFC, TOB). D'autres traducteurs préfèrent ajouter un participe, en particulier *ontes*, l'actuel pluriel de participe actif de *eimi*. Si ce participe est considéré comme concessif, l'expression est traduite par « bien que nous soyons » (Burton, *The Epistle to the Galatians*, p. 111) ; s'il est considéré comme causal, il est traduit par « parce que nous sommes ».

Les traducteurs doivent également décider si 2.15 doit être traité comme une phrase complète (comme dans la Colombe ou la NBS) ou simplement comme une clause, où 2.15 est complété en 2.16, comme dans la Bible Darby. Considérer ce verset comme incomplet conduit à la question suivante : de quel verbe cette clause fait-elle l'objet ? Si nous traduisons le participe *eidotes* au début de 2.16 en tant que verbe indépendant, nous obtenons la traduction de la Bible Darby : « Nous qui sommes juifs [...] sachant cela » (cf. aussi George, *Galatians*, p. 89). Alternativement, *leidotes* peut être considéré comme dépendant d'un verbe principal *episteusamen* au milieu du verset 16, avec la clause entière comme sujet de ce verbe « croire ». Cela donne une lecture du type « Nous qui, de nature, sommes juifs [...] sachant néanmoins que l'homme n'est pas justifié [...] nous avons cru » (DBY) ; cf. aussi Longenecker, *Galatians*, p. 89 ; Bruce, *Commentary on Galatians*, p. 136.

[172] Dunn (*The Epistle to the Galatians*, p. 152) déclare : « Les lecteurs de la lettre pourraient difficilement comprendre que le "nous" de 2.15 puisse s'appliquer à quelqu'un d'autre que Pierre et Paul ». cf. aussi Eadie, *Galatians*, p. 162.

[173] Longenecker, *Galatians*, p.88 ; Bruce, *Commentary on Galatians*, p. 137.

[174] Dunn, *The Epistle to the Galatians*, p. 133. Cf. aussi Longenecker, *Galatians*, p. 83, et Eadie, *Galatians*, p. 162.

[175] Littéralement « pécheurs parmi les nations » ; *ethnōn* en 2.15b est considéré comme un génitif de source.

[176] Longenecker, *Galatians*, p. 83.

[177] Dans la TOB, le mot traduit par « savoir » est traité comme un verbe indépendant, avec « nous » comme sujet : « nous savons ». Cependant, une traduction plus précise prend le participe traduit « sachant » comme dépendant d'un autre verbe principal, dans ce cas « cru », de « croire ». Ainsi, la version française Darby traduit les versets 15 et 16 comme suit : « Nous qui, de nature, sommes juifs et non point pécheurs d'entre les nations, sachant néanmoins que l'homme n'est pas justifié sur le principe des œuvres de la loi [...] nous aussi, nous avons cru au Christ Jésus ». Le participe est alors soit circonstanciel, c'est-à-dire « étant donné ces circonstances ou en l'état de la connaissance, nous avons cru » (Longenecker, *Galatians*, p. 83), soit causal, c'est-à-dire donnant la raison pour laquelle ils ont cru (Eadie, *Galatians*, p. 163). C'est parce que les Juifs savaient que la loi ne pouvait pas les sauver qu'ils ont cru.

[178] Le substantif « justification » (*dikaiōsis*) n'apparaît que deux fois dans le NT (Rm 4.25 ; 5.18), mais la forme verbale (*dikaioō*, justifier) apparaît trente-neuf fois, principalement dans les écrits pauliniens.

[179] Les spécialistes ne s'accordent pas sur la manière dont cette expression, qui signifie littéralement « les œuvres de la loi », devrait être interprétée. Certains considèrent le terme *nomou* (loi) comme un génitif subjectif, ce qui suggère que les œuvres sont ce que l'on fait sous la direction de la loi ; d'autres le considèrent comme un génitif qualitatif et suggèrent que Paul parle de bonnes œuvres répondant aux normes de la loi ; d'autres encore considèrent le terme *nomou* comme un génitif objectif et suggèrent qu'il s'agit d'œuvres requises par la loi. En d'autres termes, Paul peut parler de l'acte d'obéissance, de la mesure de l'obéissance ou de l'objet de l'obéissance. La traduction de la Bible du Semeur,« parce qu'on accomplit les œuvres que commande la loi », adopte la seconde interprétation. Cependant, ces positions se chevauchent considérablement. Ceux qui

effectuent de bonnes œuvres voient dans la loi leur guide, et l'accomplissement de la loi est l'objectif de celui qui recherche le mérite.

[180] Dunn, *The Epistle to the Galatians*, p. 136.
[181] Longenecker (*Galatians*, p. 85-86) affirme que Paul « dirige son attaque non seulement contre le légalisme, que les prophètes de l'AT et un certain nombre de rabbins du judaïsme ont également dénoncé, mais aussi contre le système religieux mosaïque, car il considérait tout cela comme un élément fondamental préparatoire et supplanté par la relation "en Christ" ».
[182] Pour une pleine discussion sur la fonction de la loi dans le plan rédempteur de Dieu, voir les commentaires sur les chapitres 3 et 4 de cette lettre.
[183] En traduisant la partie suivante du verset, il est important d'éviter une interprétation qui conduirait l'adverbe *ean mē* (sauf) à qualifier les « œuvres de la loi » plutôt que l'adjectif « justifié ». Une telle traduction (par exemple, « une personne n'est pas justifiée par des œuvres de la loi, sauf... ») est correcte du point de vue linguistique, mais erronée du point de vue contextuel. Paul déclare que ce ne sont pas les « œuvres de loi », mais « la foi en Jésus-Christ » qui apporte la justification. Les versions françaises utilisent l'adverbe « mais » pour éviter toute confusion. La version Darby donne la traduction : « ni autrement que ». La Bible du Semeur utilise « mais uniquement par ».
[184] Cette traduction prend *I ēsou Christou* (littéralement, « de Jésus-Christ ») comme génitif objectif. Cette position est appuyée par la version TOB en français. De nombreux commentateurs vont dans ce sens, dont Eadie, *Galatians*, p. 166 ; Bruce, *Commentary on Galatians*, p. 138 ; George, *Galatians*, p. 195-196 ; Burton, *The Epistle to the Galatians*, p. 121.
[185] Longenecker (*Galatians*, p. 87-88) donne une liste de ceux qui sont d'accord avec lui pour interpréter *I ēsou Christou* comme génitif subjectif. Cf. aussi Bruce, *Commentary on Galatians*, p. 138-139.
[186] George, *Galatians*, p. 195. Cf. aussi Dunn (*The Epistle to the Galatians*, p. 138-139) pour d'autres arguments à l'appui de la traduction traditionnelle en tant que génitif objectif.
[187] Le verbe traduit par « sera justifié » (précédé et suivi des particules négatrices « ne [...] pas ») est considéré comme un futur coutumier habituel. C'est ce qui se produira ou ne se produira pas.
[188] LXX 143.2.
[189] Dunn, *The Epistle to the Galatians*, p. 140. Cf. aussi Bruce, *Commentary on Galatians*, p. 140 ; Burton, *The Epistle to the Galatians*, p. 124.
[190] La conjonction *kai* est ici comprise comme fonction ascensionnelle, ce qui signifie « même ». Le pronom personnel est *hēmeis* (nous).
[191] Longenecker, *Galatians*, p. 88 ; traitant le verbe comme aoriste historique.
[192] Eadie, *Galatians*, p. 168.
[193] Burton, *The Epistle to the Galatians*, p. 123. Cf. aussi Longenecker, *Galatians*, p. 88 ; Dunn, *The Epistle to the Galatians*, p. 139.
[194] Longenecker, *Galatians*, p. 90-91.
[195] Dunn, *The Epistle to the Galatians*, p. 142.
[196] Eadie (*Galatians*, p. 181) dit : « Si, après que le Christ est venu, vous la reproduisez [la loi], non seulement vous avouez que vous aviez tort quand vous vouliez l'abroger, mais vous démontrez également que vous transgressez ses principes intérieurs, et contrevenez à son esprit et à son but. »
[197] Burton, *The Epistle to the Galatians*, p. 133.
[198] Guthrie, *Galatians*, p. 89. Dans Romains, Paul utilise une métaphore similaire lorsqu'il parle de « mort à l'égard de la loi » (Rm 7.4-6) et de « mort au péché » (Rm 6.2).
[199] Dunn, *The Epistle to the Galatians*, p. 145.
[200] Guthrie, *Galatians*, p. 189-190.
[201] Eadie, *Galatians*, p. 185.
[202] Prenant *sunestaurōmai* comme un temps parfait complet ou consommé.
[203] Bruce, *Commentary on Galatians*, p. 144.
[204] Guthrie, *Galatians*, p. 90.

[205] Burton, *The Epistle to the Galatians*, p. 137.
[206] Dunn, *The Epistle to the Galatians*, p. 145.
[207] Eadie (*Galatians*, p. 190) et ceux qui préfèrent « dans la foi » se concentrent sur la sphère dans laquelle la vie se déroule. Mais « par la foi » n'exclut pas l'idée de « dans la foi ».
[208] Prenant *tou huiou theou* comme génitif objectif.
[209] Un seul article relie les deux phrases « qui m'a aimé » et « qui s'est livré pour moi ». La même personne effectue les deux actions.
[210] Considérant *theou* ici comme génitif subjectif.
[211] Eadie, *Galatians*, p. 194-195.
[212] Pour plus d'informations sur cette approche de la lettre aux Galates, cf. Hans Dieter Betz, « The Literary Composition of Paul's Letter to the Galatians », NTS 21, 1975, p. 353-379. Il distingue *narratio* (le récit), *propositio* (la déclaration propositionnelle) et *probatio* (la preuve).
[213] Le mot traduit par « dépeint » est *proegraphē*, un deuxième aoriste au passif, au mode indicatif. Ce mot est utilisé de trois manières différentes dans la littérature grecque :
avec un focus temporel, signifiant « écrire à l'avance » ;
avec un focus prioritaire, signifiant « écrire en tête de liste » ;
avec un focus locatif, signifiant « écrire en public ».
Ce dernier sens semble être celui qui s'applique ici (et éventuellement dans Jd 4). L'accent de priorité ne se retrouve pas dans le Nouveau Testament. L'accent temporel se retrouve dans Rm 15.4 et Ep 3.3, mais il est peu vraisemblable ici, étant donné le problème de situer la période « à l'avance », lorsque le Christ fut présenté aux Galates.
[214] Guthrie, *Galatians*, p. 92.
[215] Le participe passif parfait *estaurōmenos* semble être intensif et se concentrer sur les effets durables d'un événement passé. Longenecker (*Galatians*, p. 101) déclare qu'il souligne « la crucifixion comme un fait accompli avec des résultats actuels, et devrait donc se traduire par "ayant été crucifié" ».
[216] George, *Galatians*, p. 211. Le verbe « recevoir » est un aoriste ingressif, qui se concentre sur le début de l'installation du Saint-Esprit dans la vie des Galates.
[217] L'expression *akoēs pisteōs* est traduite de différentes manières, en partie parce que le substantif *akoē* peut signifier la faculté d'entendre, l'acte d'entendre (comme dans les versions Colombe et TOB), ou le contenu de ce qui est entendu (comme dans les versions BS, NBS et BFC). La relation entre *akoē* et *pisteōs* fait également l'objet d'un débat. Les versions de la Bible en Français Courant et Segond 21 considèrent *pisteōs* comme génitif d'association et traduisent « entendre avec la foi » comme équivalant à « entendre et croire ». La version Darby conserve les deux mots en tant que substantifs, « l'ouïe de la foi ». La TOB traite l'un des termes comme un verbe (« vous avez écouté le message de la foi »). Dans ce commentaire, *akoē* est considéré comme se concentrant sur l'acte d'écoute et *pisteōs* est considéré comme un génitif objectif (ou même un génitif qualitatif), avec l'idée qu'ils ont entendu l'Évangile qui se concentrait sur le Christ crucifié pour eux et leur écoute a eu pour résultat qu'ils ont exercé leur foi pour s'approprier le Christ comme leur Sauveur.
[218] Les datifs *pneumati* et *sarki* peuvent être traités comme des datifs de sphère. Les Galates ont commencé dans la sphère de « l'Esprit », mais veulent maintenant finir dans la sphère de « la chair », c'est-à-dire de l'effort humain. Alternativement, ces comportements peuvent être datifs, indiquant qu'ils ont commencé par être guidés par l'Esprit, mais qu'ils souhaitent « maintenant finir par la chair » (Colombe). Le datif peut même être un instrument, c'est-à-dire qu'ils ont commencé avec l'Esprit travaillant dans leur vie, mais qu'ils veulent maintenant « compter sur [leurs] seules forces » (PDV). Il y a un chevauchement considérable entre ces positions.
[219] Le verbe *epiteleisthe* est mieux compris comme présent tendanciel.
[220] Le verbe *epathete* (second indicateur aoriste actif de *paskō*) est pris ici comme un aoriste résultant. George (*Galatians*, p. 213), Guthrie (*Galatians*, p. 93) et Eadie (*Galatians*, p. 234) privilégient la traduction « persécution » ; Longenecker (*Galatians*, p. 104) et Cole (*The*

Epistle of Paul to the Galatians, p. 91) privilégient la traduction « bénédictions » ; et l'interprétation neutre est favorisée par Dunn (*The Epistle to the Galatians*, p. 156-157) et Burton (*The Epistle to the Galatians*, p. 150).

221 Dans le texte grec, Dieu n'est pas spécifié comme étant celui qui accorde. Toutefois, les participes présents *epichorēgōn* (donnant, ou fournissant) et *energōn* (opérant) sont utilisés de manière substantive et sont régis par le même article pour communiquer qu'une seule personne est ciblée (règle de Granville Sharp). Cette personne est définitivement Dieu. Le point principal ici n'est pas de savoir qui donne l'Esprit (celui qui donne est supposé être connu des Galates), mais « le principe sur lequel il agit habituellement, ou l'instrument qu'il utilise pour accorder ces dons » (Eadie, *Galatians*, p. 226).

222 Prenant le temps présent *epichorēgōn* comme présent itératif.

223 Prenant *energōn* comme un temps présent duratif. Le datif *en humin* (parmi vous) peut également être traduit « en vous » (cf. 1 Co 12.6 ; Ph 2.13). Alors que la traduction « en » rend les miracles plus personnels, le contexte suggère que « parmi vous » serait une meilleure traduction, car Paul mentionne que les miracles peuvent être retenus comme éléments de preuve. Cf. Guthrie, *Galatians*, p. 93 ; George, *Galatians*, p. 214 ; Dunn, *The Epistle to the Galatians*, p. 158 ; Eadie, *Galatians*, p. 225.

224 Longenecker, *Galatians*, p. 105 ; Dunn, *The Epistle to the Galatians*, p. 58.

225 Gn 12-24 ; Es 51.2 ; Mt 3.9.

226 Dans Rm 4, Paul fonde également son argumentation sur Gn 15.1-6.

227 Dunn, *The Epistle to the Galatians*, p. 162.

228 Ceux qui considèrent que cela fait référence à sa réponse initiale voient *episteusen* comme aoriste ingressif, tandis que ceux qui l'appliquent à toute sa vie le comprennent comme aoriste constatif.

229 Le mot en question est *elogisthē*, un aoriste premier, passif, à l'indicatif, provenant de *logizomai*.

230 Bruce, *Commentary on Galatians*, p. 153.

231 Le mode du verbe *ginoskete* (comprendre) peut être indicatif ou impératif. En mode indicatif, Paul indique que les Galates savent déjà ce qu'il va dire, à savoir « ceux qui croient sont des fils d'abraham ». Si c'est le mode impératif que l'on considère juste, Paul dit aux Galates de « savoir », « considérer », « reconnaître », « confirmer » qui sont les fils d'abraham. Compte tenu du ton de la lettre, la traduction impérative est préférable. Paul écrit pour instruire, pas pour négocier. Cf. Bruce, *Commentary on Galatians*, p. 155 ; Dunn, *The Epistle to the Galatians*, p. 165 ; Eadie, *Galatians*, p. 235 ; G. Walter Hansen, *Galatians*, The IVP New Testament Commentary Series, Downers Grove, Ill., InterVarsity Press, 1994, p. 88.

232 Burton, *The Epistle to the Galatians*, p. 155. Bruce (*Commentary on Galatians*, p. 155) appelle cela « un exemple d'utilisation idiomatique par l'hébreu de "fils" (*bene*) avec le génitif suivant pour désigner un caractère ». Cf. aussi Dunn, *The Epistle to the Galatians*, p. 162.

233 Eadie, *Galatians*, p. 236.

234 Dunn, *The Epistle to the Galatians*, p. 163. Cf. également Burton (*The Epistle to the Galatians*, p. 155), qui déclare que la phrase exprime « le caractère, le fondement et l'existence régis par la foi » ; Lightfoot (*The Epistle of St. Paul to the Galatians*, p. 137) déclare qu'ils sont ceux « dont le point de départ, dont le principe fondamental est la foi ».

235 Dunn, *The Epistle to the Galatians*, p. 163.

236 Eadie, *Galatians*, p. 236.

237 Le verbe *dikaioi* est gnomique, présent indicatif de *dikaioō*, indiquant qu'il s'agit là de la pratique habituelle de Dieu.

238 Bruce, *Commentary on Galatians*, p. 156.

239 Eadie, *Galatians*, p. 237.

240 Pour une ouverture au débat sur cette question, cf. Eadie, *Galatians*, p. 238-239 ; Ben Witherington III, *Grace in Galatia: A Commentary on Paul's Letter to the Galatians*, Grand Rapids, Eerdmans, 1998, p. 228.

241 Prendre *soi* en tant que datif de possession, ou datif d'association.

[242] Eadie, *Galatians*, p. 238. Cette interprétation considère *soi* comme datif de sphère.
[243] Lightfood, *The Epistle of St. Paul to the Galatians*, p. 137.
[244] Les commentateurs débattent également de la question de savoir si le verbe *eneulogēthēsontai* (de *eneulogeō*) doit être traduit par « se béniront » (mode réflexif) ou « seront bénis » (mode passif). Le problème se pose parce que le verbe hébreu de Genèse 12.3 et 18.18 (les passages cités par Paul) comporte *niphal*, qui est réflexif. Cependant, comme le fait remarquer Bruce (*Commentary on Galatians*, p. 156), *niphal* peut également être considéré comme passif, comme dans la LXX, qui est la version citée ici par Paul. Dunn (*The Epistle to the Galatians*, p. 165) commente : « Dès lors que Paul cite la LXX, la complexité du texte hébreu d'origine (cf. par exemple Bruce, *Commentary on Galatians*, p. 156) n'est d'aucune importance. »
[245] Witherington, *Grace in Galatia*, p. 229.
[246] *Eulogountai* est le présent passif indicatif du verbe *eulogeō*. Au présent perfectif, il exprime l'état actuel du croyant.
[247] En 3.9, le texte grec dit *sun tō pistō*, tandis qu'en 3.8 il dit *en soi*.
[248] Bruce, *Commentary on Galatians*, p. 157.
[249] Burton, *The Epistle to the Galatians*, p. 167.
[250] La version Darby met en évidence par deux fois le verbe être : « Car tous ceux qui sont sur le principe des œuvres de la loi sont sous malédiction. » Le premier *eisin* décrit le chemin choisi, tandis que le second est gnomique et décrit le statut qui s'ensuit automatiquement.
[251] Prendre *emmenei* comme temps présent duratif.
[252] Le verbe est un futur gnomique.
[253] La préposition grecque *huper*, traduite par « pour », signifie plus « pour le compte de ». Elle comprend certainement une notion de substitution.
[254] La locution « donnée à Abraham » traduit un génitif, *tou Abraam*, dont le sens littéral serait « d'abraham ». Prendre le génitif comme objectif est en adéquation avec le contexte.
[255] La version TOB rend la première occurrence de *hina* « pour que » (3.14a) et la seconde « et qu'ainsi » (3.14b), car elle interprète le premier comme « but » et le second comme « résultat ».
[256] Prenant le génitif *tou pneumatos* (de l'Esprit) comme épexégèse.
[257] Le mot grec *adelphoi* est un mot inclusif qui peut être traduit avec précision par « frères et sœurs » (S21), alors que de nombreuses traductions l'interprètent simplement par « frères ».
[258] Le chiffre de 430 ans correspond à la période séparant Abraham (ou tous les patriarches) de Moïse. Gn 15.13 et Ac 7.6 indiquent 400 ans pour le séjour en Égypte (de Jacob à Moïse). Ce sont simplement des chiffres arrondis.
[259] Si *charin* est considéré comme causal, l'idée est que la loi se veut préventive, minimisant ou vérifiant la transgression (cf. George, *Galatians*, p. 253) ; si *charin* est considéré comme télique, la loi vise à provoquer le péché (cf. Bruce, *Commentary on Galatians*, p. 175) ; si *charin* est considéré comme cognitif, la loi est censée révéler nos échecs (cf. Longenecker, *Galatians*, p. 138).
[260] Cette tradition est reflétée dans la traduction de la LXX de Dt 33.2 et de Ps 68.18. Cf. Longenecker, *Galatians*, p. 139 ; George, *Galatians*, p. 256 ; Burton, *The Epistle to the Galatians*, p. 189.
[261] L'extrait en grec traduit par « foi en Jésus-Christ » (*Iēsou Christou*) signifie littéralement « foi de Jésus-Christ ». Puisque le mot traduit par « foi » peut aussi être traduit par « fidélité », certains, comme Longenecker (*Galatians*, p. 145), ont choisi de voir cette phrase comme un génitif subjectif signifiant « la fidélité de Jésus-Christ ». Cependant, la plupart des commentateurs le considèrent comme un génitif objectif, avec Jésus comme objet envers lequel la foi est exercée. Cf. Guthrie, *Galatians*, p. 108 ; Hansen, *Galatians*, p. 105 ; Dunn, *The Epistle to the Galatians*, p. 195-196 ; Burton, *The Epistle to the Galatians*, p. 196 ; Bruce, *Commentary on Galatians*, p. 181 ; Hendriksen, *Galatians and Ephesians*, p. 144 ; et Eadie, *Galatians*, p. 278.

[262] Les chercheurs ne sont pas d'accord sur le rôle exact du pédagogue dans l'instruction. Guthrie (*Galatians*, p. 109) a déclaré : « L'idée éducative [...] n'était pas dominante et n'était probablement pas présente du tout. » Hansen (*Galatians*, p. 107-108) a déclaré : « le pédagogue a supervisé, contrôlé et discipliné l'enfant ; l'enseignant l'a instruit et l'a éduqué ». Cependant, il est généralement admis que si le pédagogue a effectivement donné des instructions, ce n'était que du domaine de la morale. Dunn (*The Epistle to the Galatians*, p. 198-199) fait référence à ses tâches en tant qu'instructeur « de bonnes manières ». Lorsque nous appliquons ce rôle à la loi, celle-ci semble se limiter à nous dire ce qui est juste et ce qui ne l'est pas.

[263] Bruce, *Commentary on Galatians*, p. 182.

[264] Prenant *este* au temps présent gnomique.

[265] Le terme *Theou* combine ici des éléments d'un génitif de possession et de relation. Le croyant est entraîné dans une nouvelle relation avec Dieu, ce qui revient à appartenir à Dieu en tant que membre de son peuple.

[266] Les verbes *ebaptisthēte* (baptisés) et *enedusasthe* (vous vous êtes revêtus) sont tous deux des aoristes résultants, se concentrant sur le statut que les croyants atteignent. Ils sont alors un peuple baptisé et par conséquent revêtu du Christ. Le premier, cependant, est passif et le dernier est de voix moyenne (même si on peut aussi le prendre comme passif – cf. BS et S21). Dieu baptise ceux qui croient en Christ, mais le croyant a la responsabilité de vivre comme le Christ.

[267] Longenecker, *Galatians*, p. 156.

[268] « Si vous appartenez » est une condition de premier ordre qui suppose la réalité de l'appartenance. Ainsi, l'extrait peut même être traduit par « puisque vous appartenez ».

[269] Certains manuscrits rendent le sens « dans vos cœurs », ce qui facilite la lecture du passage. Cependant, les manuscrits qui soutiennent « nos » (*hēmōn*) sont plus fiables que ceux qui lisent « vos » (*humōn*). C'est aussi le seul endroit des Écritures où l'Esprit Saint est cité comme « l'Esprit de son Fils », bien qu'ailleurs il soit décrit comme « l'esprit du Seigneur » ou « l'esprit du Christ » (2 Co 3, 17 ; Rm 8.9 ; Ph 1.19).

[270] Celui qui crie « Abba, Père » chez le croyant est le Saint-Esprit, et, implicitement, le croyant possède cet Esprit.

[271] Notons que dans 4.6 les trois personnes de la Trinité coopèrent dans l'intérêt du croyant. Bien sûr, on peut se demander si « l'esprit » fait ici référence à la troisième personne de la Trinité ou doit être compris comme un esprit (avec un « e » minuscule). La plupart des commentateurs le prennent comme une référence au Saint-Esprit (cf. Dunn, *The Epistle to the Galatians*, p. 219 ; Guthrie, *Galatians*, p. 115 ; Burton, *The Epistle to the Galatians*, p. 223 ; Bruce, *Commentary on Galatians*, p. 199).

[272] Pour débattre des diverses interprétations de *stoicheion*, cf. Burton, *The Epistle to the Galatians*, p. 510-518.

[273] *Tou kosmou* semble être un génitif qualitatif.

[274] Ici, Paul utilise seulement le verbe *deomai* (je supplie), comme dans Rm 1.10 et 2 Co 5.20 ; 8.4 ; 10.2. Il préfère généralement le mot *parakaleo* (j'exhorte), comme dans Rm 12.1 ; 1 Co 4.16 ; 2 Co 10.1 ; 1 Th 5.11.

[275] La langue grecque dispose de plusieurs vocables pour désigner l'enfant, dont *payion* et *teknion*. La forme que Paul utilise ici, *tekna mou*, s'applique aux personnes dont l'écrivain se soucie profondément.

[276] L'allégorisation réservée de Paul ne soutient pas directement la méthode d'interprétation allégorique pratiquée par certains pères de l'Église primitive, en particulier à Alexandrie. Paul accepte l'historicité d'abraham, Sara, Agar, Ismaël, Isaac et Jérusalem, alors que les pères de l'Église primitive ne tenaient aucun compte de l'historicité des personnages ou des lieux cités, car ils en tiraient des leçons spirituelles.

[277] Le double accomplissement est un trait commun de la prophétie d'Ésaïe. Par exemple, la prophétie dans Es 9.6-7 donnait aux Juifs un espoir immédiat de la venue du jour d'Ésaïe, mais son utilisation dans Lc 1.32-33 montre qu'elle s'applique également à la naissance du Christ.

278 Il existe un débat quant à définir où la section théologique se termine et où la section d'éthique commence dans l'épître aux Galates. Les arguments théologiques se terminent-ils à la fin du chapitre 4 ou se poursuivent-ils jusqu'au v. 5.12 ? Si 5.1-12 est considéré comme une continuation des arguments théologiques, ce verset constitue la conclusion de ces arguments et 5.13 entame la conclusion de l'épître en général. Aussi intéressant que soit ce débat, il ne représente pas un problème majeur pour comprendre Galates. Dunn (*The Epistle to the Galatians*, p. 261) a raison de dire que « puisque l'exposé mène à la conclusion et que la conclusion a un caractère d'exhortation, le désaccord ne présente pas grande importance ».

279 Indépendamment du fait que le terme *te ēleutheria* soit considéré comme un datif d'objet indirect et traduit par « pour la liberté » (Colombe, NBS, BS, TOB) ou comme un datif de sphère traduit par « dans la liberté » (DBY), le point est clair : Christ nous a libérés.

280 Dans Galates 5.1, nous trouvons *stēketes*, avec la sphère (liberté) sur laquelle la situation doit être établie implicitement dans le contexte. Dans 1 Corinthiens 16.13, nous avons *stēkete en tē pistei* (rester ferme dans la foi) et dans Philippiens 4.1, nous retrouvons *stēkete en kuriō* (rester ferme dans le Seigneur).

281 Le verbe *dikaiousthe* peut être considéré dans l'expression *hoitines en nomō dikaiousthe* comme un présent tendanciel, donnant à la traduction le sens de « vous qui essayez d'être justifiés ». Les versions Colombe et NBS rendent : « vous qui cherchez ». DBY traduit : « vous qui vous justifiez ». Ceux qui empruntent cette voie ne trouvent aucune justification, quels que soient leurs efforts.

282 Le grec *hēmeis gar* est couramment traduit « pour nous » (Colombe et PDV), mais dans certains cas, il peut également signifier « mais ». Le sens de l'opposition entre « vous » et « nous » est rendu par « quant à nous » (BS, TOB, NBS), et dans DBY par « car nous ».

283 Le mot grec est simplement *pneumati* (datif singulier de *pneuma*), qui peut désigner soit l'esprit humain (par opposition à la chair, dans ce contexte), soit le Saint-Esprit qui emplit le croyant et lui donne son pouvoir. La traduction « à travers l'esprit » reflète également la décision du traducteur sur la signification du datif ici, car il n'y a pas de préposition avec *pneumati* en grec. La plupart des traductions s'accordent sur le fait que Paul fait référence au Saint-Esprit et utilisent donc un « E » majuscule pour Esprit. Il est également généralement admis que le datif *pneumati* a ici une fonction instrumentale, signifiant « par » ou « à travers ». Un certain nombre de commentateurs préfèrent traduire le verset en utilisant « par l'Esprit » et « par la foi » (*ek pisteōs*) (Longenecker, *Galatians*, p.228 ; George, *Galatians*, p. 360). Dunn (*The Epistle to the Galatians*, p. 269) préfère « par l'Esprit » et « de la foi » ; Burton (*The Epistle to the Galatians*, p. 277) a « par l'Esprit, par la foi ». Quelle que soit la traduction exacte, le point est clair : Paul oppose le chemin de la circoncision prôné par les judaïsants au chemin de la foi et du recours au Saint-Esprit.

284 Le texte grec comporte *pistis di 'agapēs energoumenē*. *Energein* signifie généralement « travailler ». La traduction littérale est donc « la foi qui est agissante par l'amour » (Colombe), ou « la foi agissant par l'amour » (TOB). DBY traduit : « la foi opérante par l'amour ».

285 Dans la phrase *etrechete kalōs*, le verbe est un duratif imparfait. Pendant un certain temps (probablement depuis le moment où ils se sont convertis jusqu'à l'arrivée du faux enseignant), ils ont continué à courir. L'adverbe *kalōs* (bien) ne décrit pas tellement la course (même s'il s'agit d'une bonne course), mais plutôt la façon dont ils couraient.

286 Le mot *enekopsen* est le premier aoriste du verbe *egkoptō*, dont le sens général est « entraver » ou « contrecarrer », mais qui peut également signifier « retarder » ou « retenir » (Bauer, Arndt, Gingrich, *Greek-English Lexicon*, p. 215). C'est un aoriste résultant, indiquant que l'accent est mis sur le résultat de l'arrêt, à savoir que certains des Galates commencent à être ébranlés.

287 Le temps aoriste d'*enekopsen*, traduit par « arrêter » ou « empêcher » (5.7) est pris ici comme résultat. L'empêchement est au niveau des résultats et certains des Galates commencent à être ébranlés.

288 Les mots exacts de Paul sont : « si je prêche encore la circoncision » (5.11). Cette façon de parler pose la question de savoir quand il a prêché la circoncision. Pour autant que l'on sache, il ne l'a jamais recommandée comme un moyen d'acceptation devant Dieu après sa rencontre avec Jésus alors qu'il se rendait à Damas (Ac 9). Il semble probable que s'il utilise ici le mot « prêcher » ce n'est pas tant pour faire référence à la proclamation qu'à un mode de vie favorisant la circoncision. C'était certainement son mode de vie avant la conversion. Après la conversion, son principe était de laisser les Juifs être juifs et les non-Juifs être non juifs dans les domaines tels que la circoncision, car ce rite n'était plus important. Le Christ était pour tous et la foi était la voie pour tous ceux qui désiraient être en bonne relation avec Dieu. Cependant, il est possible qu'il réponde ici à une affirmation de ses opposants en Galatie, qui l'auraient accusé d'incohérence pour avoir permis la circoncision pour des raisons culturelles, en tant que partie de l'héritage juif, tout en s'opposant à ce qu'elle soit imposée aux non-Juifs. Ce que Paul dit ici, c'est qu'il n'a jamais prêché la circoncision pour quelque groupe ethnique que ce soit. Pour une discussion plus approfondie sur cette question, cf. Dunn, *The Epistle to the Galatians*, p. 278-290.

289 Prenant le génitif *tou staurou* dans l'expression *to skandalon tou staurou* comme subjectif, c'est-à-dire le scandale que provoque la croix.

290 La version Colombe regroupe les v. 5.13-15 et 5.16-26 sous le titre « Vivre, non selon la chair, mais selon l'Esprit », probablement parce que s'entraider et aimer notre prochain fait partie de ce que nous faisons lorsque nous vivons selon l'Esprit. Dans ce commentaire, cependant, j'ai choisi de relier les v. 5.13-15 avec la section commençant par 5.1, car cette section s'ouvre et se termine par un enseignement sur notre liberté en Christ. Pour commenter ces passages, la meilleure approche consiste à utiliser les versets 13 à 15 comme un pont reliant ce qui précède à ce qui suit.

291 Les termes grecs *epithumian sarkos* signifient littéralement « désir de chair » (au singulier). La chair (*sarkos*) au singulier est probablement un génitif subjectif. Cette formulation implique que la nature pécheresse a une volonté, un désir, un but qu'elle veut atteindre. Cet objectif est exprimé dans les « passions et désirs » (pluriel) mentionnés dans 5.24. Cependant, les traducteurs du terme considèrent le « désir » au singulier du v. 5.16 comme nom collectif et le traduisent ainsi par le pluriel, « désirs ».

292 Le fondateur de la philosophie stoïcienne à Athènes, Zeno, a préparé un catalogue clair et formel des vertus et des vices pouvant être daté dès 308 av. J.-C., cf. Longenecker, *Galatians*, p. 249-252.

293 George, *Galatians*, p. 399.

294 Bruce (*Commentary on Galatians*, p. 247) traduit *porneia* par « irrégularité sexuelle en général » ; Dunn (*The Epistle to the Galatians*, p. 303) le traduit par « rapport sexuel illicite ».

295 Le mot *akatharsia* peut être moralement neutre dans certains contextes, mais ici, il est clairement lié à *pornéia* et donc au péché sexuel.

296 Bruce, *Commentary on Galatians*, p. 248.

297 Le terme grec traduit par « discorde », « conflit » ou « dispute » est *eris*. Dans Homère et Hésiode, c'est le nom de la déesse de la guerre et de la destruction (Bruce, *ibid*). Ce mot est utilisé neuf fois dans le Nouveau Testament, toujours par Paul (les autres exemples se retrouvent dans Rm 1.29 ; 13.13 ; 1 Co 1.11 ; 3.3 ; 2 Co 12.20 ; Ph 1.15 ; 1 Tm 6.4 ; Tt 3.9). Dans Rm 13.13, Paul nous exhorte à marcher sans « discordes ni jalousies » (Colombe). Dans 1 Co 1.11, il dit avoir appris qu'il y avait « des discordes » (Colombe, TOB) à Corinthe, et dans 1 Co 3.3, il déclare qu'une telle discorde prouve qu'ils sont trop distraits par le monde. Dans Tt 3.9, *eris* est mentionné comme faisant partie du passé du croyant.

298 George, *Galatians*, p. 395. En soi, *zēlos* est neutre. Cependant, quand il se trouve dans une liste de vices, il est négatif.

299 George, *Galatians*, p. 395. Le mot *thymos* peut avoir une connotation à la fois positive et négative selon le contexte. Ici, il est utilisé négativement. Dans le NT, il est souvent associé au mot « colère » (*orgē*), parfois même de manière interchangeable, dans des versets tels que Rm 2.8 et Ap 16.19 ; 19.15. La différence réside dans l'expression des sentiments. Une

personne sujette à *thymos* exprimera ses sentiments négatifs par des éclats de violence ; une personne emplie d'*orgē* peut avoir les mêmes sentiments sans les exprimer.

300 Dans le NT, *eritheiai* est toujours utilisé avec des connotations négatives (cf. Rm 2.8 ; 2 Co 12.20 ; Ph 1.17 ; 2.3 ; Jc 3.14, 16).

301 Eadie, *Galatians*, p. 418.

302 George, *Galatians*, p. 396, citant H. Schlier. Notez que le mot *aireseis*, traduit par « clans » ou « sectes », est le même mot qui donne « hérésie ».

303 Le mot grec *phthonoi*, traduit par « envie », fait référence à « l'esprit rancunier qui ne peut supporter de contempler la prospérité de quelqu'un d'autre » (Bruce, *Commentary on Galatians*, p. 249). Il est étroitement lié à la « jalousie » (zēlos) déjà évoquée plus haut. Eadie (*Galatians*, p. 419) le définit comme « le désir de s'approprier ce qu'un autre possède ».

304 Bruce, *Commentary on Galatians*, p. 354.

305 George, *Galatians*, p. 397.

306 Compte tenu de tout le ton de l'épître aux Galates, cette déclaration ne doit pas être prise pour un enseignement selon lequel le fait de ne pas pratiquer ces vices permet d'hériter du royaume de Dieu. Ce que Paul veut dire, c'est que ceux qui sont enfants de Dieu ne s'adonnent pas à ces choses. Jean exprime la même idée dans 1 Jn 3.6, 9 lorsqu'il dit que ceux qui sont nés de Dieu ne pèchent pas. Ils peuvent commettre un péché (1 Jn 2.1), mais lorsqu'ils reconnaissent ce qu'ils ont fait, ils sont emplis de remords, confessent leur péché et sont pardonnés (1 Jn 1.9).

307 Le grec utilise le temps impératif présent, *peripateite*, ce qui indique qu'il doit s'agir de leur pratique ou de leur mode de vie habituels.

308 Le grec contient un double négatif (*ou* et *mē*).

309 Là où certaines versions traduisent « depuis », d'autres traductions interprètent « si » (Colombe, NBS, TOB, etc.). La signification est la même, car ce que nous avons ici est une condition de première classe, à savoir « si nous vivons par l'Esprit (et nous le faisons) ».

310 Le mot traduit par « rester en phase avec » comporte l'idée d'être en ligne avec quelqu'un, de se tenir à ses côtés ou de suivre ses traces.

311 Le génitif *tou pneumatos* est subjectif, ce qui implique que c'est l'Esprit qui produit le fruit.

312 Dans le New Greek Testament d'UBS et dans le Novum Testamentum de Nestle-Aland, les vertus sont réparties en trois groupes, séparés par des virgules après les termes « paix » et « bonté ». Cependant, le texte de Majority, suivi de la version King James et du New Modern Greek Testament placent une virgule après chaque vertu. La signification du groupement ouvre la voie au débat. George (*Galatians*, p. 399) dit que, contrairement à la liste des vices, la liste des vertus est « dans une belle harmonie équilibrée et symétrique, correspondant à la conception intentionnelle et à l'équilibre d'une vie remplie de l'Esprit et vécue dans la beauté de la sainteté [...] Paul a regroupé ces neuf grâces en trois triades qui donnent un sens de l'ordre et de l'achèvement, bien qu'ici aussi on n'essaie pas de produire une liste exhaustive des vertus chrétiennes ». De son côté, Longenecker (*Galatians*, p. 260) déclare : « Comme dans le catalogue des vices des v. 19-21, de même ici dans les v. 22-23, la liste des vertus est donnée sans qu'il y ait besoin d'ordre ou de système. » La plupart des traductions n'ont fourni aucune ponctuation indiquant que celles-ci sont regroupées en triades, ce qui implique que la question n'est pas importante. Pour plus de détails, cf. Lightfoot, *The Epistle of St. Paul to the Galatians*, p. 212 ; Longenecker, *Galatians*, p. 260. Tout en étant d'accord avec Burton (*The Epistle to the Galatians*, p. 314), qui dit : « il n'est pas tout à fait clair si les termes énumérés aux v. 22, 23 sont venus à l'esprit de l'apôtre en classes définies », nous allons ici suivre l'arrangement trouvé dans Lightfoot.

313 George, *Galatians*, p. 399.

314 Longenecker, *Galatians*. Dans 1 Co 13.13, Paul décrit l'amour comme plus grand que la foi et l'espérance.

315 Le grec ancien contenait quatre mots pouvant être traduits par amour. Ce sont *agapē*, *philia* ou amitié, *eros* ou amour physique, tel qu'exprimé dans les relations sexuelles, et *storge* ou amour parental. *Eros* et *storge* ne sont pas utilisés dans le NT. Le nom *agapē* ne se trouve pas dans les écrits classiques grecs, bien que Josèphe utilise la forme verbale, *agapaō*. Le

nom est cependant retrouvé 75 fois dans les écrits de Paul (en plus des 34 occurrences de la forme verbale *agapaō*).

[316] Dans le NT, *agapē* domine toutes les discussions sur les relations personnelles, que ce soit entre Dieu et l'humanité ou entre les êtres humains (Longenecker, *Galatians*, p. 260). Mais il est rarement utilisé pour parler de notre amour pour Dieu. Le seul endroit où c'est le cas est Rm 8.28. Dans d'autres passages faisant référence à « l'amour de Dieu » (par exemple, 2 Th 3.5 ; 1 Jn 2.15), il n'est pas clair si Dieu exerce l'amour ou le reçoit (en d'autres termes, le génitif *tou heou* peut être subjectif ou objectif). Cependant, dans Ga 5.22, l'accent est clairement mis sur l'amour que les êtres humains manifestent envers les autres êtres humains.

[317] George, *Galatians*, p. 402.

[318] Eadie (*Galatians*, p. 423) dit que cela « nous permet de supporter une blessure sans nous venger immédiatement ». L'expression « supportez-vous les uns les autres » dans Ep 4.2 explique ce que veut dire être patient.

[319] Dans le NT, Paul est le seul auteur à utiliser le mot *agathōsunē* (bienveillance). Cf. Rm 15.14 ; Ep 5.9 ; 2 Th 1.11.

[320] George, *Galatians*, p. 403.

[321] Ibid. Le mot grec *pistis* est utilisé dans le NT dans trois sens différents :
- Le contenu de la croyance, équivalant à la doctrine ou au message de l'Évangile (Ga 1.23 ; 1 Tm 2.7 ; 5.8 ; 6.10 ; 6.12 ; 2 Tm 3.8 ; Tt 1.13b).
- L'acte de croire, c'est-à-dire d'accepter le message de l'Évangile, ce qui aboutit à s'engager envers Jésus en tant que Sauveur. Chaque fois que le NT parle de foi en Jésus ou en Christ ou dans le Fils de Dieu, c'est cette réponse personnelle au message de salut et aux promesses de Dieu qui l'accompagnent qui est visée (cf. Ga 1.16 ; 2.20).
- La qualité éthique de la fidélité, c'est-à-dire « la qualité d'être digne de conviction – fidélité, véracité, loyauté » (Bruce, *Commentary on Galatians*, p. 254).

[322] George, *Galatians*, p. 404.

[323] Longenecker, *Galatians*, p. 262 ; cf. aussi Burton, *The Epistle to the Galatians*, p. 317.

[324] Cité dans Bruce, *Commentary on Galatians*, p. 254 et Longenecker, *Galatians*, p. 262. L'orthographe grecque classique de ce mot est *praotēs*, plutôt que *prautēs*, qui est utilisée dans le NT.

[325] Dans le NT, *enkrateia* apparaît quatre fois sous forme de substantif (Ac 24.25 ; Ga 5.22 ; et deux fois dans 2 P 1.6), une fois sous forme d'adjectif (Tt 1.8) et deux fois sous forme verbale (1 Co 7.9 ; 8.25).

[326] *The Daily Nation*, 12 juillet 2007, citant le Dr Enock Kibunguchy, sous-ministre de la Santé du Kenya.

[327] Le texte grec en 5.17 comprend une clause *hina* qui peut être interprétée de différentes manières. Certains prétendent que c'est final ou télique, communiquant le but de deux choses qui tirent dans des directions opposées. Ainsi, la Colombe et la DBY se lisent comme suit : « afin que vous ne fassiez pas ce que vous voudriez ». Il semble cependant préférable de prendre cela comme une utilisation consécutive de *hina*, en communiquant le résultat de l'opposition. Cette interprétation est étayée par le fait que *hina* est positionnée entre 5.16 « marchez par l'Esprit et vous n'accomplirez point le désir de la chair » et 5.18 « mais si vous êtes conduits par l'Esprit… ». Dans ces deux versets, l'accent est mis sur « vous ». Ainsi, l'accent de 5.17 semble porter sur la raison pour laquelle « vous » n'êtes pas toujours conduits par l'Esprit.

[328] Burton (*The Epistle to the Galatians*, p. 302) l'exprime ainsi : « Si l'homme choisit le mal, l'Esprit s'oppose à lui ; choisit-il le bien, la chair l'entrave. »

[329] Paul utilise une condition de troisième classe (*ean*) en mode subjonctif pour le verbe traduit par « être surpris », afin d'avancer l'idée que même s'il n'est pas certain que cela se produira, il y a de fortes chances pour que cela se produise.

[330] Le grec *prolēmphthē* est le subjonctif aoriste passif de *prolambanō*, signifiant « détecter », « attraper », « surprendre » (F. Wilbur Gingrich, *Shorter Lexicon of the Greek Testament*, Chicago, University of Chicago Press, 1957, p. 184). Voir aussi George, *Galatians*, p. 409.

[331] Le choix du mot *paraptōma* signifie « une action isolée qui peut conduire la personne qui l'entreprend à se sentir coupable » (Bruce, *Commentary on Galatians*, p. 260).
[332] Certains suggèrent que Paul utilise l'expression *humeis hoi pneumatikoi* (vous qui êtes spirituels) pour désigner ceux qui sont libertins dans leur vision par opposition à ceux qui sont légalistes. Ils voient cette expression comme un code désignant ceux qui sont gnostiques par opposition à ceux qui ne le sont pas. Cependant, ces suggestions ne reflètent pas une lecture juste de Galates. Paul suppose que tous les Galates sont des participants aux choses spirituelles (revenir à 3.2). Cf. Longenecker, *Galatians*, p. 273 ; George, *Galatians*, p. 409-410.
[333] Hansen, *Galatians*, p. 186.
[334] Le grec utilise le mot *baros* (fardeau) en 6.2, mais *phortion* (charge) en 6.5.
[335] Il y a deux personnes ici : celle qui est instruite (*katēchoumenos* – d'où le terme catéchumène) et celle qui instruit (*katēchon* – d'où le terme catéchiste).
[336] Guthrie, *Galatians*, p. 145.
[337] Longenecker, *Galatians*, p. 283.
[338] *Ibid.*
[339] Bruce, *Commentary on Galatians*, p. 266.
[340] L'identité de ceux qui constituent « l'Israël de Dieu » dans le v. 6.16 : « Sur tous ceux qui suivent cette règle, paix et miséricorde – ainsi que sur l'Israël de Dieu » donne lieu à un débat considérable. Voici certaines des options :

« L'Israël de Dieu » fait référence au même groupe que « tous » en début de phrase. En d'autres termes, l'expression « l'Israël de Dieu » est épiexégèse ou explicative, et définit « tous ». Le *kai* reliant les deux équivaut ainsi à « à savoir » ou à « c'est-à-dire ». Si on prend cette position, « l'Israël de Dieu » représente donc tous les croyants, Juifs et non-Juifs. Cette position est soutenue par Lightfoot (*The Epistle of St. Paul to the Galatians*, p. 225), Guthrie (*Commentary on Galatians*, p. 152), Dunn (*The Epistle to the Galatians*, p. 345) et Hansen (*Galatians*, p. 201).

« L'Israël de Dieu » fait référence à un sous-ensemble de « tous ». Le « tous » comprend tous les croyants, juifs et non juifs, mais « l'Israël de Dieu » renvoient aux Juifs. Le *kai* est alors copulatif et peut être traduit par « et » (S21, BS et DBY), « même » et « ainsi que » (Colombe, TOB). Cette interprétation soulève la question supplémentaire de savoir si « tout Israël » fait référence aux Juifs pieux en général ou uniquement aux Juifs qui croient en Christ. Burton (*The Epistle to the Galatians*, p. 358) et Bruce (*Commentary on Galatians*, p. 275) le voient comme s'appliquant à la nation juive (cf. Rm 11.26). Eadie (*Galatians*, p. 471) ne l'applique qu'aux croyants juifs.

Dans le contexte de Galates, Paul souligne à maintes reprises qu'être juif de naissance (et donc circoncis) ne garantit pas une relation juste avec Dieu si l'on ne croit pas en Christ, il semble donc peu probable que, soudainement, il suggère qu'il y aurait une place spéciale pour ceux qui sont juifs de naissance. Ainsi, il est plus vraisemblable que « l'Israël de Dieu » représente les Juifs qui ont cru en Christ. Paul a probablement l'intention de communiquer quelque chose comme ceci : « J'ai été dur avec les Juifs, mais vous qui êtes à la fois Juifs et croyants en Christ, vous êtes définitivement inclus dans cette bénédiction. »
[341] Pour une liste plus complète, cf. Lightfoot, *The Epistle of St. Paul to the Galatians*, p. 225 ; Bruce, *Commentary on Galatians*, p. 275-276 ; Dunn, *The Epistle to the Galatians*, p. 346 à 347 ; George, *Galatians*, p. 441-442.
[342] En prenant le génitif *tou kuriou* de 6.18, auquel *I ēsou Christou* est en apposition, comme agent, Jésus est venu dispenser la grâce de Dieu, prenant « Dieu » ici comme représentant la totalité de l'être divin en trois personnes. Il représente aussi la sphère dans laquelle se trouve cette grâce.

BIBLIOGRAPHIE

ARICHEA Daniel C. Jr., NIDA Eugene A., *A Translator's Handbook on Paul's Letter to the Galatians*, New York, United Bible Societies, 1975.

BARNES Albert, « Galatians », dans *Barnes' Notes on the New Testament. Complete and Unabridged in One Volume,* réimpression, Grand Rapids, Kregel, 1962.

BAUER Walter, ARNDT William F., GINGRICH F. Wilbur, *Greek-English Lexicon of the New Testament and Other Early Christian Literature,* Chicago, University of Chicago Press, 1957.

BRUCE F. F., *Commentary on Galatians*, New International Greek Testament Commentary, Grand Rapids, Eerdmans, 1982.

BURTON Ernest De Witt, *The Epistle to the Galatians. A Critical and Exegetical Commentary,* Edinburgh, T & T Clark, 1980.

COLE Alan, *The Epistle of Paul to the Galatians*, Grand Rapids, Eerdmans, 1965.

DANA H. E., MANTEY Julius R., *A Manual of the Greek New Testament*, Toronto, Macmillan, 1927.

DUNN James G., *The Epistle to the Galatians*, Black New Testament Commentaries, Peabody, Hendrickson, 1995.

EADIE John, *Galatians*, John Eadie Greek Text Commentaries, Grand Rapids, Baker, 1979.

GEORGE Timothy, *Galatians. An Exegetical and Theological Exposition of Holy Scripture – NIV Text*, The New American Commentary, Nashville, Broadman & Holman, 1994.

GINGRICH F. Wilbur, *Shorter Lexicon of the Greek Testament*, Chicago, University of Chicago Press, 1957.

GUTHRIE Donald, *Galatians,* New Century Bible Commentary, Londres, Oliphants, 1969.

HANSEN G. Walter, *Galatians*, The IVP New Testament Commentary Series, Downers Grove, Ill., InterVarsity Press, 1994.

HENDRIKSEN William, *Galatians and Ephesians*, The New Testament Commentary, Grand Rapids, Baker, 1968.

LIDDELL Henry George, SCOTT Robert, *A Greek-English Lexicon,* nouvelle édition, Oxford, Clarendon, 1940.

LIGHTFOOT J. B., *The Epistle of St. Paul to the Galatians,* Grand Rapids, Zondervan, 1957.

LONGENECKER Richard N., *Galatians,* Word Biblical Commentary, Dallas, Word, 1990.

REICKE Bo., *The New Testament Era. The World of the Bible from 500 B.C. to A.D.100,* Philadelphia, Fortress, 1964.

SCHÜRER Emil, *A History of the Jewish People in the Time of Jesus Christ,* première division, volume 2, Peabody, Hendrickson, 1994.

SANDERS J. N., « Galatians », dans *Peake's Commentary on the Bible,* sous dir. Matthew BLACK et H. H. ROWLEY, Londres, Thomas Nelson and Sons, 1962.

STEIN R. H., « Jerusalem », dans *Dictionary of Paul and His Letters,* sous dir. Gerald F. HAWTHORNE, Ralph P. MARTIN et Daniel G. REID, Downers Grove, InterVarsity Press, 1993.

STOTT John R. W., *The Message of Galatians,* The Bible Speaks Today, Londres, InterVarsity Press, 1968. Cet ouvrage a été traduit en français : *Commentaire de l'épître aux Galates. Appelé à la liberté,* réimpression, Saint-Légier, Emmaüs, 2022.

WENHAM J. W., *The Elements of New Testament Greek,* fondé sur les travaux antérieurs de H. P. V. Nunn, Cambridge, Cambridge University Press, 1965.

WITHERINGTON III Ben., *Grace in Galatia. A Commentary on Paul's Letter to the Galatians,* Grand Rapids, Eerdmans, 1998.

Milton Keynes UK
Ingram Content Group UK Ltd.
UKHW022319041224
452010UK00018B/924